U0043948

25年暢銷經典

同理心的力量

放開自己，理解他人
用天生的能力，撫慰受傷的靈魂

THE POWER OF EMPATHY

A Practical Guide To Creating Intimacy, Self-understanding And Lasting Love

Arthur Ciaramicoli　　Katherine Ketcham
亞瑟・喬拉米卡利　凱薩琳・柯茜——著
王春光——譯

自序

我不願以眾人之樂換取心中的憂傷，
也不願將發自內心的淚水化為歡笑。
我寧願此生永遠有淚與有笑……
淚，表達出我的痛心與悔恨，
笑，證明存在的幸福和喜悅。

——紀伯倫《淚與笑》（*Kahlil Gibran, A Tear and a Smile*）

這是一本很個人的書。在本書中，講述很多我自己的人生故事——關於我所愛的人，以及我失去了所愛的人；也提到我和患者、教授、學生和同事的關係細節。在這些故事當中，展露了我的歡樂、悲傷、恐懼、希望、夢想，以及諸般絕望時刻。

我是在苦思好幾個星期之後，才決定公開這些生活細節。但即便在做出了決定之後，我仍舊會在無數個夜晚裡醒來，被這些問題折磨著：除了最親近的朋友之外，有誰想知道我人生中的這些真相？我為什麼會認為自己需要跟陌生人交流個人經歷？我又期待自己有什麼心得能傳授給別人？

上段的問題，直接道出了我在職業身分和個人身分之間的衝突。身為臨床心理學者所受到的訓練和實務經驗，讓我學會了有必要對自身情緒進行嚴格控管。多年以來，我已學會嚴密看守自己的感受，不對外公布私人生活，高度尊重患者和治療師之間必要且明確的邊界。然而，從個人角度出發，我知道關係中的「信任」，是在願意展露內心想法和感受時才建立得起來的。只有當我們有勇氣對他人打開內心，並放棄自己的觀點，以進入他人的世界時，我們才有希望建立親密長久的關係。如果各自有所保留，只打安全牌，就會大幅降低同理心把彼此拉得更近的力量。

在為了寫書的決定掙扎不已時，我試著把自己放在讀者的位置上，想知道該怎麼做，才能把自己透過生活和工作所學到的同理心，用最好的方式與讀者交流。最後我決定勇敢一試——說出自身的故事。同理心在我身上產生了脫胎換骨的變化，如果想要說明這項心理運作的潛能，就必須承認並感謝它在我生活中產生的深遠影響。

所以，我決定向讀者敞開我的生活。我知道，是我的體驗讓我明白了同理心的力量和承諾。我是一位臨床醫師，跟那些正在遭受痛苦、奮力想從絕望中找到出路的男女老幼一起努力，但我要寫同理心的首要原因，是因為我也是一個在尋找、在掙扎、在受苦的人——跟每個人都一樣。

在我與其他人連接的方式中，最有意義的部分就是講出我的故事。這也是在生活中我們身處一段真誠關係時要去做的事情——我們講故事、我們聽故事，然後我們花時間在這之中尋找意義；希望能找到一個共同的線索和主題，來為我們指引出一個明確的方向；幫助自己找到前進的目標，找到能穿透黑暗、指明道路的那束光。

我在工作和生活中發現了一個絕對的真理——同理心就是那束光，能穿透痛苦和恐懼的漫漫黑夜，找到我們身而為人的共通之處。

那是一道靈光，潛藏在現實生活中的崩塌瞬間，
於此同時，你將明白你與他人實為一體。

——神話學大師　喬瑟夫・坎伯（Joseph Campbell）

目次

【第一部】

為何我們需要同理心？

第1章

話說從頭

同理心的雙面性

同理心是理解他人特有的經歷，並且能相應地做出回應的能力；同理心的雙面性是指，這種與生俱來的能力，既能用來幫助人，也能傷害人。

我眼望著大海，心中尋思同理心是怎樣一回事。坐在岸邊，看著海浪拍打岩石，我意識到其實浩瀚的海水無時無刻都在調整、變換不已。在這潮起潮落之間，所有事物也隨之發生變化，不停地移動、翻整和重排。海浪不停地撲上來又退下去，侵蝕著高聳的峭壁，也同時打磨著有三億五千萬年歷史的岩石。海面上倒映著天上的白雲，熾烈的太陽射出躍動的光線，像綠寶石一樣閃耀。入夜後，遠看的海平面就像一面鏡子，月光在鏡面上劃出一道銀色小徑。

從岸邊凝望著大海，恍惚間彷彿覺得自己能知道海有多深。而事實卻是：每學到一點知識，就會發現更多有待探索的奧祕。對「人」的認識也一樣，我們總以為透過外表條件，就能瞭解他人內心深處。然而在日常生活中，我們總是在關注某人之後，就自以為徹底瞭解對方；但也常因為他人跳躍不定的想法，或如同浪頭拉抬的情緒，而產生新的感受與理解。

就像潮汐掌管大海的起落流向一樣，我們的同理心也具有洶湧激盪的威力。同理心並不僅僅是種突然湧入、將人籠罩的感受與感知，而是對埋藏在世界表象之下的人事物本質，進行富有理性又滿懷敬意的探索過程；在持續更動的大環境下，同理心幫助我們維持平衡和洞察，教會我們如何保持彈性、放下偏見，並帶著開放的心胸和想法來處理人際關係。

療癒人心

「同理心的雙面性」是指這種與生俱來的能力，既能用來幫助人，也能傷害人；它就像海浪一樣，有時溫柔輕撫著我們，又在轉瞬間轉為凶猛惡毒的樣貌。每次我要表達同理心的力量與療癒性時，總是會想起麗莎的故事。

年約三十五歲的麗莎，是一位身材高挑、有吸引力的女性。在我們首次會談時，麗莎明顯流露出匆忙的樣子：她跟我握了手，開始自我介紹，接著坐下來，把她大大的公事包放在椅子邊的地面上；她的動作乾淨俐落有效率，每隔幾分鐘就撇一眼她的手錶。

「第一次會談我通常會做點筆記，」我說。「妳介意嗎？」

她眉頭微皺。「我不確定你是否需要這樣做，」她說，「我知道你是心理學家，但是我並不打算做長期心理治療；我聽說你是另類療法的專家，我需要維生素或草藥之類的東西讓我鎮靜下來、改善睡眠；或許等我不那麼忙的時候，我會考慮去上紓壓課程，但現在我只想要點東西能讓我每天好過一些。」

麗莎渴望能有快速見效的解決方案，而且她明顯對我不只想要探索表面症狀、想再深入的想法感到不快，這讓我覺得應該把節奏慢下來，如果我想幫她，就需要瞭解什麼在驅策著她。

「我很樂意告訴妳哪些維生素和草藥能幫助紓壓，」我說，「但首先我得多瞭解妳一點。我聽得出來妳現在就需要幫助，但我覺得，如果在不瞭解妳的情況就給出建議，是很不負責任的做法。妳介意我先問一些問題嗎？」

麗莎的眉頭皺得更緊，嘴巴閉上，做了一個「這不是我想要的」表情。「好吧，如果你覺得這有必要。」她回答，眼睛卻直直地盯著窗外，身體在椅子裡不自在地挪動著。

我對她的耐心表示了感謝，開始詢問她一些標準化的問題：結婚了嗎？結了。有孩子嗎？兩個女兒，一個六歲，一個八歲。職業？波士頓一家科技公司的中階主管，才剛獲得一次大型升遷，經常出差，每天工作十小時。父母的年紀？

「我母親六十五歲，」她說，「有兩個姊姊和一個哥哥，我是老么。」

「妳沒提起妳的父親。」我說。

「我父親去世了。」她說。我注意到麗莎的眼眶突然變得柔軟溼潤。

「很抱歉，」我說，「妳能告訴我，他是什麼時候去世的嗎？」

「三年前，」麗莎咬著嘴唇說，「四月去世的。」

「他是在三年前的這個月去世的。」我順著回應。

麗莎點了點頭，然後猛然斜靠在椅背上，盯著公事包看。這個突然且無意識的舉動告訴我，剛才的話題已觸碰到嚴重影響她日常生活的情緒源頭。她低頭開始翻找她的公事包，保持目光朝下，我看著她，卻只能看到她的頭頂。過了一會兒，她挺直身體，對我淡淡笑了一下。

「不好意思。」她說，手裡握著一團衛生紙。

「沒事，」我說，「我想我能理解妳的感受。」

「你能理解？」她問道，並用剛掏出的衛生紙輕拭眼角。

「妳畢竟只有一個。」我說。

「一個？一個什麼？」

「一個父親。」我說。

她盯著我看了一會兒，像是忽然卸下了心防。她深深地嘆口氣，眼眶裡滿是淚水。「每次說起他，我都會哭，」她充滿歉意地說，「我兩個姊姊都說我早該調適過來了，她們說我的反應像個小孩。」

「我還不完全瞭解妳的處境，」我說，「但我很難理解為什麼妳一想到父親就會像個小孩般落淚。」

她任由眼淚順著臉頰滑落，不再刻意止住淚水。

「妳的眼淚告訴我，妳對父親有著很深厚的感情。」我繼續說道。

「是的，」她說，「我非常愛他，非常非常想他。」

「妳對父親過世的反應，我很能理解。」我說。

「即使已經過了三年？」

「當然。」我說。

「所以你理解我現在是什麼感覺？」她說，眼睛直視著我的眼睛。

「我想我能理解，」我說，「但我確信還有很多需要瞭解的地方。」

過了一會兒，麗莎把身體靠在椅背上，對我露出一個非常傷心且疲憊的微笑。她開始提及她丈夫一年前被公司解僱，現在得了嚴重的憂鬱症。她說不知道該怎麼償還龐大的房貸，很擔心年幼的孩子如何面對母親每天長時間埋首在工作裡，還有父親罹患憂鬱症的情況。

「我覺得自己就像一道終於決堤的水壩，」在會談的最後她這麼說，「我之前用盡所有力氣裝作一切正常。能把糟糕的情況說出來，對我來說無疑是巨大的解脫。」

在我透過同理心來理解她的當下，麗莎的自我覺察突然變得開闊且深入。藉由同理心來引導我們之間的溝通，讓她的世界逐漸擴展開來，她看到了從前未見之物：對自身的悲傷和眼淚有了新認識，也更能理解自己與姊姊、丈夫和孩子之間長期存在的艱難關係；在視野打開之後，她決定要花時間來探索自己的情緒，盡力加強自己與家人間的關係。同理心需要坦誠的自我評估，而這也給予她人生新方向和自我改變的可能。

如果在會面一開始，我按照麗莎的要求——討論一下她的生活壓力，給予一些維生素和草藥的使用建議，那麼整個治療過程勢必輕鬆許多。她會乖乖吃下這些藥，可能在短時間裡能看到成效。但無法根除內心的痛苦。

透過同理心的引導，我知道自己「給予」的未必就是麗莎當前最「需要」的——唯有關注表面下的問題，才能讓我對她的糾結和痛苦有更深層的理解。一同放慢會談的速度，讓我倆平靜下來，走進一段有意義的治療關係，因而能討論真正重要的事情，讓我們對她獨特的人生閱歷、生活經驗，以及所引發的情感，有更深入且全面的瞭解。

同理心絕非好心的特權

麗莎的故事顯示出同理心積極有益的一面，這種源於內在的力量，驅使我們深入其中，而不僅僅是流於表面形式地理解別人。但這不純粹是好心人特有的權力，同理心也有被惡意利用的可能。我在二十年前開始瞭解到同理心的黑暗面，當時我在閱讀《自體心理學進展》（*Advances in Self Psychology*）的學術論文合集一章接一章之後，對各種理論術語都感到膩了，正好讀到精神分析學家海因茨．科胡特（Heinz Kohut）所撰寫的一篇文章。

科胡特說：**同理心既能用於善意、積極之目的，同時也能被惡意利用**。比如，納粹之所以要在轟炸機裝上響亮的警報聲，是因為來自天空傳來的奇異聲響，能讓地面的人們感到恐慌；他們掌控恐懼的心理，並在精心算計之後摧毀受害者。

在讀到科胡特分析納粹是如何操作同理心來達到目的時，我突然感到極度興奮，因為在這一刻我理解到，同理心比我之前所知的，要來得強而有力。科胡特對同理心黑暗面的見解，闡明了同理心的雙面性，也揭示出身而為人與生俱來的天賦以及尚未被開發的潛力。突然間我意識到：自己每天與那些身受困擾的人們打交道時的切身體驗，原來是一種奧祕！而且這種奧祕極具深度和廣度，至今我不過領悟了九牛一毛而已。原來這正是亟需釐清的問題：同理心可以帶人們體驗到生命中最崇高、偉大的情感——關心他人、慈悲、自我犧牲和愛；而轉瞬間，同理心也能讓我們看到躲在人類靈魂最陰暗處的欺騙和背叛。

其實，並不只有納粹會利用同理心來掌控他人。科胡特在文章中繼續寫道，推銷員時而以權威堅定的語調、時而說溫柔的花言巧語，用該種套路攻破顧客的心理防線，這也是使用同理心的一種方式。就像很多父母教育孩子的方式一樣：一會兒是「你要把這個或那個做好」的命令；一會兒又溫柔愛憐地呼應孩子的情感。正如科胡特分析的，推銷員就是在與顧客的「內在小孩」示意同理，而這個「內在小孩」當初正是被這種命令與勸誘並用的方法所馴服的。

我曾見過推銷員是如何工作的，清楚最為狡猾的推銷員是如何鎖定獵物；他們會悄悄地找出最容易下手的目標，然後迅速堅決地使出撒手鐧。「夫人，你瞧瞧，」我有一次聽到汽車推銷員向一位老婦人說，「你需要一輛新車。你不能一直開那輛老古董，太不安全了！」

不過一轉身，銷售員那堅定如家長般的語調，瞬間切換成溫暖、花言巧語般的渲染。「這難道不是你摸過最柔軟的皮革嗎？這車開起來多麼平穩啊，一點都感覺不到路面的顛簸起伏。」然後再一轉身，銷售員盯著手錶說：「十五分鐘後我和別人有約，但我可以現在跟經理說一聲，請他給你最低折扣，如何？」

洞察人心

我是在父親的教育下長大，他開了一家傢俱店，是一位很有天賦的推銷員，知道怎麼對付那些騙子；我父親只賣高品質的傢俱，他知道怎麼說服顧客選擇稍貴一些的高級原廠貨，而不選便宜的贗品。他對自己販售的產品很有信心，也遵守職業道德，漸漸地顧客們都很信任他。

其實，我父親比絕大多數人都清楚知道：要操控別人的感情和想法是多麼容易。經年累月下來，他學會了識別哪些人是真心為你著想，而哪些人是敷衍了事，只想從你身上得到他們想要的東西。

在父親的所有技巧中，他覺得教給我最有用的，就是評估他人的特質和動機。父親每天工作十二小時，下班回家後會坐下來喝杯咖啡、抽根菸，接著問問我過得如何。我會告訴他當天發生的事，而父親會給出一些建議，用他那無與倫比的方法教我如何看透別人的內心和靈魂，判斷對方的真正用意。

「一定要記得，亞瑟，」他會握著我的手表示重點強調，「看起來像是朋友的人可能只是在利用你，而貌似敵人的人可能只是畏懼你。要注意看他們的眼神。看他是直視你，還是不敢看你？他手上的動作是什麼？他站著的時候身體是不是動來動去？他是不是摟著你的肩膀說你是他最好的朋友？一定要記得問自己『這傢伙想要讓我相信什麼』。」說到這裡，他把我的手握得更緊，「你要仔細思考對方這麼做的真正原因是什麼。」

父親還教會我如何鎮定又用心地評估別人的特質，這都是為了讓我能和真心為我好的人為伴，不受害於想利用我的人。有件事讓我記憶猶新。有一次他在我上班的時候來找我，我把他介紹給一位我很敬仰的同事。後來我父親問我：「亞瑟呀，亞瑟，他就是你敬佩的人嗎？你糊塗了嗎？你們說話的時候我觀察了一下，他都不看你的眼睛！你說什麼他也沒在聽，他只是想等你說完之後好說出他的意見。他說話的時候好像是在布道。」我父親提高音量來強調最後一點。

「你注意到他的褲子嗎？亞瑟，他的褲子短了整整三英吋。」

聽到這我笑了起來，父親卻一臉嚴肅。「他的褲子短了三英吋，亞瑟，」他一字一頓地說，「那是因為他從不往下看，他太高高在上，他並不在乎你、我或其他人，他只在乎自己，只在乎如何保住他的高位。」

我父親利用同理心來評估他人，就像給對方做X光掃描一樣。他把這種智慧傳授給我，想讓我學會怎樣看清他人的頭腦和內心，如何明辨他人的用意。如同心理分析學家科胡特，我父親也明白，同理心既可以助人也可以害人。我以前從未覺得父親對臉部表情和肢體動作的精細分析也算是一種同理心，但在讀了科胡特對納粹分子和推銷員利用同理心來操控目標的分析後，我突然發現父親的分析和同理心之間的聯繫是如此密切。

於是我深深著迷。關於同理心，我想瞭解更多，想知道它是怎樣起作用的，是如何運用在影響他人，該怎樣用來保護自己。在我看來，如果同理心能被人惡意利用來操控別人，比如一個預謀強姦犯或許會盯上一個容易下手的年輕女孩，哄騙她進到他的車裡，那麼，目標受害者也應該藉由瞭解同理心來識破這些陰謀；同理心，就是個矛盾的總合。

多年之後，我對同理心越發著迷。我並不是從事相關學術的研究員，所以如果你想要一本關於同理心的學術論著，那麼本書估計不是你需要的。我是一名臨床工作者，我的工作對象是那些正遭受困擾且需要幫助的人們，而我的興趣主要是同理心和緊密行為間的關聯。我想知道如何利用同理心來加強人與人之間的連接，讓絕望的人獲得希望和安慰；修補因為誤會而受損的關係，讓失去自我的人重拾自信、信任和信念。我對不同年紀、不同性別的人傳授如何把同理心做為評估的工具，幫助他們辨識出別人什麼時候是出於好心，什麼時候是想利用同理心來欺騙、害人。

儘管我自己不做研究，但我還是會介紹其他人的研究工作，以及他們在實驗室裡對同理心做的一些引人入勝的實驗分析。在過去十年裡，同理心本身已經成為一個明確的科學研究對象。心理學家們研究了男性和女性在關係中表達同理心的不同方式、自發和有意識同理心之間的區別、情緒如何影響行為等。更有意思的是，他們還會去看臉部表情和身體動作如何在不經意間流露出某種特別的情緒，比如憤怒、恐懼或喜悅。

「同理他人」是腦袋能做到數一數二的偉大事情

科學家們都很注意讓自己保持客觀，但他們也對同理心非常著迷。德州大學的心理學家威廉・伊克斯（William Ickes）是同理心研究領域中最德高望重的研究者之一，他在自己的《同理心的精準度》（*Empathic Accuracy*）著作中，做了以下令人難以置信的敘述。

> 同理心推理就是日常生活中的讀心術……同理心可能是人腦能做到第二偉大的事，而最偉大的就是意識本身。

首先，我們是有意識的——清醒並能覺察到自己正在思考和正在感覺著；其次，我們是能同理他人的，也就是說，我們能在更深層次上相互理解，真實地感覺到他人的感覺，明白他人的想法、理念、動機和觀點。同理心使人與人之間相互聯繫著，讓我們能在行動之前思考，瞭解那些處於痛苦中的人們，教會我們如何利用理解能力來平衡情緒，激勵我們往自己能夠追求的最崇高理想而努力。如果沒有同理心，我們就會像一些相互沒有關聯的物質，在這個星球上遊蕩，即使碰巧撞上了彼此，也會在說一句「你好」之後相互彈開。這樣的我們雖然清醒但沒有感覺，雖然有覺察但漠不關心，雖然有很多情感但無法理解或影響情緒。

同理心能提高我們對他人想法和感覺的覺察力，讓我們知道如何全然又全心地生活。事實上，同理心最想將我們的生活擴展得更廣大，把我們的耳朵放在別人的靈魂旁傾聽細語。你是誰？你感覺如何？你怎麼想？對你最重要的事是什麼？這些就是同理心努力在探索的問題；同理心既頑皮又好奇，而且對每一刻發生的互動感興趣。同理心具有詩人般的靈魂、孩童般的內心和先知般的智慧。

至少在出於友善助人目的時，同理心是這個樣子的。但同理心黑暗面也是接下來要講的故事中同樣重要的一環。其實每天都有人透過同理心來影響你。你的老闆利用職業道德、或玩弄你害怕被炒魷魚的心理來讓你自願超時工作；你的情人用花言巧語來哄騙你，希望你因此忘了他曾做錯的事；孩子的要求沒有得到滿足時含著淚水的雙眼，一方面是因為沮喪，另一方面是想要讓你改變主意。

「爸爸，你工作太拚命了，我都覺得自己再也沒有機會和你相處。」當十六歲的女兒愛蓮娜向我這樣說時，言語中充滿了情感。然後她對我閃過一個勝利者的微笑，「那麼，今天下午你能送我和艾瑞卡去購物中心嗎？」

明知道我正在被操控，可是我還是覺得女兒這番話蠻讓人喜歡的。這就是最關鍵的一點——只要你知道事情是怎麼回事，你就可以決定要不要配合。同理心會告訴你什麼時候可以表示同意，什麼情況要拒絕；同理心知道怎樣設定且劃清界線；同理心在教你如何敞開心胸迎接生活中不同經歷時，也會保護你避開受傷害的風險。

當同理心是以善意為目的時，能修補人際關係中長久深存的裂痕。在與幾百位患者打交道的過程中，我已經見證到同理心能促進相互理解。我曾經見過同理心是怎樣起作用，它能奇蹟般地撫平緊張關係，同時也能讓人以更佳的方法來理解自身。我堅信，相較於其他的任何能力，同理心才是建立人際關係中愛的關鍵，也能消除影響很多人生活的孤獨、恐懼、焦慮和絕望。

同理心是讓我們跨越人與人之間鴻溝的一座橋梁。在同理心的引領下，我們能擴展自己的邊界到尚未探索的空間，去建立更深入、更真誠的關係。透過自我邊界的擴展，我們能賦予內在生命更活躍的能量和目的；透過理解他人，我們能經歷到生命中最具意義的體驗——感恩、謙遜、寬容、寬恕、仁慈和愛。

我相信同理心能讓世界更加善良，更加安全。如果失去彼此間的連接，如果只關注自己的需求，總是去批評而不是寬恕他人，那麼對任何人來說，生活都會更加艱難。當同理心加強了我們與他人和自己的關係，生活中的悲傷和痛苦就變得更容易被接受。同理心並不需要任何成本，不是有錢人、受過良好教育的人或讀書人才能擁有的事物；同理心是每個人都可以擁有的能力，而且同理心是具感染力的——如果你「同理」別人，別人也會加倍地「同理」你。

我對同理心的著迷源於我成長的經歷。我是在一個人際關係密切的環境裡長大。鄰居們相互來往，阿姨、叔叔和表兄妹們經常在星期六下午順道來訪；晚餐後一家人經常坐在門廊或前門的臺階上與路過的鄰居聊天；禮儀師認識傢俱店老闆，傢俱店老闆認識銀行職員，銀行職員認識高中足球教練家的孩子們。諸如寬容、寬恕、信念、希望等，這些都不僅僅是理想，而是我們每天的切身體驗。

在這本書裡，我會說到很多我認識的人和我所經歷的事。我會提到我父親和高中輔導員之間的對話，那個輔導員建議我從軍，因為當時我唯一的專長是踢美式足球；我也會講在二戰期間一名德國間諜出賣我父親的故事，這件事讓父親從中學到友誼和欺騙；我還會講我和乳腺癌末即將臨終的母親，在醫院裡的最後一次談話；也會講到很多我和其他教授、同事以及患者打交道的故事。我相信我自己的這些故事能告訴你，同理心在生活中是如何發揮作用的。

但在開始之前，我得先告訴你這本書是如何寫完的。幾年前我寫過一本學術著作，是關於心理治療過程和人際關係的哲學觀點；就像大多數學術書籍一樣，看過那本書的人並不多。「我覺得這本書很有意思，」一個患者告訴我，「但我不知道自己有沒有看懂你寫的內容。」

我知道這次我應該寫一本讓大家都能看得懂的書，我還知道要想讓大家真能看得懂的話，我應該寫一些自己的故事；但剛開始我還不確定我是不是想寫這些故事，於是我開車去找最好的朋友理查・泰西錫尼（Richard Tessissini）；我和理查從小在麻薩諸塞州米佛鎮一起長大，許多年來，理查參與了我生活中所有的喜悅和悲傷。他像愛自己的父母一樣愛我的父母，即使在我父母過世多年之後，他仍感到傷心。

「理查，你覺得呢？」我問他，「我應該寫大衛嗎？」

理查看著我，沉默了一會兒。然後他笑了，從他的微笑中我似乎感覺到我們共享過的所有悲傷和喜悅。「所有一切都是從大衛開始的，」他說，「他就是這整件事的核心。」

我點點頭，心中明白他是對的；大衛是我最偉大的一位老師，他讓我知道同理心不只是一個哲學框架或心理學理論；同理心的力量能引領我們穿越黑暗，重返光明。

第2章

大衛的故事

為何我要研究同理心？

同理心深知人們內心的強韌。

大衛是個健康帥氣的年輕人，住在世世代代彼此認識、鄰居間密切往來的藍領小鎮；擁有運動員的天賦，才思敏捷，溫和親切，每個人都喜歡和他相處。大衛的父母寵愛他，也受老師們重視，連朋友們都佩服他，因此大衛對自身能力很有信心，從不曾懷疑過自己。

一九七〇年，大衛離開家鄉到大學就讀，他夢想此生能做一些有意義的事情，好回報一直以來如此善待他的世界；只是，他對學業從不感到有興趣，而且很快就對上課感到厭煩無比，幾個月之後便離開了學校。他在老家的街道上閒逛，尋找謀生之路，人變得很低落，對自己失去了信心。他很害怕這樣的無所事事，感覺是在拿自己開玩笑；看到父母表情裡的擔憂時，也為自己感到羞愧。

沒有大學文憑的他能做些什麼呢？他父親雖然沒有大學文憑，卻也把自己的生活經營得很好；他的父親曾經是一名二戰英雄，是特遣隊的一員，這位特遣隊曾直接搭著降落傘空降到敵人戰線後方、組織游擊隊，最終對推翻義大利獨裁者墨索里尼發揮了關鍵作用。大衛希望參軍也能拯救自己，所以，他自願報名去越南參戰。他琢磨著，至少這是一件可做之事，是一種可以向家人（可能更重要的是向自己），證明自己並不缺少勇氣或積極的生活方式。

沒人知曉的真實脆弱

不過大衛並未獲得去越南的機會。由於大學生們抗議戰爭之故，國會議員開始把部隊召回國，大衛只在新澤西州的迪克斯港（Fort Dix，美軍軍事基地）待了兩年，隨後在麻薩諸塞州的軍方實驗室裡待了一年；身為志願者，參與一些藥理學實驗；在被遣散之後，大衛回到老家，跟一些從高中和大學輟學、酗酒嗑藥的人混在一起；他開始酗酒，抽大麻，還嘗試使用LSD（麥角酸二乙醯胺，一種致幻劑）。最終，他開始吸食海洛因。

他的父母手忙腳亂地幫他戒毒。他父親給他提供了一份工作，還在地下室裡那個搭湊成的健身器材上陪他練習重量托舉，一練就是幾個小時；他的母親經常跟他長談，拉著他的手保證說，她願意做力所能及的任何事情來幫他減輕痛苦。大衛承認自己染上了毒癮，也同意去看醫生；醫生診斷出他有慢性憂鬱症，於是開給他精神安定劑和抗憂鬱藥；大衛拜訪了自己教區的神父，神父建議他每天去教堂禱告；他還服用超大量的維生素和礦物質補充劑，花時間閱讀各種自助書籍；然而，他還是持續吸毒，讓前面那些努力顯得可笑。

大衛的家人懇求他去參加一個幫助戒毒的活動，但他堅持說自己能夠戒掉這個惡習。有一次他嘗試不使用毒品，停用海洛因會讓他發抖出汗，因此母親就在家照顧他整整三天。那次的嘗試他堅持了兩個月，但後來又開始吸食。

一九七四年十月的一個下午，大衛在附近的酒吧裡喝啤酒，而且剛吸食過海洛因；幾個熟人過來坐在他旁邊，哄騙他負責為當晚搶劫後的逃離做掩護。

「這錢來得很容易，」他們說，「不用武器，也沒人會受傷，你需要做的就只是開車而已。」看來確實很簡單，所以大衛就同意了。事情確實都按計畫進行，只是發生了一樁悲慘事件——遭到搶劫後，商店老闆心臟病突發死了。

參與搶劫的其中一人當晚就被警察抓住，關進監獄裡不得保釋；據說他會被終身監禁；大衛很害怕坐牢，所以就逃出國，跟其他幾個從美國潛逃出去的人一起流落到阿姆斯特丹一間髒亂的小旅館裡。

有一天大衛接到他哥哥打來的電話，求他回家。哥哥告訴他，父母已經聘請一位刑事律師；律師承諾，因為大衛並沒有參與策劃和實際搶劫，他的刑期不會超過五至七年。

「我今天會把回來機票的錢匯給你。」哥哥說。

「如果我要坐牢的話，我會殺了我自己的。」大衛說。

「大衛，求求你，你想想啊，」他哥哥懇求他，「你不能下半輩子都待在歐洲啊。你總要回家的。大衛，媽和爸都很想你，沒有你，他們沒法活。他們要我告訴你，你回來之後不管發生什麼，他們都會支持你，我們都會支持你的。」

「讓我想一想。」大衛說完，輕聲地哭了。一陣長長的沉默過後，他說：「我愛你。告訴媽和爸，我也愛他們。」

「我們會把事情解決的，」哥哥跟他保證，「我明天再打電話給你，把計畫定下來。」

說完電話之後，大衛就去阿姆斯特丹的中國城，買了一袋高純度的海洛因。回到旅館後，他跟朋友們聊了一會，道了別，然後回到自己的房間，鎖好門，給自己注射劑量足以致死的海洛因。幾個小時後，他的屍體被發現，針頭還留在他的手臂上。

大衛就是我弟弟，他是我唯一的親兄弟。他死的時候，我二十七歲，當時已經拿到諮詢心理學的碩士學位，即將在麻薩諸塞大學完成博士學位的最後課程。

現在回頭看那一天和隨後的日子，我仍然感到很痛苦。那些記憶刻在我的腦海裡。我記得我打電話給大衛求他回家後的第二天，父親和我出去吃晚飯時，我們先到奶奶家，我打算在奶奶家撥電話給人在阿姆斯特丹的大衛，把我安排他回家的行程和他說。當我打電話說找他的時候，旅館櫃檯的女服務員要我稍等，然後旅館經理接了電話。她告訴我大衛死了，死於注射過量海洛因。我望向父親，他坐在奶奶家的沙發裡，用混雜著希望和恐懼的眼神盯著我。我們的目光相遇了。在那一瞬間，他就明白了。那天他沒有哭，就像是放棄了，敗下陣來。

我們開車回到家，發現母親呆坐在黑暗的起居室裡。我只喊出一聲「媽」。她站起身來，從壁爐架上一手抓起大衛高中時的照片、抱在胸前，哭著問：「他走了，是嗎？」

我記得，我請葬儀社禮儀師在運送大衛遺體的飛機到達後撥電話給我。我不想讓父母看到大衛的遺體──我不想讓他們知道大衛是自殺的，因為我深知他們承受不了這個消息。一天深夜，禮儀師打來給我，說他凌晨兩點要去波士頓洛根機場領遺體。凌晨四點三十分，我悄悄地溜出父母的家，走過八個街區到禮儀師的家；我猛敲他家大門，叫醒這個可憐的人和他老婆。禮儀師半睡半醒著帶我去看樓上房間裡的棺木，又下樓到地下室後面角落一個沒有窗戶的小房間。那裡福馬林的味道讓我直反胃。

我看到遺體只穿著內衣，臉部嚴重腫脹，我都認不出來這是我弟弟。「那不是大衛。」我說。

禮儀師認識且深愛我們家人，他輕拍我的胳臂。「亞瑟，你必須要確定，」他說，「可不能弄錯。你準備好之後再看一下。」

然後，我看到大衛手臂上的刺青圖案。我看到他剪到耳朵上方的頭髮。「爸覺得你回家之前應該理個髮，他認為這樣在法庭上會看起來好一點。」這是我在電話裡和大衛說的最後一番話，就在他自殺前的幾個小時。

我一直沒告訴父母親大衛是自殺的。我也沒告訴他們我看了阿姆斯特丹警方的報告，報告裡詳細總結了所有證據；我還看了官方驗屍官的報告，裡面清楚做出「大衛是自殺」的結論。我說服禮儀師把死因從「施打海洛因過量」改為「心臟衰竭」；我們當地報紙的記者對此很是懷疑，但最終還是同意按我的說法付刷了。

在大衛的葬禮上，父親茫然地來回走動，向前來致哀的人們空洞地微笑，在葬禮的花圈前久久地站立著，臉上神情專注。我記得我還在想，他是在找什麼呢？在下葬的過程中，我一直拉著母親的手，但突然間她掙脫開來，撲倒在棺木上，控制不住地抽泣。我努力安撫她卻一點用都沒有。我不得不把她的手從棺木上挪開，攙扶她回父親的身邊，父親雙手無力地垂在身旁，悲痛扭曲了他的臉。

整個葬禮中我都沒有哭。我一直在想這意味著什麼。「我為什麼哭不出來呢？」我還猜測我感受到的是不是一種解脫，然後就在想，是什麼樣的人才能在自己弟弟死的時候感覺到解脫。又或者因為認為是他毀了父母的生活，也明白他們的餘生都會在哀傷中度過，我們誰都無法再找回失去的事物了，所以我是在生大衛的氣？

每個人都想知道自己被愛著

我至今都不知道我為什麼沒有哭。我經常在想我是不是太害怕，以至於哭不出來——太害怕去面對死亡，太害怕看到強壯的父親崩潰，太害怕知道母親甚至想跟著大衛去死。

我回到學校完成畢業論文需要的研究，但是我做什麼事情都無法集中精力；我無法思考，無法做出反應，也無法感覺；朋友們邀我一起出去喝啤酒。我看著他們，不知所措；出去？喝啤酒？我為什麼想要做這些啊？這對我來說沒有任何意義。

我徹底迷失了。我日日夜夜都被一個問題糾纏：我一遍又一遍回顧我跟大衛的最後對話，我記得過程中的每一個字，彷彿還能聽到他的聲音，就像在我腦海裡播放錄音帶一樣。「我愛你。」大衛跟我說。大衛很少跟我說他愛我的——這是一個我應該抓住的線索嗎？相反的，當我弟弟最需要我的時候，當他需要聽到「我也愛你」的時候，我卻僵住了。

當時大衛是在向我祈求一線生機，而我卻把他晾在一邊，沒有說出那句很有可能可以挽救他的話。而我正處於氣憤和不信任之中，因為以前聽過太多次他不算數的保證，因為大衛的毒癮已經把他的生活和我的生活都攪得一團糟；我為這種長久的痛心深感厭倦，所以沒能和他說出他最需要的那句話。我沒能跟他說：「我也愛你。」

當大衛說：「我要是坐牢的話，我會殺了我自己。」我當時還在想，他一直都如此自私幼稚。我已經對他失去耐心，覺得他應該為自己的行為負責任。他感受到我聲音中的怒火了嗎？他感覺到連自己唯一的兄弟、最好的朋友都不再站在他那邊了？他說他會殺了自己，我卻直接把它忽略掉，只是告訴他要考慮到父母，告訴他全家都會支持他，向他保證事情都能解決。為什麼我沒能像任何一個優秀的臨床醫師都會做的那樣去處理自殺威脅呢？因為當時我在生他的氣。我不想再被他操控，因為這種恐懼，我沒能正確解讀他說要自殺的話。

如果我當時真正傾聽、真正深入地傾聽他的話，就能聽到字面以外的涵義；如果我能突破自己的氣憤和恐懼，直抵他絕望的深處，那又會怎麼樣呢？會發生什麼呢？我能把他救回來嗎？

我從自己閱讀過的每一本書、我寫的每一篇文章、我的每一次談話中去尋找，該如何理解弟弟身上到底發生了什麼。我渴望知道是什麼摧毀他的靈魂和活下去的意願。我退到書本和文章的世界裡，在小公寓裡堆滿了各種文檔和手寫的筆記。我跟我看的書對話，問它們一些我無法向人們提出的問題。

大衛為什麼會開始吸毒？為什麼他停不下來？為什麼他會切斷生活中所有有意義的連接？哪些話語可能會安撫到他？哪種建議可能真正對他有用？我可以說些什麼或做些什麼，才有可能讓他感覺到自己被理解、被接納、被愛著？

通往愛和寬恕的道路

所有關於喪失和悲傷的心理學理論，以及我在研究生期間學到的工具和技術——這些都無法驅散我的痛苦。我對這些膚淺的解釋深感沮喪，於是強迫自己提問真正難以回答的問題：如何才能打破人與人之間的壁壘，實現心與心的溝通呢？我的問題立刻就有了一個答案：我知道我不想做傳統的精神分析、溝通分析、完形治療或者其他任何一種標準的心理治療方法。我不想去遵照一個固定的行動計畫，把對人類本性的理解簡化為一個理論模型。因為在大衛死後的幾個月裡，我意識到自己其實一無所知。

在課堂上與其他教授和同學的互動中，我總是很驚奇地發現，很少會有人談論關心、理解、聆聽的藝術，甚至是最簡單的「人性關懷」議題也無人投以關注。大多數的教授和研究生一直都在討論心理結構、認知類型和抵抗防衛之類的概念，然後就是（當今甚至更為嚴重）將患者的症狀分門別類，下個診斷，再貼個標籤。這些標籤（「妄想型」、「邊緣型」、「躁鬱型」、「強迫型」）則自動決定了要用哪種治療方法或藥物來緩解病患的症狀，直至恢復正常。

「正常」，這個字困擾著我。什麼才是正常呢？

大衛年輕時不管怎麼說都是正常的。他帥氣，有魅力，舉止得當，是個有天賦的運動健將，有愛心的兒子、忠誠的兄弟、關心人的朋友，整體來看大衛是一個典型的身心健康年輕人。在離開學校並開始過量飲酒之後，他變得越來越消沉沮喪；開始吸食海洛因之後，他就變得抑鬱、焦慮和恐懼。跟其他有毒癮的年輕人混在一起時，他做了一些錯誤的決定，他違反法律逃到另一個國家，他失去了希望。哪種標籤、哪種診斷分類能夠囊括我弟弟的全部情況？

我聽過各種說法。根據當時最主流的心理學理論，大衛遭受的是「憂鬱症」、「人格障礙」、「成癮性人格」、「自戀危機」或者是「未解決的伊底帕斯情結」。

「他是一個迷路的靈魂。」一位年長的親戚如此形容；「一個二十世紀七〇年代的產物。」另一位親戚這麼說；「一個藥物濫用的受害者。」一位朋友這樣總結。「一個從大學輟學的人，沒地方可去，沒事情可做。」一個鄰居說；「一個冒險者和追逐快樂的人。」一個研究生宣稱；「我覺得是軍隊毀了他。」大衛的一個朋友這樣和我說。

以上的每一種可能都包含了事實的一部分。但是，即使把它們都合併在一起，也無法解釋是什麼摧毀了大衛的靈魂，熄滅了他活下去的意願。這些試圖對他做出解釋和描述的努力，就像昆蟲學家把一隻死蝴蝶釘在板子上一樣，都不夠重視他這個人的真實情況；這些理論把他一塊塊地撕扯開來，直到讓他變成一連串互不相連的區塊，等著被分析、被研究，然後被裝箱、分類，再儲存起來。

我當時就發誓，我絕對不會把人的行為貼上標籤。這些理論和標籤，可能會讓心理學家和哲學家們更容易把人們的行為同質化，卻無法闡明是什麼讓一個人走向某特定方向，而另一個人卻選擇一條不同的路。是什麼讓大衛徹底放棄了希望？我原本是否可能做些什麼來挽救他？這些是在生活和工作中一直困擾我的問題。我想理解遭受痛苦的感覺，也希望能學會如何減輕痛苦。我去讀《聖經》，想從中找到慰藉和智慧；我去讀印度教、佛教、伊斯蘭神秘主義和道教的書籍；我去學習著名學者的教科書、臨床醫生寫的晦澀難懂的文章、以及暢銷書作家出版的自助書籍。我想起了母親和父親，想起他們曾經教過我：「永遠不要放棄。」父親會這樣說；「永遠都不要放棄希望。」母親會接著補充一句。

大衛為什麼就放棄了呢？我肯定大衛喪失希望是因為他感覺自己和所愛的人失去連接。大衛被毒品孤立在一邊，與家人斷了連接。他以為他的這些關係都被徹底切斷而不可恢復，他就像個沒有氧氣、呼吸不暢的人。大衛在自殺前已經有很長一段時間在慢慢凋零。他做的所有嘗試都走向死胡同，他所有的求助哭喊都沒有被聽到、沒有被回應。他被毒癮逼到一個死角，又深感羞愧、恐懼、內疚和悲痛。他是真的覺得自己沒有出路了。

如何走向同理心之路

很諷刺的是，是大衛的死，加深了我對「人與人之間需要連接」的信念。回顧他的一生，我能看到所有被錯過的機會和關鍵時刻，當時只要有一句溫柔話語或伸手相助就能產生作用。

出現在我弟弟大衛生命中最後幾年裡的那些錯誤舉動，指引我去理解如何才能幫助他人做出正確決定，如何帶著悲憫之心去聆聽和回應，如何抵達他人的內心和靈魂深處，如何說出舒緩和安撫的話語，以及永遠都不放棄希望。我學會**更關注問題而不是答案**，而且我全心全意地相信成長、改變和自我蛻變的無盡可能。

這就是同理心之路。同理心是永不放棄的。同理心深知人們精神的強韌。用在善意助人時，同理心絕不會使用「注定失敗」或「沒有希望」之類的詞語。當然，我關注同理心，是因為我想挽救我弟弟。我相信，倘若如今的我能跟他通話，或許就能救他一命。當大衛的絕望不斷加深，他的毒癮又切斷了自己生活中所有重要連接的時候，我們都焦慮不安，不知道該做些什麼；在那長長的幾個月裡，我會採取行動。我可以每天給他打電話，可以跋涉越過幾千英里告訴他：我相信他，我愛他，什麼都不能阻止我盡自己所能去幫助他。

其次，我關注同理心，也是因為想指引他人不要犯下我所犯的錯誤，讓其他家庭免於承受我家人所承受的痛苦。

最後，我關注同理心，是為了拯救我自己。同理心治癒我，教會我寬恕，幫助我建立並維繫那些把希望又帶進我生活的人際關係。每一天，同理心都提醒我，生活是有意義、有目的、有方向的。

有時候患者會問我：「你真的覺得我會改變嗎？我真的還有希望嗎？」在這種時刻，我會確認自己瞭解他們的情況，指出他們成長過程中的背景和個人的獨特面向，讓他們在各自的成長過程中能理解和克服問題；我告訴他們我會一直在這裡傾聽，而且尊重他們的想法和感受；我永遠都不會喪失對他們的希望，而且在他們覺得好像無法邁出下一步時，我會把我的希望和信念借給他們，直到他們找回自己的力量為止。

說完這些話之後，我能看到他們眼神中的轉變，看到希望的光亮和重新點燃的靈魂；我看著他們的眼睛，彷彿看到我弟弟在凝望著我。

第3章

同理心的產生

為何看對方疼，我們也覺得疼？

同理心是祖先餽贈的一部分，是大自然所賜予的天賦，用以庇佑萬物生息。

在經歷弟弟的死亡之後，我知道了同理心的力量；哪怕是最深的傷口，同理心也能治癒。同理心給了我所需的領悟，讓我開始自我寬恕的過程。在我父母艱困地應對無盡的悲傷時，同理心為我與他們之間的互動指引著方向。同理心讓我更深切地明白且堅信，如果當初藉由同理心來引導大衛的話，他現在應該還活著；我經常會回想我對大衛的絕望所做出的反應，即使是在二十五年後的今天，我仍希望能回到過去、改變我當初的言行；我希望當時就能知道現在所知之事，我真心希望還有挽救他的機會。

我的病人經常會問我：你究竟是如何學會原諒自己那些後悔不已的行為的？我每次幾乎都是這樣回答：「你可以透過『當下不要再做出相同行為』來原諒自己。」我告訴他們：「透過與他人的關係，你可以向自己證明，你能擴展和提升對他人的寬容度；在每一次與人互動中，你都要讓自己變得更包容、更寬恕、更有愛。」

我總把同理心想像為一條河流，承載著我們順著水流，溫柔地把我們帶進新世界，把這個世界原來的奧祕展現在我們面前。如果沒有同理心的流動，我們就會一直在自己頑固認知所形成的漩渦裡打轉，被我們的恐懼纏繞，被過去的經驗牽制。缺乏同理心的生活會是一潭死水，無止盡的原地打轉，以可預測的模式不斷自我重複，卻不太有能力打破這種單調的循環。

如果沒有同理心，我們根本無法與人建立任何有意義的連接，也不會有關心彼此的渴望或意願；我們會過著孤單的生活，把想法與情緒隔離起來，每個人都成了一座孤島，彼此之間沒有「理解」的橋梁能連接關係。

單細胞生物的社交術

同理心是天賦的一部分，是大自然所賜予的能力，確保世上萬物的生生不息。如果我們無法與人產生連接，我們將無法存活——這就是同理心的基本生物學法則，也是為什麼同理心不僅蘊含在人類DNA中，也存在於大象、大猩猩、毛毛蟲、螞蟻，甚至是最不可思議的單細胞生物的基因裡。科學家們在討論同理心的進化時，並不是只追溯猴子、鳥類，甚至是像跳蚤或蜉蝣之類的小型昆蟲，而是從單細胞黏菌的神奇生命週期開始談起。

我第一次聽說黏液黴菌（一茶匙花土裡就會有幾百萬黏菌）時，並沒有留下深刻印象。相較之下，我更願意去探討人際關係，以及同理心、親密關係和自我覺察之間的關聯。但後來我很快對它產生了興趣，因為黏液黴菌雖然是很低等的生物，卻有許多令人驚訝的事蹟；黏液黴菌表現出同理心中具備的「賦予生命」的力量，與諸如利他主義、自我犧牲這種高尚的「人類」精神。

黏液黴菌最開始時是一種單細胞生物，以細菌為食，緊緊附著在地面上捕食細菌為生。當食物供給減少時，它們會意識到自己的形勢不妙。在這個時候，一種原始的同理心形式就發生了。黏液黴菌開始透過一種稱為費洛蒙的化學物質產生反應（人體中也有一種類似的化學物質，叫環腺苷酸），個個細胞聚集在一起，然後「手拉著手」一起出發尋找晚餐。聚集的黏菌細胞能一起在土壤中移動，就像一輛由多個單一可移動的零件組成的迷你坦克車。當細胞團找到安全的棲息地和充足的食物時，位於細胞團前端的個體便會死亡，放棄自己繁衍的機會，讓後端的個體能享用豐盛食物、繁榮興盛。

黏液黴菌的研究人員都相信，細胞之間的融合是由一些「溝通」基因或「社交」基因來掌控；許多科學家都在研究這個，因為這些單個細胞之間相互溝通和聚集的能力，模擬了人類胎兒在子宮中發育的方式。這些基因會鼓勵細胞彼此之間建立聯繫，形成一個能提高整個物種存活機會的社群。每個細胞都能明白其他細胞的需求，並做出相應反應；這種反應不只會讓個體自身獲益，更會讓整個社群獲益。

如果單細胞生物都能以如此高效的方式溝通，那麼更高等的生物要有何等的相互理解和洞察力啊？！沿著進化的階梯再往上走，我們看到螞蟻和一些毛毛蟲之間，發展出一種非比尋常的同理心式關係：這些毛毛蟲有著專門吸引螞蟻並與之溝通的「螞蟻器官」。其中一處就在毛毛蟲身體的尾部，一旦被螞蟻觸碰到，就會分泌一種富含胺基酸的透明液體，螞蟻們會去舔食該液體；如此一來，螞蟻就能花最少的力氣吃到一頓健康又營養的點心。

因為這種免費的美食隨時都有，所以螞蟻們就會待在附近，這恰好就是毛毛蟲想要的；因為在遇到麻煩時，沒有比螞蟻更加忠實堅毅的隊友；當毛毛蟲受到天敵，例如大黃蜂的威脅時，牠就會啟用第二個「螞蟻器官」招集螞蟻來協助。這器官位在毛毛蟲頭部後面的一對觸角，會散發出化學信號，通知螞蟻們進入防衛狀態，準備攻擊入侵者；如果大黃蜂要來叮毛毛蟲，螞蟻們就會跟敵人決一死戰。

毛毛蟲的案例讓我們看到黑暗面的同理心。毛毛蟲讓螞蟻誤以為牠們的存活有賴於毛毛蟲的命運，事實上，毛毛蟲需要螞蟻遠勝於螞蟻需要毛毛蟲。黃蜂本來並不在意這些小螞蟻，牠想要的只是肥美多肉的毛毛蟲來飽餐一頓。但是，對螞蟻來說，因為有全天供應的免費美食，毛毛蟲又能用「螞蟻們理解的語言」進行溝通，螞蟻們已經完全被能無限提供大餐的毛毛蟲征服；有了這些誘惑，螞蟻們心甘情願地誓死來保護毛毛蟲。

高等動物擅長的讀心術

隨著動物們進化發展出思考和推理的能力，牠們的同理心能力（包括有益的，也包括有害的同理心）同樣突飛猛進；與其他個體溝通的能力，也因為能夠「讀懂」情緒和想法而有所提高。雖然大多數人都覺得「讀心術」絕對是人類特有的本事，但是更原始（準確地說，是進化上不一樣）的物種似乎也能參透他者的感受和動機。

在《雀喙之謎》（*The Beak of the Finch: A Story of Evolution in Our Time*）一書中，科普作家強納森・溫納（Jonathan Weiner）採訪一位每天都餵食鳥的女士，她講述自己與一隻鳥之間發生的神奇故事。

> 那一天，我待在家裡，坐在床上看書……一隻雀鳥飛到我身邊的枕頭上。我看到牠的鳥喙有些問題，像是長了禽痘。禽痘通常長在腳上，但有時也長在鳥喙裡。
>
> 我從來沒有見過哪隻鳥做到這樣——直接飛過來，注視著我的臉。雖然你餵食牠們的時候，牠們會抬起頭看著你，但這次很不一樣。用一種擬人化的說法——這次牠給我的感

覺就像是在求救。當然你無法知道答案。也很有可能是牠沒法吃東西，肚子很餓，而我就是食物來源——提供米粒的人。誰知道呢？但對我來說，那一刻就像是牠在說：「救救我。」

我幫牠把禽痘刮掉，在上頭擦了紫藥水。盡力幫牠解決問題。

儘管我們無法知道那隻鳥當時是怎麼想的，但如果猜測那隻鳥當時知道自己快要餓死，而作出最後的嘗試，向一個善良的人類求助，這麼想好像也不會太過分。不管是一次有計畫的行動，還是一個湊巧事件，那隻鳥的不尋常舉動確實救了自己一命。

很多人認為動物也有人類的感覺，這種想法被認為不科學。科學家凡事講求證據，可是又無法準確測定動物的感覺，因為牠們沒有可以表達自己想法的語言能力。但很多聰明睿智的人們仍然相信，其他物種能體會到喜悅、悲傷，甚至是像內疚、羞恥、哀傷和嫉妒這類高級情緒。用同理心語言來說，就是動物們能領會到他者（包括人類）的情緒並給予回應。

傑佛瑞．麥森（Jeffrey Masson）最初是學精神分析，在他的《哭泣的大象》（*When Elephants Weep*）書中，講述一對天生宿敵——大象和犀牛，牠們之間發生的同理心故事。

一個犀牛媽媽帶著牠的小犀牛來到一片鹽池，小犀牛陷進泥潭裡爬不出來。犀牛媽媽用鼻子嗅聞了一番，確認小犀牛沒有受傷後，就到樹林裡覓食。隨後，一群大象也來到這片鹽池，犀牛媽媽趕回來攻擊那隻領頭象。象群被趕走之後，犀牛媽媽又去樹林中覓食。麥森描述了接下來發生的事情。

一隻象牙很大的成年大象走到小犀牛身邊，從小犀牛身上跨過去。然後這隻大象跪了下來，把象牙伸到小犀牛的身體下方後，開始往上抬。這時，犀牛媽媽從樹林裡衝回來，那隻成象只好先閃開，回到另一片鹽池中。在好幾個小時裡，每當犀牛媽媽返回樹林的時候，這隻大象都會到小犀牛旁，試圖將牠從泥潭裡抬出來，但每一次犀牛媽媽都衝回來保護小犀牛，大象只好撤退。最後，象群們得繼續上路而離開，小犀牛仍然陷在泥潭裡。隔天早上，當人們準備把小犀牛救出的時候，牠自己竟然從變得有些乾硬的泥沼中爬出來，回到犀牛媽媽身邊。

為什麼大象會冒著受到犀牛媽媽攻擊的風險幫助小犀牛呢？雖然大多數科學家都很謹慎，不將動物的行為賦予人類的情緒，但我還是覺得，如果不這麼思考，就很難提出一個符合邏輯的解釋。很明顯，大象意識到小犀牛身處困境，一次又一次地想去幫忙——從任何角度來看，這都是一種善良的無私行為。如果認為同理心是能「準確理解另一個體的經驗，並能敏感地做出回應」，那麼這隻大象感受到並且表達出的同理心，有任何不對的地方嗎？

不久前，一位動物園管理員目睹一隻受傷的小麻雀掉進大猩猩的籠子裡。那隻大猩猩馬上抓起小鳥，動物園管理員以為小鳥即將被分屍或當成餐後點心；但是，大猩猩卻溫柔地用雙手捧起小鳥，盯著牠看，好像著迷一樣。其他大猩猩也湊過來，牠們小心翼翼地依次把幼鳥傳遞下去；傳到了最後一隻大猩猩手裡時，牠走到籠子的柵欄邊上，把小鳥遞給一旁震驚的動物園管理員。

是不是大猩猩理解小鳥的困境，才有了同理心的反應？而這個反應又激發出想幫忙的渴望呢？沒有比目睹別人苦難更能觸動我們的心弦。我們可以在一天中與上百個人擦身而過，我們絲毫不會關心和考慮他們的心情，但只要看到有人——不管是朋友還是陌生人，明顯地遭遇困難，就會從內心裡升起一股強烈的關心。

在其他物種中，同樣會有這種基本的同理心本能。如果那隻小麻雀是健康活潑的，大猩猩可能想都不想就把牠吃了，還可能會為自己能憑空抓到一隻鳥而開心，然後用一嘴的鳥毛和鳥肉來炫耀自己的收穫。但是，一隻受傷的小鳥讓大猩猩困惑了；在同理心開始發揮作用時，使得大猩猩的反應變成「用心地去關照」。大猩猩可能在想：這隻鳥為什麼會待在籠子裡的地面上，而不是像其他鳥在天上飛？面對這個奇怪的小東西，我應該怎麼辦呢？

思索這些問題會讓事情慢下來，給大猩猩一點時間來觀察這隻小鳥。或許大猩猩從小鳥的眼神中看出恐懼，或許感受到小鳥的心跳過快，或注意到牠慌亂地想要逃跑。儘管我們永遠都無法確定大猩猩當時是怎麼想，或感受到什麼，但有一點能夠非常清楚地確定：在那個痛苦、恐懼和非比尋常的狀況下——完全不同於平常習性的正常生活——發生了一個充滿同理心的偶遇事件。

接下來也是一個「跨物種同理心」的故事，不過是發生在大猩猩和人之間。七十五年前，一個在非洲工作的年輕人因為感染瘧疾病倒。他叫傑瑞・柯通（Cherry Kearton），跟一隻叫托托（Toto）的大猩猩住在一起。托托從早到晚都陪在這位生病的年輕人身邊。柯通想吃藥時，托托就把奎寧藥瓶遞給他；當柯通想看書時，托托會一本一本地指著不同的書，直到他點頭，然後托托就會拿起那本書，遞給臥病在床的柯通。在漫長的休養期間，柯通有時會穿著靴子睡著，醒來時才發現，托托已經幫忙脫掉靴子了。

柯通確信托托的行為是源於他們之間的感情，而且大猩猩理解他的想法和感受；柯通在一九二五年發表的報告中記錄這些事情，有些人提出質疑，因此柯通回應：「聽到這個故事的人，可能會認為猩猩和人之間的友誼很荒誕，托托只是一隻動物，並不能真正感受到我賦予牠的感覺，」柯通寫道，「如果人們能像我當時那樣，感受過牠的體貼照顧，看見牠的關心，他們就不會這麼說了。」

因為大猩猩和其他非人類的生物動物不能用語言來表達自己，所以我們無法真正確定牠們的想法或感受。但是，我們可以根據牠們的行為、臉部表情和肢體動作對其情緒和想法加以推測。當然，我們確實常對別人這麼做；儘管只是無意識的行為，但為了讀取別人的情緒和想法，我們會不斷留意對方臉部表情中的細微變化，注意他們撅起的嘴唇、揚起眉毛或是咬緊牙關的方式；觀察他們表達緊張、恐懼或厭惡情緒時的肌肉變化；記住他們手插在口袋裡的輕鬆站姿，或是緊張時兩腳交替輪換的樣子。透過仔細觀察他人的非語言行為，我們可以推論出他們的想法和感受。

這種「解讀他人沒有表達出來的想法和感受」的能力，是同理心的天賦才能之一，是從敢於自我犧牲的黏液黴菌、螞蟻寄生毛毛蟲、拯救小犀牛的大象和深愛人類的大猩猩身上演化而來的。如果沒有同理心，我們就無法相互理解，無法相互尋求支持、鼓勵、溫存和愛。如果沒有理解對方想法和感受的能力，我們就讀不懂他們的意願。如此一來，所有的陌生人將被當成敵人或被冷漠對待，即使是對待朋友和家人也會漠不關心；甚至看到他人的痛苦和困境時，我們會轉身走開。無法理解他人的感覺，會影響我們的情緒和思維，因而不願提供幫助；當然就無法得知，他人的命運其實跟我們息息相關。

同理心的神經生理基礎

同理心對我們的生長、發育、生存都很重要。同理他人的能力是直接連在大腦神經迴路中，尤其是兩個不同又相互關聯的區域——杏仁核和新皮質。杏仁核屬於原始腦或邊緣系統的一部分，它掌管我們的情緒，能快速產生慾望、暴怒、瘋狂、喜悅，也是生成眼淚和儲存記憶的地方。

對於我們面對的每一個人和所處的每一個情境，杏仁核會提出最有力的問題：「我是不是會受到正面傷害、或將可能被傷害的危險？」如果答案是肯定的，杏仁核就會立刻發出警報，刺激荷爾蒙分泌，動員肌肉開始工作，讓血液流向心臟，讓全身上下做好逃跑或留下來戰鬥的預備狀態；這種針對真正或是預設危險情況所產生的習慣性反應，稱作「戰鬥或逃跑」，只要詢問任何有過焦慮或恐慌經驗的人，都能證明杏仁核具有這種產生強烈情緒反應的能力。

在很久以前，杏仁核掌管大腦的所有神經迴路，作為一個主操控室，對不同的物理威脅會自動產生反應。然而，約在一億年前，哺乳動物開始進化出新的大腦細胞層，用來處理需要理智的思考。新皮質被稱作「思維的大腦」，就像一層薄薄的毯子一樣，纏繞在原始的邊緣系統外面，讓哺乳動物的祖先們反思自己的感受，並依據這些經過思考之後的反饋來調節自己的行為。例如，由杏仁核主導的蛇和青蛙會在飢餓時吃掉自己的小孩（更重要的是，牠們一點都不會為此感到內疚或悲傷），而由新皮質主控的哺乳動物們，則寧可犧牲自己的生命也要保護後代。

經過幾百萬年的演化，思維大腦與情緒大腦之間發展出相互作用的關係，將冷靜的理性注入熱情的情緒，藉由思考來延遲下意識的自動反應，讓恐懼、憤怒、傷心和喜悅這些基本情緒逐漸擴展為更微妙、更複雜的表達方式。比如憤怒又可分為煩惱、怨恨和憤慨的複雜情緒；滿足感可以進化成高興、愉悅、陶醉和極度快樂的感覺；奉獻演變為關愛。自憐、絕望、困窘和屈辱這類情緒也成為人類情緒中的一部分。當我們發展出「先考量他人的需要、之後才考慮到自己」的能力時，詞彙中就出現了**「利他主義」**和**「自我犧牲」**。

在一項有趣（雖然有些殘酷）的實驗裡，研究人員切斷了猴子大腦中杏仁核和新皮質之間的聯繫，然後把猴子放回棲息地。沒有了能支援同理心的神經迴路，這些猴子再也不能推論出其他動物是友善或有敵意。一隻正常的猴子可能會想著，「這隻大猩猩看似殘暴，不過我並不擔心，因為牠的眼神很溫和，沒有對我齜牙咧嘴」，或是「這隻母猴並不想傷害我，牠一直在我身邊繞來繞去，是因為被我吸引了」。但經過腦部手術的猴子，卻迴避了之前的其他朋友和家庭成員；牠們基本上都獨自生活，被杏仁核產生的憤怒和恐懼情緒主宰著日常生活，再也不能感受到善良、忠誠、奉獻和愛，這些由新皮質所產生的情緒。

如果我們能回到生命最初的幾個月裡，就能更好地理解那些同理心受損的猴子的想法和感受。人類嬰兒在出生時，就已經成形，而且絕對主導著他的情緒，然而發育較慢的新皮質，則要經過好幾年甚至幾十年才能奪回主導權。事實上，大腦的發育過程就像是一部演化史。一如遠古的哺乳動物祖先一樣，我們最初是以一隻由杏仁核主導的生物開始我們的生命歷程。

從第一次呼吸開始，我們就能表達情緒：痛了就哭，恐懼時會後退，驚訝時會睜大眼睛。新生兒在聽到其他嬰兒大哭時，自己會跟著哭泣，他們能共享彼此的感受，儘管他們還不明白這些感受意味著什麼。發展心理學家把這種情緒感染稱作**同情式的痛苦**。兩個月大的嬰兒看到別人流淚自己也會哭。這是一種由杏仁核所主導的自發反應，對於別人的不幸感同身受。十週大的嬰兒，能根據媽媽高興、悲傷、生氣的臉色，改變自己的臉部表情。四個月大的嬰兒看到笑臉時會露出開心地微笑。

八個月至一歲大的幼兒開始知道，自己跟他人是分開的，跟他人是不一樣的。但因為還是情緒大腦主導一切，所以他們還不太知道如何應對他人的困境。孩子第一次安慰痛苦的人，是藉由平時的觀察進而嘗試「模仿」出來的；所以，當一個孩子看到另一個孩子哭泣時，他會抹自己的眼睛，即使自己並沒有眼淚需要擦。

在接下來的幾年裡，隨著大腦的新皮質不斷發育，並且與杏仁核的連接越來越複雜，孩子會意識到他們是獨立的個體、他們有自己的想法和感覺。漸漸地，他們安撫他人的行為也越來越豐富。一歲時，孩子就可以根據大人臉部表情中所見到的訊息來調整自己的行為。如果看到父母的微笑或點頭，一歲大的孩子有可能會拿起一個不太熟悉的玩具，或跟陌生人一起玩；而父母的皺眉或有麻煩的表情，則讓他們意識到自己得小心點。

小孩子最容易識別的表情是「快樂」，然後是傷心、生氣和恐懼。到四、五歲時，孩子就能準確地說出這些基本情緒，儘管有很多研究人員認為，孩子們在發展出足以描述這些情緒的語言技能之前，已經有很長一段時間是能理解這些情緒的。至於一些更複雜的情緒，例如羞恥、輕蔑和厭惡，除了更不容易區別與理解外，就像研究人員所說，這些需要大腦再經過更多年的發育、以及更多的人際關係經驗。

到六歲時，孩子能理解真實的感受與表達出來的情緒之間是可能有落差的。七歲左右的孩子能理解那些涉及嫉妒、擔心、驕傲、謙虛和內疚的情緒。當孩子或青少年學會觀察臉部表情和身體動作的非語言線索，也能觀察像說話語調這類的語言線索時，他們就越來越會辨別行為的動機和意圖。到九至十一歲時，孩子就能夠從非語言交流中識別出別人是不是想矇騙、操控自己。

但是，如果他們的眼淚總是沒人關心，他們的恐懼總被忽略，那他們就以為這個世界是沒有回應的，是不在乎自己的。如果長期遭受忽略，他們的情緒反應就會逐漸受到侷限，恐懼就會成為所有情緒中的主導。

換句話說，如果某個特定的情緒讓我們一次又一次地發現，這個世界總是虧待我們、不重視我們的感覺，我們最後會意識到繼續嘗試是沒有意義的，然後就開始關閉我們的情緒，讓它靜止。

人類獨特的鏡映能力

我們的行為就像鏡子一樣，呈現出在生活中看到的東西，我們同理別人的能力，會因為生命早期的經驗而相對應地增加或減少。如果我們沒有從別人那裡得到同理心——例如小時候，我們說的話被忽略了；我們大笑的時候沒人跟我們一起笑；我們因為痛苦或害怕而哭泣時，有人告訴我們流淚是不對的，或是說眼淚是一種脆弱的表現；那我們就會開始避免表露這些情緒。如果養育者總是不專心、情緒抑鬱或者滿是憤怒和怨恨，他們呈現給我們的那面鏡子只會照出被扭曲的現實。透過這面鏡子，我們只看到一幅扭曲、不切實際的自我圖像。當我們還是孩子時，絕對無從得知自己看到的畫面是扭曲變形的，所以開始相信這些反射的畫面是真的，以為自我形象就如鏡中所反映出來的裂痕一樣。

相反的，如果父母或監護人能在我們受傷時給予真心關注，細心地照料我們的傷口，用充滿愛意的語氣跟我們說話，透過言語和行動讓我們知道他們能理解我們的感受（如此就呈現出一面準確的鏡子），我們會感覺到自己被接納和理解，並逐漸獲得信心來表達更多的情緒。如果我們注視的鏡子是清晰、未被扭曲的，那我們就能看到真實的自己。

如果我們照的是一面有裂痕的鏡子，我們會看到一幅混亂的畫面，很難弄清楚自己的感受。而如果鏡子反射回來的畫面是清晰真實的，我們才能認識自己真正的樣子，並明瞭自己的情緒都是合理並且能得到回應。鏡映是一個很容易解釋清楚的概念，我常在生活中發現真實的例子，並藉此幫助人們瞭解這個過程。

我女兒艾瑞卡小時候身體非常不好，醫師認為是她腸道有問題，動了好幾次手術，住院次數超過十二次。身體瘦弱，經常要忍耐疼痛，所以艾瑞卡沒辦法跟其他小孩一起奔跑，因此沒什麼小朋友願意跟她玩。當她五歲的時候，幾個專家發現艾瑞卡有第三個腎臟，做了八個小時手術摘除多餘的腎臟。

艾瑞卡出院回到家的幾週後，有一次我在她房間門口停下來，想看看她怎麼樣。從門縫裡，我看到她坐在床上，拍著自己的背：「噓，沒事的，寶貝，」她用一種安慰和確認的聲音對自己說，「所有的事情都會好起來，媽媽會照顧妳的。」

聽到我五歲大的女兒，用媽媽般的溫柔語調和滿心關愛來安撫自己，這讓我知理解到：艾瑞卡知道自己是被愛著的，也相信她值得擁有這份愛，所以她能重覆媽媽在各種情況下跟她說過很多次的話，以此來照顧自己——媽媽充滿關愛的聲音已經成為她自己的內在聲音。

當我們接受同理心時——就是當別人準確地理解我們的想法和感受、並能敏感地做出回應時，我們就知道自己值得被如此溫柔相待。我們對自我的同理心便能快速提升，直到我們發展成熟，思維的大腦逐漸掌控情緒的大腦，我們會逐漸想去回應自己過去曾擁有的——自己感受到的信任、信心和愛，再鏡映給這個世界。

如果我們沒有感受到被愛，如果我們的感受一直被無視，那我們就不會知道如何來安撫自己。如果不曾學習關心自己，當他人受到傷害或遇到困境時，我們會發現自己很難給予安撫。因為此時，我們只會表現出自己曾遭受的忽視和冷漠，只注意到自己那些尚未被滿足的需要和渴望。

但是，人們的韌性很不可思議，從出生到死亡的每一天，我們從沒停止學習。如果給予同理心和適當的指導，那些童年階段情緒匱乏的人們，也能學會如何表達他們的情緒，展現他們同理心的能力；當然，這就是我們跟黏液黴菌、毛毛蟲、鳥類、大象和大猩猩的不同之處。

那些確信已經沒有任何希望，也沒有任何理由繼續努力的人們來到我的辦公室；他們告訴我，自己不知道如何表達想法和感受，有時他們甚至覺得自身已經失去感受的能力。他們覺得這個世界是冷漠的。雖然他們對我不敢抱有任何希望，但還是敞開了心扉，表現出自己的絕望。

我跟隨著他們的獨有經歷，堅信一段充滿同理心的關係能療癒最絕望的受傷靈魂。所以，我會去強化他們思維的大腦和情緒的大腦之間的連接。我會在腦神經迴路的迷宮中小心翼翼地尋找斷裂之處。我陪他們一起把磨損的神經迴路重新連接上，讓同理心得以自由流淌，很多病患因而再次明白何謂同理心。

許多年前，我曾為一個十六歲的男孩湯米做過諮詢，他迷失了方向，正努力在世界裡找到自己的立足點。湯米是我當時工作醫院裡一名清潔女職員的兒子，雖然我並不認識她，但在走廊上相遇時總是會打招呼，互相問候。她丈夫因為心臟病突然去世，留下她一人照顧五個孩子，她的大兒子湯米升上高中後開始大量酗酒，無法完成高中學業，而且看起來是極度消沉，好幾次都威脅說要自殺。有一天我和湯米的媽媽又在走廊上相遇，她問我願不願意跟她兒子談談。

湯米在第一次會談中沉默寡言，不願溝通。幾週後，他才卸下心房，談起自己的父親。我傾聽著，並隨著他的話將注意力集中到他想讓我知道的事情上。有一天他突然告訴我：「我不想再繼續住在這種地方了……」停頓片刻，他繼續說，「我希望父親能夠以我為榮。」

這天是湯米生命的轉折點。他不再酗酒，加入了棒球隊，開始全心投入父親曾經最愛的運動。湯米很有運動天分，很快就成為球隊不可替代的一員。可是每一次的球賽對他而言都是折磨，因為他最偉大的球迷——他的父親，再也沒辦法在現場為他鼓掌加油。雖然湯米在每一場球賽中都表現甚好，力求完美，但每到散場時，他都為自己的表現感到失望。

因為湯米在心中創造了一種信念，只要自己成為偉大的棒球員，父親就能夠以他為榮；這樣一來，他就可以消除「自己無法成為父親想要的好兒子」的罪惡感。有一次他告訴我：「我真的很自我中心，我竟然從來沒有因為父親看我打球、陪我寫作業、在我難過時全心陪伴我而對他說聲謝謝。」

我告訴他：「每個年輕人都會經歷這麼一段自私的階段。你處於青少年時期，這時的你正在發展『自我』，這種自我感會主宰你、影響你，直到你對『自己是誰』有了更明確的認識為止。」此時，我滿腦子都是關於青春期個體發展正常表現的相關知識。

「但我不認為自己是父親的好兒子。」湯米說。

「湯米，你真是令人喜愛的小孩。處在這個年齡階段的你，已經非常溫柔體貼、善解人意了。」

「你怎麼看出來的？」他滿心期待地問我。

「從你談爸爸的方式；從你自豪、滿懷熱情地告訴我他有多偉大；從你說思念他、渴望他的陪伴。」我告訴他。

在這段治療時間裡，同理心的力量主導著我們的談話，最終湯米瞭解到：無論他有沒有達成目標，父親依然愛自己。當湯米提升了認識自己、認識他人的能力後，他就能理性客觀地評估自己的優缺點，也能接受自己可以做什麼、不能做什麼。透過真誠地與他人互動，努力實現自我改變和成長的過程，湯米發現當他更能接納自己，甚至包含全部的優缺點時，自己變成了原本該有的樣子。同理心的力量讓他認識到：他的生命值得被重視、拯救。的確，他獲得了重生。

從治療數百位患者的經驗中，我發現同理心是一種可以教導的技巧，是可以從與人相處發展和培養出來的能力。在心理治療中、在婚姻中、在友情中，我們會逐漸認識到：同理心可以加深個體對自己的感知，加強自己與他人的連接。學習如何表達同理心，學習如何誠實、坦白、寬恕地對待自己和他人，是我們最重要的學習功課。只有感覺同理心是不夠的。如果希望改變、成長，做最真實的自己，就必須學會在人際關係中實踐同理心。事實上，能夠表達同理心是感受同理心的關鍵。因為，同理心如同愛、寬恕、誠實，在我們樂於付出後才會真正獲得。

第4章

表達同理心

道理人人懂，只需要片刻理解與包容

真正做到同理他人，要比有同理心重要得多。

一九九九年四月二十日，在科羅拉多州利特頓（Littleton）發生高中校園槍擊案過後的現場，哭泣的家長安撫著受到驚嚇的學生，一些新聞記者報導眼前所見的各種同理心；一名記者看著慌亂的人群，強忍住眼淚，用低沉但充滿敬意的聲音說：「在科羅拉多州的利特頓市，到處都能看到同理心。」

他說錯了。事實上，那天都是同情和憐憫，鮮少有真正的同理心。**同理心是需要與情緒保持一定程度的距離**——你必須與悲傷、恐懼和憤怒保持距離，在這個距離空間裡，你的想法才能對你的感受保持理性。**同理心需要把成見偏見放在一邊，控制住想要評判和譴責的衝動**，也需要平息復仇的渴望，取而代之的是理解他人，而這最終可能意味著要原諒他人。

在事發一段時間後，科羅拉多州終於出現同理心的聲音。人們開始反思凶手為什麼會殺人、槍擊案是如何發生，開始提出一些困難、甚至可能是無法回答的問題。為什麼沒能在學生採取暴力行動之前就伸出援手？怎麼做才能察覺他們被孤立、視為異類的感受？我們可以做些什麼來幫助他們，同時挽救十三個無辜的生命？

經由以上這些問題，也因為拒絕接受明顯擺在眼前的答案，我們才開始聽見同理心的聲音。槍擊案發生的幾天之後，我看了電視裡一個脫口秀節目討論誰應該為這次慘案承擔責任。大家好像都要去尋找一個可以怪罪的人，關注的焦點逐漸聚焦在凶手的父母身上。有人提到其中一個凶手的母親的謠言，說她在槍擊案發生兩天後去了美容院。人們感到疑惑，是怎樣的母親，才能在自己兒子瘋狂殺人、飲彈自盡後兩天內去做頭髮？

當嚴厲的批判在廣播與電視裡傳播，當地一個新聞主持人採訪了利特頓市教堂的牧師喬爾·米勒（Joel Miller），詢問他是否要針對凶手的父母是冷酷無情之人的傳言做些回覆時，這名牧師簡潔有力的說：「我們對這兩個家庭的瞭解還不足以讓我們做出評判。」

不僅僅是「我理解你的感受或想法」

「我們對這兩個家庭的瞭解還不足以讓我們做出評判。」這句話說出同理心的核心。在努力理解的過程中，**同理心會提出問題，並且拒絕過快的答案**；而同理心最有力的說法之一便是「我不知道」。當現有的答案太過草率或片面，同理心會促使人們開始去尋找方法來擴充整個事件的全貌，和建立更全面的理解。

同理心始於理解。但是跟許多人以為的正好相反，同理心不只是理解而已。同理心並不是簡單地一句「我理解你的感受或想法」，理解只是這個漫長艱辛過程中的第一步。一旦你有足夠的知識和理解，同理心會要求你把想法付諸行動。真正實踐同理心比擁有同理心重要得多，因為這才是運用同理心的價值所在。如果我們能把心中的理解都展露出來，就能學會以積極的方式抱持想幫助人而非傷害人的初衷，來表達同理心。

表達同理心並不是簡單的「先說這個」或「再做那個」的流程。事實上，研究同理心的心理學家都會強調，既要能準確地理解他人的情緒，還要帶著尊重來回應每個人和每個情境的獨特性。心理學家莎拉．霍奇（Sara Hodges）和丹尼爾．韋格納（Daniel Wegner）在近期一篇學術論文中把同理心的過程比喻成爬山。

> 爬山與實踐同理心都是件艱難且費力的事……我們想要成功登上山頂，需要有足夠的抓手點和踏腳點，我們才能保持前進，堅持攀爬而付出努力。

指引我們在同理心之路上前進的「抓手點和踏腳點」有很多，而且有著不同的樣貌，但是都與如何溝通彼此的想法和感受有關。我們每個人天生就有同理心——就像在第三章中強調的，「理解他人的想法和感受」的能力根植在大腦特定區域裡。困難在於，該如何把理解轉化為思考後的行動。

大多數人都認為，同理心是對他人的感受和想法所產生的下意識情緒反應。這裡「下意識」一詞很重要，因為我們把同理心看作是對他人的痛苦、喜悅、悲傷或恐懼所產成的一種瞬間自動反應。如果這樣看同理心的話，它就是一種對別人情緒的順從與讓步。

毫無疑問的，能夠讀懂他人內心是一種很強而有力的能力。但是，如果同理心就僅是這樣的話，那麼它其實並沒有讓任何事情發生改變，不是嗎？我們的確可以透過同理心來更理解彼此，但同理心卻不一定促使我們有所行動。一九六九年，希拉蕊．羅德罕（Hillary Rodham）在成為美國第一夫人的二十四年前，她在衛斯理學院（Wellesley College）的畢業典禮演講中，是這樣抱怨同理心的：「關於同理心的部分問題是，它不能為我們做任何事情。我們已經有很多的同理心了。」接著她順勢談論美國所面臨、透過同理心也無法解決的嚴重問題。

最後，大多數人都同意希拉蕊．羅德罕．柯林頓的說法：同理心似乎無法產生行動力。這令人好奇，同理心好像哪裡也去不了，什麼事都做不了，什麼人也改變不了。同理心這種情緒經驗，從我們身上拿走的好像比收到的還要多。我們能感覺到同理心，但是我們能拿同理心來些什麼呢？

然而，關於同理心不可更改的事實是：如果對理解「他人的想法和感受」沒有採取任何行為，就不能算是有同理心之人。如果我們就坐在那裡，僅滿足於分享對方的一些情緒，但是不願意或者不會把感受轉化為行動，就是拒絕真正理解同理心的運作。其實在任何情況下，同理心都是以**行動**為導向，無一例外。

同理心，意味著你可以帶著真心想要理解的渴望詢問：「究竟我能學到什麼？」同理心，意味著你會用深切的感受和開放的心態來說：「請教導我。」同理心，意味著你會在關係中的每一個轉折點都想知道：我能怎麼幫忙？我能做什麼？接下來我能往哪裡走？

同理心需要耐心、決心和靈活度

瞭解如何將同理心付諸行動，是一門需要反覆學習的藝術；如同所有的藝術一樣，同理心的回應需要耐心、決心和靈活度。最近，我和一名患者有一次情緒激烈的溝通。在此我稱呼他為高登，他的憤怒和沮喪迫使我動用了我所有表達同理心的方法。

高登，三十三歲，畢業於耶魯大學，在波士頓一家大銀行做投資顧問。他已婚，有兩個十多歲的孩子；他是個聰明、善於表達、非常熱情的人。他的老闆很在意他總是愛與同事爭論

（足以讓人心生畏懼），因此鼓勵他進行心理治療。

當時是週三晚上七點，這是高登每週的會談時間。他大步走進我家裡的辦公室，穿著經典的藍西裝搭配白襯衫，皮鞋擦得閃閃發亮。他坐在椅子上，對我怒目而視。「所以，醫生，你告訴我，」他說，嘲諷地強調了「你」這個字，「你真的覺得這些治療有用嗎？」

「我不太清楚你的意思。」我平靜地說。

「你不知道我是什麼意思？」高登身體前傾，雙手抓著椅子的兩側，「我來你這裡已經快一年，你還不知道我是什麼意思？」

「是的，我不明白你現在是什麼意思，」我說，「你能解釋給我聽嗎？」

「你寫過書，醫生，你瞭解我的意思。」說完這句話，高登的身體往椅背靠回去，兩手抱在胸前，眼睛盯著窗外，刻意避開我的目光。

「我看出你很不開心，」我說，「我也看到你不願意告訴我是什麼讓你這麼不開心。」

高登臉上的神情明顯在說：你不是很聰明嗎？

「以前你受到傷害或被冒犯的時候，」我繼續說，「也是用這種迂迴的方式告訴我。我覺得如果你能直接告訴我是什麼讓你不開心，我們可以節省很多時間。」

「我不知道是什麼讓我不開心，」他說，身體又往後坐了一點，「你是醫生，你來弄清楚。」

「看起來，你好像對我很生氣。」我說。

「是嗎？然後呢？又怎麼樣呢？」

「你可不可以告訴我，你為什麼生我的氣？」我說。

「這根本行不通。」他說。

「什麼行不通，高登？」

「我們。你和我。這段治療根本行不通。我們一起談話的時候，我把自己所有的私事都告訴你，但你從來不說任何自己的事。你的表現總是如此完美，」這裡他幾乎是在嘲諷，「好像你無所不知。我不覺得我能相信一個表現如此完美的人。」

「我需要理解這一點，高登，」我說，我希望透過語氣表達出，對於他的回答我真的感興趣，「這個關於完美的認知是從何而來呢？」

「我不知道它從何而來，」高登說，「可能是從你那裡來的。我只知道我想打敗你，因為你看起來總是井井有條，彷彿你無所不能。」

「我覺得你的感受好像比這還要強烈。」

「說對了，」高登說著，身體前傾，臉部肌肉擠在一起，眼睛半閉著，「我想要重重打擊你，讓你認輸，我想要踩在你身上。我想要結束這一切。」

在這個時候，我有很多種選擇。我可以告訴高登他對我的憤怒沒有道理，而且指錯了方向；我可以把他的注意力引導到別的話題上，好沖淡他的憤怒；我也可以威脅地說他的憤怒讓我很生氣。但是，同理心把我帶向另一個不同的路徑。我想要理解高登的感受和想法，我想讓他知道，即使要去面對生氣和暴怒，即使他質疑治療和這段關係的價值，即使他威脅要對我動手，我還是願意跟他一起面對。我需要讓他知道，我會跟隨他的引導，我不會被他的憤怒嚇跑。

從高登的言語和表達出的情緒來看，我知道已經來到一個非常關鍵的時刻。我領悟到這個時刻的重要性，因為高登正表現出一些從未顯露過的部分。他用憤怒遮住一些內心深處的傷痛，我知道我們需要去探索這些傷痛。我希望能表達出我強烈的興趣，同時也傳遞出一個事實，我並沒有被他激烈的情緒嚇到，所以我決定正面迎擊。

「我聽得出來你對我非常憤怒。」我說。

「我對你很憤怒。我很生氣，因為你並不是在幫我。」高登沉默了一會，然後做了一個深呼吸。「你知道，我前些日子去出差。我錯過兩次治療。」

「我知道。」我說。

「這次出差什麼事情都碰上了。我弄錯東西，發了脾氣，我對自己很失望。然後我就在想，心理治療到底有沒有效。」

「這就是為何你會生我的氣。」我說。

「這就是為何我要打擊你，讓你認輸，我想證明我像你一樣優秀，甚至比你更強。」他說。

「打敗我和你對自己的失望之間有什麼關係呢？」我問。

「我想報復你，因為你並沒有幫我。我從生活中一直都得不到我想要的東西，這讓我很厭倦。」高登的怒氣看來已經消了，因為他深深地嘆了一口氣，喪氣得的坐回椅子裡，「如此努力奮鬥讓我極度厭倦。我一直都在努力工作，卻從來沒有得到我認為應得的，或者別人覺得我應該達到的標準。」

「誰告訴你的？你沒有達到他的標準？」我問道。

「你知道，我父親，和他所有的功成名就。我以為我可以像他一樣成功。我跟他上了同一所常青藤學校，在同一家公司上班，每個人都覺得我應該像他一樣成功。但是我跟他不一樣。我努力去跟他比較，我跟他一樣爭強好勝，但是我無法像他那樣總是想贏過別人，我不想跟每個人競爭，但是有些時候我停不下來……」高登的聲音越來越微弱。

「我知道你被這種生活方式傷得很深，也知道你是多麼努力想去改變這種局面。」我說。

「你說你能理解，但你看起來並不在乎，當我一離開這個診間，你甚至不會想到我這個人。」高登露出隱藏在憤怒裡的脆弱。「我覺得好像一直都是我一個人在爬這座山。」

「其實我一直都在思考你的事情。」我說，希望透過我的聲調和表情，傳達出我能理解他有多麼痛苦。

「我經常想到上次見面時，你深陷困境，你那麼痛苦讓我很苦惱。我相信，如果有人幫助你的話，你其實有能力擺脫這個狀態，但是我也必須實話實說——幫助你從來不是件容易的事。」

高登似乎在仔細聆聽我說的話，我決定把握這個機會，繼續跟他解釋我所瞭解到會影響他治療進展的事情。「有時候，我認為你就是一股腦地想打敗我，以至於你沒辦法從我們的互動裡學習。你似乎認為自己在我之下，或者我比你更高級，所以你開始反抗。我們已經一起找到這些問題的來源，但是我覺得對於你來說，尤其是在你壓力很大的時候，你還是很難相信我們是站在同一邊。我們需要相互幫忙來一起攀爬這座高山。」

「我可以打敗你。」他小小聲的說。

「我相信你可以。」我說。我承認，如果人們選擇相互傷害的話，他們肯定能夠做到這一點。我想讓高登知道，我並不是不會被他的憤怒傷到。「但是告訴我，你打敗我之後，比如現在你就站在被打倒的我的身上，請問勝利在哪裡？你能告訴我，當你打敗我之後、讓我認輸之後，你的感受是什麼樣嗎？」

高登盯著我看了一會，然而我發現他眼眶裡的淚水。他平靜一會後才說：「我希望你幫我翻越這座高山。」

「這句話對我來說很重要。」我說。

從這段談話中，我們可以看到在現實生活裡，同理心需要走過的迂迴曲折路線，以及需要特別小心進行溝通討論的轉折點。跟之前的治療談話相比，在這次激烈的互動中，我更坦誠地說出我對高登的感覺。在之前的談話中，同理心引導我要收斂一點，先允許高登感受自己的憤怒有多深，也目睹這股憤怒能帶領我們到何處。但是這一次，我感覺到我需要向前一步，幫他分辨出過去和現在。他彷彿陷入過去的泥沼裡，而且越陷越深。我理解他痛苦的強度，而同理心則指引我在他消失之前，趕緊遞給他一條救命繩。

如果由同理心來引導一段關係的發展，並提供「抓手點與踏腳點」，讓我們不致於迷失方向，就能更清楚地看到應該往哪裡走，即使前方道路狹窄陡峭，我們也會相信自己能夠站穩雙腳。同理心能幫助維持高度的覺察與耐心專注的狀態——這就是心理學家威廉・詹姆斯（William James）所稱的「全神貫注的情緒狀態」。

詹姆斯相信，如果我們能做到深切地關心生活全局，同時關心自己當下的體驗，即使身處最險惡的境遇，也能知道如何找到脫身之路。他透過自己的登山經歷強調一定要相信自己和他人。詹姆斯寫道：

> 信念能為它自己作證……
>
> 舉例來說，假設我在攀登阿爾卑斯山，但運氣很差，我身處一個只能縱身一躍才有可

能逃脫的境地。我並沒有過類似的經歷，不知自己能否成功跳過去；但是內心的希望和對自己的信心，讓我深信自己是不會失敗的，也讓我的雙腳開始執行這些如果沒有主觀情緒，很可能不會完成的任務。

但是假如情況正好相反——如果我覺得，基於沒有被先前經驗證明過的假設便開始行動是一種罪過，我就會猶豫許久，以致最後筋疲力盡，渾身顫抖，開始感到絕望，然後一腳踏空，失足掉落深淵。

很顯然，在這個例子裡（類似的情況還有很多），睿智的部分就是要相信你的渴望，因為信念是實現目標不可或缺的前提條件之一。

只要相信，你就會是對的，因為你會拯救自己；但如果懷疑，你也會是對的，但你可能因此一蹶不振。兩者唯一的差別就是，「相信」對你大有好處。

同理心跟詹姆斯說的「信念」是同義詞，是指內心感覺到的那股平靜的確定感，能對自己和他人建立起堅定的信念。如果沒有同理心，我們就獨自站在那裡，在深淵前瑟瑟發抖。有了同理心，我們可以跟自己和他人說：你能做到。我就在你身邊，不會讓你摔倒。如果你跌倒了，我會幫你重新站穩，跟你一起攀越高山。

雖然爬山的比喻在此比較適合，我還是要強調一點：同理心並非一項容易掌握的工具或技巧，而是需要精心培養和持續專注的能力。同理心能提供「抓手點」和「踏腳點」，這些都只是指引爬山的路徑，並不能保證能夠一直掌握平衡，也不能確保我們最後會成功。

因為每個人、每個情境都是獨特的，這就意味著同理心要保持謹慎、專心、好奇和警覺。如果同理心變得心不在焉，那它就不再是同理心了，因為同理心最持久的特徵就是集中注意力，關注焦點。如果焦點偏差，目光有了轉移，產生「我不在乎」的態度，同理心很快就會失去立足點。同理心必須隨時準備好隨著焦點進行移動，哪怕這個移動意味著平移，甚至後退。

表達同理心的七大關鍵步驟

學習表達同理心，就是把你的想法和感受轉化為能直擊他人內心和靈魂的言語，這需要自我覺察、細心反思和大量實踐。為了幫助人們學會用助人而不是害人的方式來表達自己的洞察，我整理出以下的指導方針。

1. 使用開放式問題
2. 放慢節奏
3. 避免太快下判斷

4. 關注你的身體反應
5. 向過去學習
6. 讓故事充分展露
7. 設定界限

第一步：使用開放式問題

在高登跟我說「你的表現總是如此完美」時，我也可以把問題拋回給他（如：「別把我扯進來，高登」），或者用一個封閉式的問法（已經有答案）：「你真覺得我表現得就好像我是個完美的人？」順著防衛性的問題，我其實可以說：「你真認為這是我的問題嗎？」如此顯然是在暗示：這根本不是我的問題，而是高登你自己的問題。這個問題隱含著責備（「這真的是你的問題」），同時也在引導高登接受我對他的想法和感受的詮釋。

封閉式問題會帶來一場權力的遊戲，回答問題的人只能琢磨要不要反駁隱藏有答案的問題。他的選擇要麼給出順從性答覆，例如「好吧，你說對了，我知道我哪裡做錯了」；要麼就是給出對抗的答覆，例如「你錯了，我真受不了你那趾高氣揚的態度」；再或者就是滿心不爽，拒絕繼續溝通。不管是哪種回答，結果都是一個人贏，另一個人輸。當然，用同理心標準來看，兩個人都輸了，因為溝通就此擱淺，彼此間的理解也不會再有任何進展。

假設某次的治療時間高登遲到了。「上週我們好像有點小衝突，」我說，「你是不是對我不滿，所以遲到就是想讓我知道你的感受？」這就是一個封閉式問題，因為我已經給出結論（高登對我生氣），我用這個問題引導患者同意我的看法。

下面例子是我可以使用的開放式問題。「我注意到這兩次你都遲到了，高登，這是不是代表我們還有沒探討過的東西呢？」這個問法不預設任何答案，而是開放任何的可能性。這麼做，才是真正的蒐集訊息，讓患者多告訴我一些事情。

「你知道嗎，最近我總是這樣，」高登可能會說，「時間都安排得太緊了，約好的見面也遲到了，我老婆和孩子對我很失望，老闆對我很不爽。」或者，「我出門前跟老婆大吵一架，她說我在心理治療上花的錢太多了，還因為我把夫妻間所有細節告訴你而很生氣。」從這些回答裡，我可以知道更多高登的狀態，使會談導向富有成果的方向。再或者，他的答案可能簡單到「我的運氣真是差到難以置信，連續兩週在公路上遇到嚴重車禍」，像這樣的回覆，我們便可以拋到腦後，轉而去討論對患者真正重要的事情。

以下是另一個封閉式問題的例子。十幾歲的女兒在約會完回家後與媽媽之間的談話。「寶貝，妳真的覺得他很可愛嗎？」媽媽的問題其實是在引導女兒同意自己的理解（也就是說，他並不可愛）。這個問法讓女兒陷入兩難。她可以順著媽媽的觀點，讓媽媽來決定自己的想法和感受；也可以不同意媽媽的意見，然後兩人間產生矛盾，甚至爭吵。

假設你剛剪完頭髮。設計師遞給你一面鏡子，在你還沒來得及仔細看看鏡中的自己時就說：「你喜歡這次的髮型嗎？你不覺得這個髮型非常適合你嗎？」這些問題都是不需要回答的，因為你可能得如此回答：「是的，看起來不錯。」就算你當時心裡是在想，我怎麼花了二十五美元把頭髮弄得像被割草機碾過一樣。

問開放式問題是在表達同理心，因為這樣能**傳達出尊重每個人獨有的反應和回覆**。在你問出一個開放式問題時，你是想從他人身上瞭解到事實並進行溝通，而且是真心對他的看法感興趣。這相當於你先交出控制權，允許他人把你引領到他想要或希望你去的地方，而不是你努力把談話帶到一個指定的方向上。封閉式問題就像是把他人關在門外。而開放式問題則透露出：我們把偏見、歧視和預設立場都擱置一邊，敞開大門面對新的經驗，因此它是存在著無限可能。

第二步：放慢節奏

同理心總是努力把節奏放慢，透過深思的反省來調節情緒。在激烈的衝突中，像我跟高登的談話，放慢節奏就至關重要，可以避免思維被我們的情緒挾持。從這個角度上看，同理心就像是馬嘴裡的馬轡，你可以透過韁繩把馬拉住。等情緒褪去時，同理心才能插手，讓狂奔的馬放慢成可以控制牠走路。

為了讓事情平靜下來，有時候你得往後退一些，就像以下我和麥克的談話一樣。他是一名三十六歲、正在戒酒的病患，那天他告訴我，他決定要閃電結婚。

「我一進到DUNKIN' Donuts甜甜圈店，便看見南西站在那裡，我心裡就有股衝突——就這麼定了。」麥克咧嘴笑著說。麥克平時個性沉穩且安靜，那天看起來卻異常亢奮。「那一瞬間我就知道我要娶她，毫無疑問。」

麥克已經進行心理治療六個月，這是他第一次提到南西。「這可是一個重大的決定，」我說，「事情是怎麼發生的？」

「嗯，我參加匿名戒酒協會的聚會後，去了一趟甜甜圈店，進到店裡我看見她，而且她對著我微笑，然後我就決定要娶她。事情就是這樣。」

當我讓麥克往前回溯、多說點戒酒聚會的情況時，他眉頭緊鎖。「我以為你要瞭解我想娶的這個女人呢。」

「麥克，不是我不想去瞭解她，而是如果不知道事情是怎樣發生的，我恐怕無法完全理解你的狀況。我們往前回溯到你去甜甜圈店之前的事情。戒酒聚會上發生了什麼事嗎？」

「那只是一次例行的聚會。」麥克改變坐姿，原本亢奮的情緒突然間消失，眉頭也皺了起來。「你知道的，各種常見的故事，流了很多淚，有很多情緒。」

「所以是一次正常的見面會囉？」我說。

「嗯，也不完全是吧，我猜。」麥克說，眉頭皺得更緊。「聚會後我跟一個老會員吵起來，然後我的『小天使』（戒酒聚會制度中非正式的關係）也和我吵起架來。」

「你知道他為什麼和你吵架嗎？」

「因為他就是個混蛋，」麥克鄙視地說，「所以我都快氣瘋了。我發誓，我當時氣到都想殺他了。」

「麥克，我不太明白後面這部分。」

「後面哪部分？」

「是什麼讓你氣瘋了？」

「我受夠每次愚蠢的聚會上大家對待我的方式。我覺得自己不是團體的成員。」

「所以你覺得自己格格不入，參加聚會對你來說成了痛苦的事？」

「是啊，我迫不及待想離開。」

「當你離開的時候有什麼感覺？」

「我很生氣。我覺得我就是沒有融入團體中。」

「見面會之後不久，你去了甜甜圈店，然後遇見了南西？」

「沒錯，就是如此。」

我們繼續談了十五分鐘，這段期間麥克不斷反思自己。「我知道那天我的情緒非常強烈，」他說，「所以你可能心想，或許我是在擺脫我的憤怒。」

「我聽起來……如果我理解錯了，請糾正我……對我來說，你好像深受聚會上的情緒影響，因此想找個人，一個能幫你平復情緒、讓你不再陷入衝突的人。」

麥克身體往前傾，雙手疊在一起，嘆了口氣：「我也不知道。現在這樣慢慢回顧整個過程，我反而有些困惑了。」

「可能這樣能讓治療有所進展，」我說，「你接受『現在有些困惑』的感覺，接納自己不確定該如何應對這種特殊情況。這就表示你現在正在學習它了。當你思索這個問題和其他重要的人生問題時，你會繼續學習和成長。」

會談結束後，麥克說：「想要娶一個完全不認識的人真是夠愚蠢的。我竟然這麼衝動。有時候我都不知道自己出了什麼問題。」

「我想，你在受到傷害或被侵犯的時候，總是習慣馬上付諸行動。」我說，「當你學會忍受自己的情緒時，就能減少衝動的舉動了。今天在這裡如此短的時間裡，你已經表現出你有這種能力。」

「我有嗎？」他說。

「是的，你有做到哦。」我回答。

當情緒爆發的時候，花點時間來思考、回想一下是很有幫助的。把節奏放慢能讓想法跟得上情緒，在產生情緒的情境裡加入一些平靜和理性。有意識地努力把節奏慢下來，其實就是在讓同理心有表現的機會，正如心理學研究者所發現：同理心在過熱（或過冷）的環境裡是無法生存的。一如植物需要陽光照射和夜晚的陰涼，才會平衡生長一樣，同理心在極端條件下是無法成長的。

諸如恐懼和憤怒這樣的負面情緒，會加快身體新陳代謝的速度，使我們處於高度警覺的狀態。心理學家羅伯特・利文森（Robert W. Levenson）和安妮・羅夫（Anne M. Ruef）寫道：「一般認為，在身體處於高度警覺狀態時，洞察力會隨之變小。」當體內各種內分泌都加速運作、肌肉因緊張過度收緊的時候，我們的感知能力就會變小。具體來說，我們只能看見自己的憤怒和恐懼，其他細微的情緒都會被無視。我們其實就是因為情緒而變得盲目，變得只關注在應對眼前的難關上：「戰鬥、還是逃跑比較好」。

當劇烈情緒降為一鍋溫水時，同理心就會開始擴展開來，我們又能重新看到事情的全貌，而不只是侷限在狹窄的範圍裡。當同理心發揮冷靜、撫慰的作用時，我們就能恢復平衡，更準確來說，是對自己的想法和感受產生更準確的理解。我對麥克的同理心讓他放慢節奏，也讓他更清楚理解自己的行為。隨著我們的持續治療，他同理自己的能力便會增加，學會在沒有外界的幫助下讓自己放慢節奏。

第三步：避免太快下判斷

快速下決定和匆忙做出判斷，都不是表達同理心的方法。例如，在與高登會談時，我對他的想法、情緒和過去的經歷都有足夠的瞭解，我本可以用兩三句話來概括他的情緒並做結論，然後用剩下的會談時間討論：我是依據哪些理論推斷他的想法和感受。

從過去的經驗，我知道高登的脾氣暴燥易怒，總是透過憤怒來跟他人保持安全距離。所以我可以對高登說：「我相信你對我很憤怒，是因為你覺得受到我的威脅。」或者是：「你想打敗我是因為我讓你想起你父親，他總是小看你、貶低你。」

這些說法基本上跟「你該長大了，要克服困難」的論調沒什麼差別，只比「你缺乏安全感」、「你被嚇到了」或者「你嫉妒了」這類貶義評價稍微婉轉一點而已。這類評價等於是為我們的行為貼上標籤，但這跟表達同理心是截然不同的。因為，同理心是想要為行為提供一個更深層的理解方式。

「你該長大了，要克服困難」的說法很容易將行為視為是固執、無法改變的，而同理心則是試圖要找出對方的想法和感受與特定事件的關聯。有一次我跟高登說：「我發現你談到工作會議時，好像挺激動的，這是你當時的感覺嗎？」這個問題幫他把注意力集中在引發他情緒的特定事件上，透過回溯反應的根源，讓他有提升自我覺察的機會，而不是不斷說些自我貶低的話（「我很蠢」、「我沒有競爭力」、「我永遠都不會像父親那樣成功」）。當人們感到挫敗的時候，很容易失去覺察細節的能力，甚至根據空泛的原則行事，導致自己做出偏執或苛刻的判斷。

同理心的力量來自於只專注在當下的體驗。同理心能避免人們根據過去的經驗為行為做總結或分類。不管我對高登的過去瞭解多少，我都無法確定他在當下的想法和感受。就如同所有人一樣，他是一個不斷改變、不斷進化的人，而當希臘哲學家赫拉克利特說，「你不可能踏進同樣一條河」的時候，他也是在表達同理心，意指「今天的你」已經跟「昨天的你」有所不同。當我們跟另一個人說：「你老是如此」、「這就是我，永遠也改變不了的」或「我太瞭解你了」，我們其實是在往河水裡扔障礙物，阻擋同理心的自由流淌。如果這樣做，不僅否認了發生改變的可能性，還阻礙了一個人的轉變。

每當我聽到一個人對另一個人說：「我就知道你會這麼做，我已經見過上千次了」，或者「我都不需要問你在想什麼，我比你自己還瞭解你」，這都使我打從內心發顫。在這些話語裡，我彷彿能看到一棵棵大樹傾倒在同理心的河流裡，阻擋了河水的流動。雖然我們根據過去可以預測未來，但同理心提醒我們：真正的生活是流動的，人們一直都在適應環境，當環境發生改變時，人們都是能讓步和彎腰的。

如果認定人們的存在方式是一成不變，個性像石頭一樣頑固，那人們的互動方式就是可以預測的，完全會是過去的模式，機械般的反應會一再重覆，就不可能去拓展視野與觀點。如此受限的世界——由理論來駕馭，由標籤所歸類，由偏見來支配——就像是一片乾涸的河床，遠離其他水源和支流，這與它原本強有力的樣子大相逕庭。

第四步：專注你的身體反應

當高登拉高嗓門說想揍我的時候，他瞇起眼睛，臉部因為暴怒而脹紅，看起來就像要朝我撲過來，我能感覺到自己心跳加速。我確實能在自己的身體反應中感覺到高登的憤怒，因為我的自主神經系統開始呈現出高登的神經系統反應。研究人員把這種現象稱作「生理同步」，能強烈的提醒我們，心理和身體彼此相連。

事實上，一位心理學研究者把同理心定義為：「一種易於激發別人產生類似反應的自主神經系統狀態。」換句話說，我們的神經系統之間是能相互對話的。當一個媽媽跟她孩子一起玩耍時，她們的心會同步跳動；當你輕輕拍打你的狗時，你的心跳會慢下來，狗也一樣；當你跟憤怒敵對的人互動時，你的身體反應也會跟他們的一樣：肌肉中血流增加，血壓上升，壓力荷爾蒙（腎上腺素、正腎上腺素和皮質醇）開始在你身體中循環，你也感覺到體內因憤怒和壓力所帶來效應。

自主神經系統是從中樞神經系統中分支出來，負責把感知到的訊息傳達給身體的腺體和內臟肌肉（血管、心臟和腸道）。其中，我們的身體反應受到兩個不同但又相互關聯的系統控制著：面對壓力時交感神經系統會提升能量，啟動身體進入備戰狀態，提升血糖水平，提高心率和血壓；在我們感到放鬆或需儲存身體能量的時候，便由副交感神經系統主導。這兩個系統基本上是自主運行，不受我們的意識和想法控制。一如絕大多數人都無法控制心臟的跳動或腸壁肌肉的擴張和收縮。

我發現很有意義的一點是：人們用同情心（sympathetic，在英語中與「交感神經系統」是同一個詞）來描述自主神經系統的功能，真是再貼切不過。同情確實是對他人情緒狀態自動產生的一種下意識反應，但同理心需要對他人的想法和感受進行更複雜的整合。如此說來，中樞神經系統和自主神經系統之間的相互作用就可以叫作「同理心神經系統」。這兩個神經系統之間持續溝通，負責產生表達同理心的不同方式，將我們之間的想法和感受傳遞給彼此。其實，同理心就是一種整合身體與心理的反應，想法和感受之間就是透過「同理心神經系統」的反應來進行相互作用的。

我知道我對高登產生的身體反應——心跳瞬間自動加速，突然間注意力高度集中，所有的感官呈現高度警覺——是生理上的同理心表達。我的身體反應出高登身體的變化。我明白生理同步的本質，所以我能透過自己的感官來獲取高登情緒裡的重要訊息。我的身體反應讓我知道了他的情緒狀態，並同時勾起我自己對憤怒體驗的記憶、以及從多年經驗中獲得怨恨和敵意的感覺，甚至我擁有的關於人們內心痛苦的相關知識也被引導出來，而這些內心痛苦是因疲憊、情緒壓力或缺乏安全感所導致。

我們的身體可以接收到他人身體的訊息。我們都有個內建的自主神經系統，它能自動得知他人身體反應的訊息，以提供我們關於他人想法和感受的重要線索。表情模仿就是生理同步的經典案例。假設你正在跟一個傷心哭泣的朋友說話，在你自己的意識都覺察不到的情況下，你的臉部肌肉會開始自動模仿你朋友的表情。更加神奇的事情就會發生——你能感覺到自己正感受著朋友的情緒。僅僅透過把臉部肌肉調整在特定位置上，你就能知道他人身體和情緒上的感受。

演員和作家深知表情模仿的力量，他們常用這個技巧幫助自己進入特定的情緒狀態。著名作家爾德格・愛倫・坡（Edgar Allan Poe）就善用表情模仿來讀懂他人的心思：

> 當我想要弄清楚一個人是多麼智慧、愚蠢、好心或糟糕，以及他當下的想法是什麼的時候，我就讓我的臉部表情儘量精準地模仿他的表情。然後，等待頭腦或內心為了呼應這個表情會出現什麼樣的想法或情感。

心情會受身體的生理反應所改變。所以，微笑能讓你的神經系統平靜，心情好轉；而眉頭緊鎖會讓你感覺到消極或否定。在一個心理學實驗中，研究人員在受試者的額頭貼上兩個高爾夫球球座，然後要求他們儘量把這兩個球座靠近一些，使他們自動皺起眉頭。當給皺著眉頭的受試者看一些讓人不愉快的照片時，他們會更容易產生負面情緒。在另一個實驗中，受試者的牙齒咬著一支筆，這個動作讓臉部肌肉處於微笑狀態，當他們看搞笑動畫片時，笑聲明顯變多了。

生理同步在治療人際關係裡，扮演著關鍵因素。在心理治療中，我知道我能用自己的臉部表情和身體動作影響患者的情緒狀態。例如，如果我很生氣或沮喪，患者一般會跟隨著感受到我的負面情緒；如果我很平靜，他們的身體也會對我的沉著產生反應。一般來講，如果我微笑，他們會感覺更開心；如果我皺眉，他們也會被我的負面情緒所影響。

這是個非常有用的能力，嚴厲的神情或不耐煩的手勢，對於一個感覺很不確定或很脆弱的人，會產生巨大影響。因此，我在使用生理同步時會極度謹慎。我會特別注意我的臉部表情、語調變化、手勢，甚至身體姿勢，因為我知道這些身體反應能夠激發出別人強烈的情緒反應。同時，我會仔細地監測自己的身體反應，來獲取他人情緒狀態的一些線索。

不管在心理治療還是日常生活中，瞭解情緒如何影響到身體，和特定的身體反應如何影響我們的感受，都是非常重要的。例如，微笑是我們表達同理心的最有力方式之一，因為當我們微笑時，他人也會不可抗拒地想要微笑。當我們的臉部肌肉移動到微笑位置時，身體也會發生相對應的變化。許多研究都證實，即使你正感覺到傷心或焦慮，臉上呈現微笑會讓你感覺好一些。

改變臉部肌肉，等同於改變自主神經系統，這會啟動情緒的變化。觀察媽媽和孩子之間相互微笑、快樂的氛圍在他們之間瀰漫開來時，你就會理解身體影響頭腦的力量，以及頭腦同時能夠改變身體感知的力量。

第五步：向過去學習

同理心總能在當下建立人與人之間的連結與親密關係，但它也總是關注著過去。我們需要知道並理解過去發生了什麼、明白舊有的模式、判斷、理論和理想化，是如何影響著當下所發生的事情。

理解高登的過往，對於幫助他找出現在憤怒和屈辱感至關重要。用高登自己的話來說，他在一個十全十美的父親身邊長大。按高登的描述，他父親看起來就像是頭髮花白的梅爾·吉勃遜（Mel Gibson）。父親以優異的成績畢業於耶魯大學，在一家知名化妝品工廠擔任副總裁，收入相當豐厚，每一個認識他的人都敬重（而且經常是害怕）他。雖然高登長得很帥，是個體育健將，很聰明，婚姻幸福，而且財務狀況很好，但他從小到大一直都堅信，不管如何努力，自己都追不上父親的成就。

當高登開始意識到他的過往經歷影響著現在的行為時，他就能掌控自己的情緒。我一直都記得高登講過的這件事，當時他在對公司股東演講時非常緊張，不停地清喉嚨。在演講過程中，公司總裁站起來離開房間。高登嚇壞了，想當然耳，高登認為總裁是對自己的表現不滿意。於是他開始感到憤怒，心跳加速，很快地就滿頭大汗。過了一會，總裁回來並走到講台上，遞給高登一杯水。「這裡真是夠熱的，」總裁說著且友善地拍拍高登的後背，「這個可能有用。」

當我們學會把過去和現在分開來看時，才能客觀地看待事情。他人強烈的情緒不一定跟現在發生的事情有關，多半是源於過去未處理的衝突或是艱困的生活環境。例如，假設牙醫診所的接待人員態度失禮且不友善，如果你先花點時間來檢查你的情緒反應，你可能意識到這個接待人員讓你想起自己冰冷苛刻的母親。此時這名接待人員不僅長得像你母親，連聲音、手勢和表情都很像。同理心讓你留意到這些事實，進而有了更深入的理解，然後稍微後退一步，你才能獲得所需要的客觀性，對接待人員做出適宜、經過思考的回應。採用同理心會使你的視覺擴大，你就能意識到接待人員的行為並不是針對你，然後，你就能放下自己對他的憤怒，而且你對他的敵意也經歷了一個徹底的轉變。

我曾經有一個患者凱莉，她簡直是世界上最惡毒且挑剔的人。幾乎沒有事情能讓她高興或感覺好一點。有一天，醫院裡一名社工艾迪在電梯裡遇到凱莉。當時電梯裡沒有別人，艾迪就微笑著表示問候，為了表現得友善一些，艾迪對凱莉穿著的漂亮衣服談論一番。然而凱莉踩著高跟鞋轉向艾迪，對他大肆斥責一番。

「真難以置信你竟然如此膚淺，」她指著艾迪的姓名牌說，「你是一個社工，你受過培訓，但你竟然站在這裡評論我的外貌、侮辱我。我一直被教導不要以外表來評斷女性，可我來醫院詢求治療，你竟然再次證實了我們的膚淺文化？」說完後，電梯門開了，凱莉衝了出去。

艾迪馬上搭電梯來我辦公室，並告訴我剛才發生的事情，然後哭著問是不是自己不夠敏銳。他害怕自己破壞了凱莉的治療效果。我跟艾迪說，當我遇到類似的擔心時，我會想起父親說的一句話：「當一個充滿自我怨恨的人猛烈抨擊你的時候，想想真正的原因。憤怒經常源自長期的屈辱或恐懼，而那段歷史跟你毫不相干。你只是恰好在一個不對的時間出現在一個不對的地方。不管對方怎麼指責你，都不要為別人的不安全感買單。」

我告訴艾迪，就算他只是微笑一下、皺一下眉、咳嗽一聲或揚了一下眉毛，都有可能掀起凱莉的憤怒。事實上，艾迪說了什麼或做了什麼都不重要，因為那一天在某個地方，一定會有某個人成為凱莉那滿腔情緒的接收者。仔細想想，**我們每個人都會將過去的曲折帶進現在的衝突裡，如果沒弄清楚事件真正的原因，我們會很容易感到困惑，還以為自己需要為某人的情緒反應負責任**。想清楚真正的原因意味著：除了尊重他人的過去，也要注意我們自己的過去。過去尚未解決的任何衝突，都會被帶到當下的互動中。

第六步：讓故事充分展露

當同理心作用時，我們能以驚人的精準度判斷出他人需要以多快或多慢的速度來分享自己的故事。時機決定一切。同理心會帶領我們踏上一趟旅程，有時路途很艱難，使人疲憊不堪。沿途中，我們甚至必須停下腳步休息一下，看清我們的位置，留意路上的踏腳點。

高登的強烈敵意告訴我，他正處在情緒的斷崖邊緣且搖搖欲墜。我知道我必須把握正確的時機。我可以採取攻擊性回應，刺激他反抗，將他推下懸崖。「你的行為好像你需要被特殊照顧一樣，高登，為什麼你不能停止責怪別人而開始工作呢？」或者：「你反應過度了，高登，你的憤怒說明了你的不安全感。」我也可以說出這樣的話來結束討論：「你顯然失控了，高登。我們先討論別的話題吧，等你冷靜下來，我們再回到這個話題上。」但是，不管用哪種回應，我都會失去機會去幫助高登親身體驗兩人間可以如何互動，而且不需要摧毀對方，讓彼此感到挫敗，結果很可能會是一方勝出，另一方戰敗。

我和高登一樣，天生容易感到緊張。事實上，在與高登的多次會談中，我都在他身上看到年輕版本的我。但是，我跟高登不同的是，高登的父親鼓勵他用憤怒來征服他人，而我被教導的是，憤怒通常是其他情緒的外衣——失望、受傷、沮喪、怨恨、挫敗、能力不足或無助。

憤怒的表現是因為我們感受到自己的脆弱和無力。「你可能會在某個特定的情境裡感覺到無力，」我父親經常告訴我，「但是我可以肯定地說，你總會有可以運用的資源。在這個世界上，真正讓我們毫無抵抗的情況是少之又少的。」如果我們相信自己沒有能力，或如果我們覺得自己被低估了或不受賞識，我們的反應會是沮喪，甚至是感到屈辱。這些情緒會產生憤怒、攻擊、暴力。從我的經驗來看，憤怒和敵意行為，幾乎都是因為個體的感受沒有被理解。

對許多男人來說，憤怒是唯一一種他們知道的情緒。研究男性憤怒的心理學家們發現，父母跟兒子相處時，經常會使用到「憤怒」這個字詞，但跟女兒相處就鮮少用到。父母會鼓勵女兒用交際手腕和圓滑來修補她們的人際關係，在兒子捲入爭端時，父母經常建議、甚至同意他們以牙還牙。「很多男人都很難表達或體驗憤怒之外的情緒，」心理學家威廉·波拉克（William Pollack）在《真正的男孩》（*Real Boys*）一書中寫道，「因為當他們還是小孩子的時候，就被鼓勵用憤怒來表達所有情緒。」

當男孩們得到同理心的對待、被教導如何帶著同理心回應別人時，他們強烈的憤怒經常就會消失。波拉克解釋了同理心是如何化解憤怒：

> 一個得到關愛的男孩，更可能會去關心他人。如果他能感覺到自己跟父母的良好關係，他更能與其他人建立良好的互動關係。如果他感受到父母理解他、同理心他，他也會具有同樣對待他人的能力……。

在成長過程中，我也像很多年輕人一樣，為了理解和控制自己衝動的天性而頗費力氣。我父母教我如何把節奏慢下來，用思考來控制情緒。過去的三十年裡，身為心理學家所接受的訓練和積累的經驗，幫助我學會如何運用同理心來平衡天生的強烈情緒反應。在我覺得氣憤、沮喪或當我身邊的人出現憤怒或攻擊的反應時，我明白這些情緒其實都是從「被誤解、被懷疑或被拒絕的痛苦」所產生的。這個理解能力就像是一種調節能量的開關，可以降低情緒反應的強度。藉由同理心來指引方向，就能看穿行為的表面，直達潛藏在背後的挫敗和恐懼，讓他人知道我願意傾聽並會為他們的不幸感到同理。

在心理治療和日常生活的其他方面，憤怒總被誤認為是男性與生俱來的。相對應的理論也顯示，男性天生是有暴力和施虐傾向，必須透過教導來控制這些自發的衝動。因為這種理論導向，許多治療師會建議憤怒、敵意或有暴力傾向的患者得進行藥物治療。當患者憤怒或表現出暴力，使治療師感覺自己會有危險時（其實經常是因為治療師自己不會處理攻擊），便會給患者開立鎮靜劑、精神安定劑和抗憂鬱藥。毫無疑問，有些患者會從藥物治療讓病情好轉，但是這等同於告訴患者：「你病得太嚴重，我沒辦法處理，你吃了藥之後我們再來處理吧。」

當然，面對這種情況還是有另一個選擇：同理心。同理心會讓我們一起站在懸崖邊——深層情緒所在之地——相信我們的關係能把彼此帶到安全的地方。同理心會教我們如何看到事情的全貌，告訴我們何時前進、何時後退，何時該躲藏起來，何時可以相信自己具備足以應對局面的強大能力。當我們陪另一個人站在懸崖邊時，同理心會提醒我們，這是那個人的旅程，我們出現在那裡是為了陪伴和幫助他。我們的作用不是引領而是跟隨，不是主導而是參與，不是為了結論而是為了讓溝通能持續下去。我們表達同理心的方式就是讓自己完全參與到故事中，盡自己所能去幫忙他人，並為自己能參與這段經歷心懷感謝，這就是同理心的表現。

第七步：設定界線

當高登說：「我把自己所有的私密事情都告訴你，但你卻從來不曾透露自己的任何事。」他是在暗示我，不告訴他關於我的事，是因為我想完全掌控彼此的關係。我可以輕易接受他的分析，告訴他任何他想知道關於我的事情；也可以說：「你想知道我的哪些事？」

不管在心理治療還是在日常生活中，這都是一個陷阱。為了去除他人的不安全感而進行自我揭露，通常不會有什麼效果，因為這會分散原本應該關注在需要幫助的人身上的注意力。治療師有時會犯這種錯誤，跟患者分享自己的苦惱，還以為自我揭露可以產生人與人之間的信任和連接。儘管這樣的互動可能會讓患者瞬間感覺好一些（患者可能會說，「知道你也經歷過類似的情況，我感覺好多了」），但經常會造成長期的怨恨。下面就是一個實例。

一位重度憂鬱症的三十九歲女性跟治療師說她想自殺。「我太痛苦了，」她說，「我很想傷害我自己。」

治療師的反應是把椅子挪得靠近她一些，臉上帶著極度專注的神情。「我要告訴你，我會非常嚴肅認真地討論自殺的問題，」他說，「三年前我姪女就自殺了。」

治療師的自我揭露，可能是想與患者建立連接，或者是治療師可能想要傳達出他對患者的關心。但是無論本意如何，最終的結果都是讓患者覺得很困惑。患者會想：為什麼治療師要告訴我這件事？我應該關心他姪女的情況嗎？這是他想談的嗎？緊接著，憤怒的情緒可能隨之而來，因為患者認為我想談的是關於我的事，並不想知道治療師的私人事情。然後，患者可能還會產生內疚：我很自私，這一直是我的問題，我只想到自己。

如果總是藉由談論自己的經歷和苦難來回應他人的困境，並不是真正能讓他人感到安慰的方法。同理心能讓我們不帶偏見地去傾聽事情表面下的意義；而要做到不帶偏見地傾聽，我們必須設定界線。這不是說我們要對他人不在乎，或讓自己不受他人痛苦的影響；相反的，設定界線是為了能給對方客觀的回應，為此，我們有必要保持自己與患者的距離。

「設定界線」能讓同理心發揮作用、讓注意力一直專注在眼前的問題上。一位正面臨婚姻危機的中年患者跟我說，他相信所有的男人都曾想過出軌。「你曾經想過或者真的有過出軌行為嗎？」他問我。同情心可能會讓我對他心生憐憫，想告訴他我對這個問題的看法；同理心卻指導我要設定界線，把注意力專注於患者的需要和擔心上。「我不認為猜測其他男人對出軌的看法，能幫助你在婚姻上遇到的問題。」我解釋，而且他馬上同意我的說法。

在心理治療和日常生活中，設定合適的邊界是至關重要的。真正的信任來自於你在任何時刻都對他人表現同理心，而不是附和患者的要求，說出特定話題裡關於自己的想法和感受。我們無法透過「變得像他人一樣緊張」來緩解對方的不安。事實上，在絕大多數情況下，這麼做只會增加他們的焦慮。

在高登的案例裡，我盡力傳達並讓他知道，我很想瞭解他對我的憤怒，而沒有讓談話轉而聚焦在我身上。如果我的邊界沒有設定好，我們很有可能偏離正軌，最終只會增加他的挫敗和憤怒。其實我的角色是要消除這些猛烈的攻擊，同時保證自己不會受到傷害，或不讓這些攻擊把我帶離正軌。在同理心的指引下，我並不害怕高登的憤怒，因為我知道，這只是他掩飾長期積累的怨恨和屈辱所表現出來的深刻感覺。透過設定界線，我能夠一直專注於他的情緒，不讓它們失焦，兩者間的差異，就像下了一個小時的強雷陣雨和持續下幾天的小雨之間的區別。

同樣的道理適用於日常生活中。雖然有時彼此間的相互融合很重要，但同樣至關重要的是，要知道每個人都是獨立的個體、各不相同。**同理心會允許差異的存在**，更重要的是，同理心還會幫助我們包容人與人之間的差異。我們既依賴他人，也各自獨立，即使是看來最正常健康的人，都是相互依賴的。我們聚在一起又各自分開，總是維持著在介入和抽離的平衡狀態。

在親密關係中，我們面臨的最重要挑戰之一，就是如果我的界線和你的界線糾纏在一起，那我就搞不清楚什麼是屬於我的，什麼才是你的。在這種相互糾纏的局面中，同理心必然受到傷害，因為同理心很需要客觀性來維持它的平衡。在親密關係中，我們需要保持同理心所產生的平衡，要明白對所愛的人來說，我們自己的界線是從哪裡開始、到哪裡結束。這種平衡的狀態會給予我們所需的洞察和理解，使我們既能清晰坦誠地表達自己的想法，又能尊重他人特有的需求、渴望、希望和夢想。

在表達同理心時，最重要的元素並不是說出來的言語，而是我們正在溝通的深層訊息。透過同理心，我們希望能表達出自己對別人的故事感興趣，這不一定是因為我們是這個故事中重要的一部分——事實上，陌生人之間也能彼此表達同理心——主要是因為當自己參與到他人的經歷中時，我們就有機會伸出觸角、拓展視野與領域、延伸我們與生活的連接。

用印度聖雄甘地（Mahatma Gandhi）的一則故事，可以解釋同理心具備的相互依賴本質。有一次，當甘地在印度的小村莊裡為窮人們服務時，一個西方記者採訪他。

記者說：「你為窮人做的這些事情是多麼美好啊！」

甘地回答：「我不是在為他們做事，我是在為我自己做事。」

記者問：「這是什麼意思呢？」

甘地回答：「如果沒有對我自己同理心，我又怎麼能同理他人呢？」

第5章

同理心傾聽

理解他人如何感知這世界

同理心式的傾聽總是以對方為中心，目的是要讓他感覺到他被理解了。

幾個月前，我受邀參加波士頓電台的一個節目，主題是討論「遺失的聆聽藝術」。節目播出後，一個朋友問我，她能不能跟我講個故事。

「當然，我喜歡聽故事。」我說。

「這是個真實的故事。」她說。

「那就更好了。」我說。

她的故事是圍繞著失敗的聆聽。「我最近在考慮要不要跟一個有婦之夫恢復聯絡，」她開始說，「一年多以前，我就跟他分手了，但是他不斷想說服我，對我極盡讚美之詞。不管我跟他說什麼，比如我感覺很低落、沒有勁、沒有熱情、一點也不喜歡現在的自己，他的回應總是那些——我有多麼好，我需要相信我自己。沒有人像他那樣欣賞我的天賦。雖然我一直在懷疑他的讚美是為了達到自己的目的，可是我還是被這些讚美之詞所吸引，認真考慮跟他重新開始。」

「當我聽了你在節目裡講到同理心和傾聽的藝術後，我突然明白，他其實根本沒在聽我說話。他只是在跟我說『他覺得我想聽』的話。然後，我還意識到一些更深層的東西——我也沒有在聽他說話。我只是沉浸在他的奉承和讚美裡，讓他來操控自己。」

有句格言說：我們都長了兩隻耳朵和一張嘴，所以聆聽的時間應該是說話的兩倍。然而，在我們之中，又有誰是聽的比說的多呢？在聽別人說話的時候，我們是真的聽進去了，還是腦裡都在演練著輪到自己時打算要說的話？我們是不是只注意到某些特定的字詞，忽略掉其他的內容？就像一個不停進行「剪下、貼上」的過程，其實我們只注意到其中好的部分。我們有多常「聽」出他人話語中帶著的情緒，然後有意識地去回應還沒有說出來的想法？我們應該怎樣傾聽？更重要的是，應該如何有同理心地傾聽呢？

傾聽看起來簡單——就是不要說話，集中在他人說的話。然而，我們的注意力太容易被轉移分散了。很多人只是用「一隻」耳朵在聽，就等著什麼時候能輪到自己，別人在說話時，則在心裡反覆演練著自己等會要說的話。**我們很容易帶著成見傾聽，在聽完整個故事前就已經做好結論**。我們帶著同情心傾聽，將他人說的每件事情都跟自己的經驗連結起來，然後說些不夠尊重他們想法和感受的話，例如「我非常明白你的感受」或者「我知道你現在的心情」。最後，我們自己內心裡的聲音也會分散我們的注意力，開始對自己進行判斷和預測。

同理心傾聽，需要我們先停止以自我為中心，不觀看這個世界，這樣才能全然地投入到另一個人的經驗中。同理心傾聽，需要我們集中全部的注意力，不僅要專注他人說出來的話，還要注意對方的手勢、肢體動作、身體的姿勢和臉部表情。當你以同理心傾聽對方時，你要有意識地放下你的偏見；要學著與他人的情緒產生連接，但又不會被牽著走，要能先走進對方的內心，並退一步客觀的評論；你會接收到模糊的灰色地帶，而且允許自己「沒有能力給所有問題都找到答案或解決方案」。

如果傾聽能夠如此清晰、深入，能讓他人真正覺得「被聽到了」，這樣的傾聽就是一種神聖的傾聽，就像作家道格拉斯．斯蒂爾（Douglas Steere）所解釋的。

> 神聖的傾聽是能聽到他人心靈深處的聲音，能讓他人敞開心扉並對自己產生新的認識，這是能為他人提供的最了不起的幫助。

同理心式（神聖的）傾聽，能深入他人的內心和靈魂，發現到被恐懼、憤怒、悲痛或絕望所遮擋的東西。這種傾聽能力是可以訓練的，可以從一個人傳遞給另一個人。待在富有同理心、知道如何傾聽我們靈魂深處聲音的人身邊，就能學會如何做到同理心傾聽。如果親身體驗過這種傾聽的力量，我們就能明白傾聽是如何讓彼此走得更近，如何穩定我們跟自己、跟他人之間的關係。

捐棄自我，全神貫注

我是從父親那裡學會如何傾聽的。他既知道說話的力量，也知道全神貫注地傾聽所產生的片刻沉默蘊含的強大威力。我觀察父親傾聽別人說話的時候，他刻意有意識地集中注意力的方式。他會特別選擇提問時的用字遣詞，我留意到他並不想隨便給出一個簡單或快速回答時的停頓，也特別注意到，他讓對方知道自己此時是在全神貫注地傾聽的細微動作。

父親有一種特別的「傾聽姿勢」，讓對方看到他的注意力完全投入在談話當中。就像祈禱者一樣，他有辦法讓自己有意識地平靜下來，集中所有的心思，確保沒有任何事能讓他分心。他的身體會向前傾，雙眼專注，握住雙手，適時提出問題，然後開始傾聽，絕不會打斷對方。

當說話的人講完之後，父親會保持沉默一會。他可能會點上一根香煙，或者喝杯咖啡，藉此來回想剛才聽到的那些話。然後，他會提出一個問題，並且一次又一次重複這個過程。他會確認一下對方已經把心裡想說的話全都說出來。這時，而且只有這個時候，他才會提出自己已經過深思熟慮的想法。

我很喜歡聽父親跟別人談話的樣子，因為從他人的回應中，我知道他有溝通的天賦。與父親談過話的人，之後都會發生改變，他知道如何發掘他人潛能的訣竅，而且向對方強調，我們可以靠努力就有這些本事。在真誠的談話結束時，我父親可能會說：「當然了，這些都會實現的，亞瑟，只要你相信自己，相信能實現，並為此努力。」父親並不會刻意隱瞞他的批評，但是他表達批評的方式會尊重對方。他的坦誠是直接、正直、準確的，且是發自心內的尊重。

我一直記得某次特別難忘的特殊談話。一九六五年，我讀高中的最後一年，美式足球幾乎是我生活的全部內容。在我的生活中，沒有任何事情能像雙臂抱著橄欖球奔跑來得快樂。我記得在一次比賽中，當我成功觸地得分贏得比賽時，我轉向觀眾席，看到父親開心地把帽子拋向半空中。比賽過後，在更衣室裡一個朋友邀請我去參加派對，然後不斷地談論也會去參加派對的女孩子們。我記得自己當時想：這傢伙是傻子嗎？我的美式足球生涯中最令人興奮且刺激的一場比賽才剛剛過去幾分鐘，誰會去想女孩子的事啊？還有什麼能比兩個小時前發生的事更讓人興奮、緊張刺激呢？哪有什麼體驗能比得上此時的榮耀和美好啊？

如果說女孩子在我心中的地位是遠遠落後美式足球的話，那我的學業成績就更不用說了。從我的成績可以看出，我對學業毫無興趣。我是個普通的學生，成績介於B和C之間。我不曾從頭到尾把一本書讀完，儘管我只是大致快速瀏覽過內容，但是我知道如何運用最少的努力寫出一篇像樣的文章，得到及格的分數。雖說我的學業成績平淡無奇，但已經拿到幾個相當不錯的學校提供的美式足球獎學金；當我還在猶豫是應該去大學的校隊，還是加入半職業的球隊時，我接到學校輔導員的電話，要我去他的辦公室。

輔導員馬丁先生人很和善，但一本正經。「我看到你的報告了，也知道你拿到美式足球獎學金。你想上大學嗎，亞瑟？」

「我還沒想好。」我說。

他很嚴肅地看著我。「我必須誠實告訴你，我不覺得你是上大學的料。」

馬丁先生接著告訴我，如果我不打美式足球的話可能連大學都上不了。他提醒我，我的成績普通。他認為即使我念了大學，很可能會因為考試不及格而遭到退學，這會讓我就讀的高中被留下不好的評價。談話最後，他建議我考慮其他的選擇，包括軍隊。他說：「在軍隊裡，你會有機會繼續成長，更加瞭解自己，並找到你以後想做的事情。」

當天晚上，等父親下班回家後，我跟他說了我和學校輔導員的談話。

「那麼，亞瑟，」父親點上一支菸說，「你能否更清楚地告訴我，他究竟是怎麼說的嗎？」

「他不認為我應該念大學。他認為我會畢不了業。」

「他只有說這些嗎？」

「他說我的成績普通，美式足球打得好，這可能是我有機會念大學的唯一原因。他認為我應該考慮從軍。」

父親看了我一會，安靜地揣摩我的心情。「那麼，」他吸了一口菸，輕輕地吐出煙來，「為什麼不告訴我，你是怎麼想的？」

「可能就像馬丁先生說的，我不是上大學的料。」我說。我並沒有告訴父親，馬丁先生評估我的狀況時，讓我感到非常困惑和失落。

我父親看著我，等我繼續說。

「我也不知道，」我說，「他是輔導員，我想他說的應該是對的吧。」

我父親熄滅香煙，對著我微笑。我從他的微笑中看到這個世界上全部的愛。

「我知道你並不是傑出的學生，亞瑟，」他說，「但是我在想，這位輔導員沒有參與過你的成長歷程，且對你的生活不瞭解，他是如何判斷你不應該上大學？我想聽聽他的理由。讓我們去一趟學校，聽聽他怎麼說。」

第二天，父親和我坐在馬丁先生的辦公室裡。父親看了看他書桌後面的牆上掛著裱框的大學學位證書，然後非常有禮貌地要求馬丁先生重複前天跟我說的話。馬丁先生侃侃而談，他談到我不上不下的成績，說我缺乏積極性，還說他的工作職責就是判斷哪些學生以後能從大學畢業，哪些學生應該考慮其他選擇。他注意到我父親全神貫注地傾聽且不時點頭，看起來就像是在認同他說的話，這些舉動似乎鼓勵他接著說，他對各種運動和課外活動都有負面印象，一再重複很多運動員，尤其是美式足球員為學校帶來的糟糕名聲。

「告訴我，先生，」父親身體往前傾，雙手交握像是在祈禱一樣，問道，「你在高中的時候參加過運動嗎？你當過哪種運動的教練嗎？」

馬丁先生從鼻子哼出一口氣，似乎感覺很好笑又很詫異。「我對運動不感興趣，」他說，「我專注的是學業。」接下來的十分鐘，他就在談他對生活和教育的哲學。

他說完後，父親問了一個每次重要談話中他都會問的問題：「你想說的都說完了嗎？」

馬丁先生回答「是」，他自認已經談完所有方面的事情。

「好的，先生，」父親非常平靜地說，「我能看出你是一個受過良好教育的人。從牆上掛著的大學學位證書中，我看到你從大學畢業，甚至拿到碩士學位。」

馬丁先生笑了，對自己的成就深感自豪。

「所以，我是這麼看的，」父親繼續說，「如果像你這樣的人——看不到亞瑟這種有天賦的孩子的潛能——也能上大學，甚至還拿到了碩士學位，那我相信沒有什麼能阻止我兒子上大學。謝謝你花時間見我們。」他站起身來，向馬丁先生伸出手，堅定地握了他的手，我們便離開了。

三十五年前的這段經驗，讓我明白同理心傾聽的藝術中最重要的一課：一定要讓別人有機會而且完整地說明，表現出其想法和感受。然後，盡你所能地瞭解對方的目標、動機、意願、恐懼、夢想和慾望後，用這些訊息做出評估。只有透過這種傾聽和評估的過程，你才能決定自己是否要採取他們的建議。唯有透過仔細評估他人的品性，你才能判斷這個人的建議是否合理，是否尊重了你的需求和渴望；你才能判斷他人的話是否帶著偏見，是否只是希望影響你的想法和感受，以達到他們自己的目的。

在父親傾聽馬丁先生的談話並提出措辭謹慎的問題時，我意識到他是在揣摩這個人。父親想知道，這傢伙是誰？他的背影是什麼？他是否已經預設好立場？他是真心關心亞瑟，還是覺得所有的橄欖球球員——或者是所有的樂隊成員、棋手、啦啦隊員、有錢人家的孩子、窮人家的孩子、黑人孩子、白人孩子——都一樣？父親坐在馬丁先生的辦公室時，他頭腦就在想著上面這些問題，想要知道這位輔導員是真的為我考慮，還是自以為是，容不下他人的想法和觀點。

「我聽著他的解釋，想看看有沒有道理，想搞清楚他是如何做出與你有關的結論。」父親在那次談話後和我說。現在，我已經讀大學，還讀了研究所，**關於衡量一個人的廣度和深度的行為，我稱它為「評估」。評估是同理心式傾聽最核心的部分。**

什麼是評估呢？簡單來說，評估就是以同理心為指引，找出關於某個特定的人或情境的真實情況。在一段關係的初期階段，評估是特別重要的，那個時候你對這個人了解不多，需要較快地判斷出他是什麼人、具有什麼動機。例如，如果想要評估你孩子的老師，你要到教室裡坐上幾個小時，注意觀察老師說話的方式、他如何傾聽孩子們所專注的事情、他怎麼回答問題或處理紀律等。如果你要雇用新員工，你會和許多面試者談話，詢問一些關於他們的背景、教育程度、喜好、工作倫理、價值觀等等。你可以傾聽去注意他們強調了哪些，而哪一部分又輕描淡寫地帶過。

在人際關係中，評估也至關重要，儘管我們很容易忽略它的重要性。莉莉是一個三十八歲的家庭主婦，正處在不愉快的離婚官司中。她告訴我第一次審訊後，她跟律師之間的對話。「我的律師才聽我丈夫說話十五分鐘，就告訴我說，他處理離婚案件二十五年了，從沒碰過如此自私、沒有同情心的人。我到底忽略了什麼啊？我怎麼沒能看到律師和他待十五分鐘就能發現的東西呢？我為什麼會浪費自己生命中的五年時間去喜歡這種男人啊？」

如果有人教莉莉如何同理心式的傾聽，並集中注意力傾聽和評估她丈夫的特質，她或許就能讓自己少受很多苦。同理心傾聽能幫助避免一些不重要的談話，讓我們跟那些只對他自己的需求和渴望感興趣的人保持距離。如果我們不知道如何評估他人，最後只會做出糟糕的決定。我們可能會選擇錯誤的人去信任、去愛、為我們工作或是照顧我們的孩子。我們之所以會做出糟糕的決定，是因為我們自己的脆弱和不安全感。我們應該用同理心創造自己的人生。

同理心傾聽中的評估過程，包括兩個不同、但又相互關聯的階段。首先，傾聽且評估正在說話的人，盡你所能地去瞭解他的觀點、過去、特質和動機等訊息；其次，透過仔細專注的傾聽，你要學會評估你自己，覺察到你當時當刻的情緒狀態，包括你的需求、脆弱、偏見和私慾等。

對他人的評估

為了準確判斷他人的人品和動機，你一定要能夠調整自己的觀點，學習把對方的想法涵蓋進來。這種隨著與他人的互動而擴展自己視點的能力，就是我們學習和成長的方式。同理心會要求我們先放下自己的理論和價值判斷，完全重新開始。透過全神貫注的傾聽，能走進他人的想法和感受，然後依據實際體驗到的事實修正我們的觀點。不管從何種意義上說，同理心都是一個持續發生又不斷變化的自我蛻變過程。

有時候，我會和患者或同事解釋同理心是如何發揮作用。我會讓兩手之間相隔十幾公分，掌心相對。「這是很狹隘的同理心範圍，」我說，「就像給馬戴上眼罩一樣。生活中的我們，就只有這麼有限的同理心，只能看見眼前那點東西。同理心會慢慢幫我們把眼罩摘掉，將視野擴大。」此時，我會慢慢把雙手離得遠一點。「同理心讓我們能看得到他人的世界。當我們看待人事物的視野擴大之後，就能更清楚地看到自己與廣大世界的關係。」

以開放的心態去傾聽是一種謙卑。你先要願意承認，你不僅沒有全部的答案，而且對於某個特定的問題，甚至可能沒有讓人滿意的答案。

我最近和一位四十一歲的家庭主婦黛波拉討論她想要孩子的渴望。她為了懷孕已經努力了六年，在第二次流產後開始接受心理諮商。

那天，黛波拉懇求我為她的痛苦和困惑提供解答。她的朋友建議她試試新的人工生殖藥物，她的醫生最近則建議她動手術。我聽著聽著，突然明白了，她其實並不是想要我告訴她怎麼做——她是想讓我來幫她面對：她可能永遠都不會有孩子的現實。她希望我能理解她的絕望。她希望我能跟她一起，在她努力面對這個痛苦的現實時，和她站在同一陣線上。

「求求你，告訴我該怎麼辦。」黛波拉說，眼淚順著臉頰滑落。「這太痛苦了，我都不知道該怎麼忍受這種悲傷。我不知道我還能不能有孩子——我該如何承受自己的生命中有如此的缺憾呢？」這時她開始啜泣，幾乎無法繼續說話。

「求求你，醫生，請幫幫我，告訴我怎樣才能堅持下去，怎樣才能感覺好一點。」

我知道這種時候人們常說的陳腔濫調，例如，我知道孩子對你有多大的意義，這對你是多大的痛苦，一切都會好起來的、別擔心，一切都是最好的安排，你還是有機會懷孕的，不要放棄希望，誰都無法肯定這個領域將來會不會有新的發現。這些話對她的傷害可能多於幫助，同情只會剝奪並貶低她的經歷而已。事實上，我當然無法知道她此刻的感受，因為我不知道沒有孩子是什麼感覺，也不知道身為一個特別想要卻無法順利懷孕的女人是什麼感受。我可以「想像」黛波拉會有什麼感受，但我不能確認。

我知道她現在很痛苦，我的靈魂深處能感覺到她的悲痛。但是，我不知道說什麼才能解決她的問題或減輕她的痛苦。在她祈求我幫她的時候，我反覆思考，卻不知道能做些什麼。我不曉得要說什麼，也不知道怎麼幫她。我就看著她，然後感覺到自己的眼眶裡滿是淚水。就這樣過了一會，黛波拉做了深呼吸。

「謝謝你。」她說。

「謝什麼呢，黛波拉？」

「謝謝你的傾聽。我猜這就是我最需要的——有人能聽我說，和我一起感受這個事情，能讓我說出我的痛苦。」

後來，當我再回想這次的談話時，我突然意識到，有時候同理心是多麼不容易和耗費心力。黛波拉最開始想要得到解答，但是同理心只給了無聲的情感共鳴，她隨之感受到自己的情緒被理解了。其實，在那次互動當中，我無法確定自己是否給了她最需要的東西；我只知道同情她或說些客套話並不會減輕她的痛苦。在同理心的指引下，我只做到重視她的痛苦，並以沉默回應。黛波拉理解我的感受是出於真心，所以感激的回應我的同理心。

同理心的過程，有時會讓我想起美式足球生涯中一個完全出乎意料的關鍵時刻。當時發出一次傳球後，所有的接球手都被盯防住，我突然間發現自己跑在邊線上，帶著球直奔終點區達陣。這種時候，你不得不放下所有的理論和標準戰術，你只能相信你的直覺。美式足球戰術中稱這為「突破持球衝鋒」，這是對同理心的一個絕佳隱喻。想要同理心他人時，你不能只依賴於規則，因為活生生的、有血有肉的人總是會打破規矩。真正的生活經常不按照計畫走，我們必須臨場反應，準備好朝某些意料之外的方向前進。

在電影《星際大戰》（*Star Wars*）第一集結尾有一個壯觀場面：天行者路克（Luke Skywalker）飛過一個狹窄的隧道，孤注一擲要去摧毀死亡星球。當他在飛機面板上做最後的調整時，他聽見歐比王（Obi-Wan）的聲音平靜地建議他：「使用原力，路克。放鬆。相信我。原力就在你身邊，一直都在。」

「原力」就是同理心，是一種天生的能力，能「看得到」肉眼看不到的、「感覺到」觸覺摸不出的東西。想要把同理心的「原力」付諸實踐，我們必須依賴本能、經驗和冷靜情緒的能力。傾聽發自我們內心的同理心聲音，學著去相信內在的力量，同時為專注於擴展這種內在力量而付出努力。這種自我轉化的過程，直接將我們帶到評估過程的第二個階段：自我評估。

自我評估和偏見聆聽

學習傾聽自己的聲音，與學習傾聽他人一樣重要。自身的利益或成見會影響傾聽的品質，也會影響開闊的心胸，進而削弱同理心的能力。在我父親和我高中輔導員馬丁先生談話的時候，他完全察覺到自己的成見，也知道這可能會影響到他的決定。我父親知道如果想要精確評估馬丁先生的想法和感受，他必須得「清空」自己，誠實坦率地承認自己的想法，並在傾聽和瞭解情況時，努力將這些成見放置一邊。

其實，我父親對我的未來有著很明確的想法。他希望我能上大學。事實上，這是他最大的夢想之一。他是大家族中第一個從高中畢業的人，他堅信教育的價值，希望我能擁有這個他不曾有過的機會——得到大學文憑。

然而，我父親也知道，如果要強迫我做超乎我能力範圍的事，或不顧及我的夢想，都不會是明智之舉。他很瞭解我。我跟他說過很多次，我的熱情都在美式足球上，我希望有一天能打進半職業隊。他知道我對學業不感興趣。所以，他心想，或許輔導員會談到一些重點；也許他可以教我一點東西，也許在他的幫助下，可以為我提供一個更好的建議。

只有透過同理心式的傾聽，也就是傾聽時不要帶有偏見，不要控制或引導談話，父親才能從中獲得他做決定時所需要的訊息。他必須全心進入馬丁先生的觀點中。唯有如此，他才能判斷馬丁先生的主張是否具備全面的理解和洞察。

父親不想對馬丁先生抱持任何成見，這樣才能避免自己帶著成見去聆聽。所謂帶著成見聆聽，是指在聽他人說話時，就已經在內心有自己的想法，聽幾句話後，你就開始用自己的經驗來填補接下來的溝通，不再繼續傾聽對方接下來要說的內容。

有成見的聆聽可能會讓你想到，「他又在說那位總是嚴苛批評的父親，我都知道他接下來要說什麼了。」或者，「她又要告訴我她的孩子們有多可愛，這些都重複好多遍了。」這時你的聆聽就只是漫不經心罷了，雖然你讓對方繼續講，你也適時的給出回應，彷彿還在傾聽，在該有反應之處你點點頭回答「是」或「不是」，但事實上，你自認已經知道了所有需要知道的東西。

有偏見的聆聽會讓我們做出錯誤的結論，就像下面這個故事一樣。幾年前，我表哥帕斯格利（我們叫他帕特）經歷了一場嚴重的車禍，兩截脊椎受傷得住院治療。帕特病房裡的大玻璃窗破了，冷風直接吹進病房裡，於是他請護士把百葉窗放下來。

那天晚上，一位精神科住院醫師走進他的病房，表情很嚴肅。他問帕特想不想談一談。

「當然，沒問題。」帕特的個性總是友善、喜歡交朋友，接著問：「醫師，你想談什麼呢？」

這名精神科住院醫師擔心地看著他說：「我很擔心你的心理狀態。」

「真的嗎？」帕特回應。

「我覺得你可能有憂鬱的症狀。」

「你覺得我可能有憂鬱的症狀？」帕特重複道，「當然。好吧。但是我很好奇，你是怎麼會有這個結論？」

「今天外面天氣很好，但是你的房間一整天都拉下百葉窗。」住院醫師說。

帕特大笑了起來，然後向醫師解釋為什麼在這麼好的天氣裡卻要待在陰暗中。當晚我去探望他的時候，他還取笑我：「所以啊，亞瑟，你們這群拿到心理學學位的人是怎麼了？你們自以為能知道別人腦袋裡想的東西嗎？」

這個精神科住院醫師對於帕特想要說什麼並不感興趣，因為他的心裡已經有想法了。如果有人認為他知道所有的答案，那你就可以肯定，他的同理心能力已經嚴重不足。帶有成見的聆聽不是同理心，那是用封閉的心態在傾聽。有些心理學家稱之為「有距離的傾聽」。這種傾聽總讓我聯想到一個畫面：我在對一個站在車水馬龍的馬路對面的人談話，對方很禮貌地點著頭，但是他一句話都沒有聽到。

接下來還有一個帶成見的聆聽例子。在最近的一次團體治療中，伊莉莎白談到自己跟丈夫離婚的事情，以及他們在討論分配財產時遇到的問題。團體中的另兩名成員，湯姆和泰瑞莎也都經歷過繁瑣的離婚過程，他們立刻認定伊莉莎白的丈夫肯定會利用她的溫和個性和厚道的心靈。當伊莉莎白堅持說她丈夫是一個正派善良的人，絕不會在財務上占她便宜時，湯姆和泰瑞莎卻嚴厲的責備她。

「伊莉莎白，妳太天真了，」泰瑞莎翻白眼說，「我可以用我的切身經驗告訴妳，不要相信任何人，更不能相信妳的前夫。」

「泰瑞莎說得對，」湯姆插話說，「我當初就像妳一樣完全的信任對方，然後我妻子就拿走了所有東西——房子、車子、孩子。她奪走我生活中的全部。」

後來，我們在團體中討論了湯姆和泰瑞莎的經歷是如何讓他們產生偏見，以至於他們無法準確理解伊莉莎白的處境、不能給出合適的回應。他們的偏見讓他們無法同理伊莉莎白，也無法瞭解到她的特殊離婚處理。的確，離婚過程多半讓人不愉快，離婚的雙方都會為自己據理力爭，這是普遍存在的事實，但並不適用於每一對離婚的夫妻，具體的狀況會因為個案的不同而有所差異。

相對於同理心式傾聽，帶著偏見聆聽的人很容易根據過去經驗做結論。例如，你跟一個處理傷害官司的律師打交道，可能腦子裡會想，律師都是巧舌如簧的欺騙高手，只會在他人的痛苦遭遇中撈錢。但是，如果從同理心的觀點出發，你會把這些先入為主的想法先擱在一旁，直到你依據當下的溝通訊息得到證實為止。這是需要有意識去落實的過程，因為同理心會對每一段新的經歷保持公平開放的心態。「我知道我有些偏見，但是可能這名律師真的會為客戶的利益著想，而且真的在乎真理和正義。」

削弱同理心的偏見與既有成見

我們都有一些從過去生活經驗累積出來的既定想法與成見，而同理心會促使我們將個人的偏見放在心理，使我們不會因此變得頑固、自以為是。**可塑性和變通性是同理心中最重要的特質**，而僵硬和缺乏彈性則會降低同理心的能力。基於頭銜、種族、傳統或宗教所產生的偏見，也總是會帶來誤解和敵意，讓我們難以建立關係。

二十五年前，我到麻薩諸塞州納提克的萊昂納多．莫爾斯（Leonard Morse）醫院上班的第一天，和醫院其他人員參加了迎新會。我做了一個簡短的自我介紹，稍微說明我工作上的情況。

在休息時間，一個年輕女人朝我走過來，自我介紹說她是一名社工，然後說：「你知道嗎，我很難相信你就是喬拉米卡利醫師。」

「為什麼呢？」我問她。

「嗯，說實話吧，我以為你會和現在的人完全不一樣，」她說，「我總認為義大利人都穿白色T恤，捲起袖子抽雪茄。我還從未見過穿三件式西裝的義大利人呢！」

這個評論讓我很驚訝，而且有一瞬間，我覺得自己被冒犯了，但是這位社工的溫暖笑容不像是有惡意的。我能斷定她並不是想要侮辱我，所以我決定藉此機會增加她對義大利人的理解。我告訴她：「我是義大利人，但是我不吸煙，我只有在運動時才穿T恤，但不一定全是白色的。而且我總是在第一天上班時穿著三件式西裝，無一例外。」我們一起大笑起來，這個同理心時刻代表著我們之間穩固且持久的友誼的開端。

我學著去欣賞她有話直說的個性，我很快意識到且明確的點出她的偏見，她會願意修正自己的想法。其實她當天真正想說的是：「嗨，我曾聽說過義大利人應該的樣子，但現在我不太確定了。到底哪個才是真的呢？」

這些明顯的偏見並不是同理心式傾聽中唯一的障礙。每一個人都有一套自己觀看世界的方法：習慣把人分門別類，為特定的行為貼上標籤。其實，我們在日常生活中都遵循著某些普遍化、概念化的行為理論過日子。例如，認為女人比男人更有直覺、有感知力。這是一個主流的刻版文化。但根據心理學研究人員的觀點，更複雜的事實是：雖然女人能更精確地解讀臉部表情的情緒，但至少有十項研究都顯示，在理解他人的想法和感受方面，男人具備同樣的能力。事實上，男人和女人都具備同理心的能力，唯一的差別只在於「動機」。心理學家蒂芬尼·格雷厄姆（Tiffany Graham）和伊克斯就指出：

> 男人能有效掩飾或壓抑社交上的敏銳度，是為了消除或忽略他人的感受和需求，因為社交敏銳度會讓他們被認為不夠強大或不像男子漢。所以，正如漢考克（Hancock）和伊克斯發現的：「男人在社交中時常表現得不夠敏銳，與其說這和他們擁有的能力相關，倒不如說是跟他們想要展現的形象更為相關。」

我們對日常生活，尤其是人際關係的看法，也會受到一些既有成見或標準化模形的影響，例如，我們會堅信健康的婚姻和友誼要以無條件的愛為基礎，或強烈的生理吸引是性關係中的必需元素。然後這些固定的認知多半又跟我們的痛苦生活經歷混在一起，形成一套複雜的刻板印象和偏見，讓我們無法準確地理解他人獨有的經驗。

同理和同情一字之差，卻有天壤之別

在最近的一次團體治療中，一名五十五歲的寡婦蘿佩塔提到正和一名叫喬的男性約會。她說喬有的時候會表現出高人一等、過度掌控，並要求她按照喬覺得適當的方式來回應，且不讓她自己做決定。

「有時候，」蘿佩塔說，「喬對我就像對待小孩子一樣。我知道他是出於好意，但我不太習慣被這樣對待。弗雷德（蘿佩塔已經過世的丈夫）就很溫柔、隨和，從不干涉我，總是讓我自己做決定。」

蘿佩塔說話的時候，我注意到那位四十二歲、離過兩次婚的瑪麗蓮變得很不安，她不停地嘆氣，在椅子上扭來扭去，甚至一度把頭埋在雙手裡。蘿佩塔講完後，我問瑪麗蓮是不是有什麼事情讓她深受困擾。

「我覺得蘿佩塔的男友在虐待她，」瑪麗蓮口氣激揚得說，「很多女人常年待在被虐待的親密關係中，直到她們的自尊被徹底摧毀。我痛恨看到蘿佩塔被這種男人虐待。」

接著，瑪麗蓮開始和團體中另一名女性成員討論男人和女人之間權力不平等的問題。過了一會，我打斷她們的討論，請她們把注意力重新放在蘿佩塔身上。我問蘿佩塔是否願意告訴所有團體成員，當瑪麗蓮把她與男友的情感關係貼上虐待標籤時，她的想法和感受是什麼。

蘿佩塔看著瑪麗蓮，溫和地笑著說：「用這個詞來描述我和喬的關係並不貼切。喬沒有虐待我。當然，他控制慾比較強，但是他人很善良，很願意付出。」

「妳只是不想去看事情的全貌，」瑪麗蓮說，她的口氣充滿防衛，聲音顫抖著，「妳只是害怕承認事實。」

我把注意力轉向瑪麗蓮，我說：「我想知道，蘿佩塔的情況對你來說是不是意味著什麼。」

「我不知道。」瑪麗蓮說。

「你能告訴我，在聽蘿佩塔說話的時候，你在想些什麼嗎？」我問道。

「我想起我父親……」眼淚開始順著瑪麗蓮的臉頰滑落，幾分鐘之後她繼續說，「我父親就像蘿佩塔的男友一樣，有時很善良，有時控制慾又很強。在我十幾歲的時候，一到晚上他一定會等門。其他家人都睡著後，他會把家門鎖上，讓我沒辦法偷溜進去。他會等我坐在他的大腿上，開始觸摸我。」

那是瑪麗蓮第一次告訴團體裡的每個人，包括我，她曾被性侵害。

在這次互動中，我們可以看到「同理心式傾聽」與「同情式傾聽」之間的區別。**同理心是一種天生的能力，會激發我們做出具有憐憫心的利他行為；同情是一種情緒，被動地分享他人的恐懼、悲痛、憤怒或喜悅**。雖然從字面上看，兩者差異不大，但是它們實質上的差異，就像把「油和水混合」與「水和牛奶混合」一樣。同情像是油和水的混合，它們有接觸和相互作用，但一直都維持著各自的性狀——兩個人在一起，各有各的體驗。而同理心像是水和牛奶的混合，每個人都變成了對方，一起成為一個整體——兩個人處於分享著同一種經驗中。

同理心式傾聽意味著，我們要從普遍現象中轉移到獨特性，從遲鈍轉移到敏銳，從常見轉移到稀有，從陳舊轉移到新奇，從尋常轉移到不平凡，從熟悉轉移到陌生。「同情」總是回到過去，是人們在表達彼此的共同經驗時，理解到的一般性感受；「同理心」是專注於當下，專注於現在這個特殊的時刻裡正發生的事情。

「同情式傾聽」會破壞關係。當人們正遭受痛苦或困擾時，他們最深切的渴望是自己的特殊狀況能受到理解，而不是被當作與別人一樣。如果一個父母跟他十幾歲的孩子說：「我曾經年輕過，寶貝，我完全知道你的感受。」這句話對這個身處痛苦中的孩子來說不會有任何幫助，因為他希望自己能被當作一個獨特的個體，被人被看到、被人聽到，而不是跟世上所有同齡孩子一樣，都被歸類在一起。

同情心讓我們不用走進他人的生活，就能一起感受他們的痛苦。「我真為科索沃的人民感到難過」，就是基於全球性的一般理解，而呈現出的一種同情式表達。當朋友跟我們說他在親密關係裡遭受的挫敗、邁入五十歲的恐懼、面對年邁雙親時的心情起伏，我們會對朋友說，「我很理解你現在的處境」或「我完全明白你的感受」。但如果心懷同理心，你就會知道「你不是他，你也不可能馬上就知道他的感受」。同理心意味著你的內心充滿理解。同理心意味著你要全神貫注地傾聽、理解、參與，哪怕只有短暫的一瞬間，也要一起分享別人的內心和靈魂。

四十六歲的露西罹患乳癌，癌細胞已經擴散到骨頭，甚至擴散到脊椎。她得拄著枴杖，腿上還穿上支架，連神經科醫生都告訴她，她以後得坐輪椅。

今年春天時，一輛有特殊裝備的公車從露西家接她去復健中心，她準備到治療泳池游泳。女駕駛的個性很爽朗，也很八卦。「嗨，妳的腿怎麼啦？」她問。

聽到露西說自己得了乳癌，女駕駛倒抽一口氣：「哦，天啊。我告訴妳哦，我很感恩我的生活中只有些小毛病。妳看，總有人比我慘多了。」露西只能用淡淡的笑容掩飾內心的痛苦。

在復健中心裡，一名中年婦女從更衣室走出來，把手伸向露絲，露絲以為這位婦人會親切地跟她握個手。但這名婦女卻抓住露絲的手，閉上眼睛，低下頭，開始祈禱，祈求主把露西身上的詛咒趕走。隨後，這名婦人就一臉虔誠地離開。

露西沒有說話。她不知道要說什麼，但是她知道自己的感受。她真希望自己能脫掉腿上的支架，衝向那個女人並把她推倒在地。「我不需要妳的祈禱，也不需要妳的可憐。」露西想對她大喊，「對妳來說，我算不上是一個人。我只是個新奇的東西，一個故事，然後妳就可以在下次的教堂晚餐聚會中和女性朋友們說道，妳是如何在泳池旁邊為那個悽慘可憐的殘疾婦女做祈禱。」

但是露西沒有衝向那個女人，而是坐公車回家。她坐下來，寫了封信給自己的親戚朋友。露西經過仔細考慮，調整了自己的情緒，提出要如何跟生重病的人說話，以及如何傾聽他們感受。透過同理心的理解，露西希望她所愛的人也能以同理心傾聽回報善意。

如果這樣做能讓你感覺好一點的話，你可以在教堂裡為我點上一支蠟燭，唸一段祈禱文，抱著正面的想法，做些祈禱儀式或唸玫瑰經也不賴。但是，請不要抓著我的手替我祈禱。你可以問問我，做些什麼能給我安慰。如果我說不需要，那我們就靜靜地待一會，其實你可以在我家門外或在你回家的路上再去祈禱。

請準備好一起笑或一起哭。你要知道，如果我沒有得癌症，我們的相互探望無論如何都是熱絡的。而你也要知道，我不僅僅是個癌症患者。別跟我說我是個可憐的傢伙。你的本意可能是要同理我的遭遇，讓我感到安慰，但是，對我來說，「哦，可憐的傢伙」這句話，似乎就是我比你慘多了，而且你很得意你不用面對如此難受的局面。如果你想慶幸自己的健康和好運的話，請在我家門外或在你回家的路上再這麼做吧。

如果願意冒風險，就請打電話給我、寫封電子郵件或親自來探望我吧。如果我說現在不適合的話，你應該想想自己被打擾或感到不舒服時的感覺。這些情緒如果你無法理解，也不會處理，請去心理諮商。你要想清楚，身邊有個病情嚴重的朋友意味著什麼，然後再來看我。以我現在的狀況，我真的沒辦法照顧到別人。這並不是說我對你的生活狀況完全不感興趣。我問「你好嗎？」的時候，我是真心在關心你。

如果你想跟我分享癌症的悲慘故事也可以，但是你得是真心敬佩那位因可怕疾病去世的人，或是那位你見證了他與病魔奮戰的人。而且，如果不是因為敬佩我這個人，也不要把我的罹癌故事與他人分享。我不想成為教導你關於死亡話題的朋友，我更希望成為一個能教你們如何活著的朋友。

如何對他人感同身受

傾聽是一門藝術，同理心的傾聽是這門藝術中最高的表達形式。我們透過後天的努力與練習，能不斷地提高傾聽的能力，但是總會有一些事情提醒我們人是不完美的，也會犯錯。最近我和安德里亞一起工作，她是接受我督導的朋友，同時也是我的同事。（臨床心理師有時會尋找資深同事指導，改善自己在諮商上的技巧和客觀能力。）

有一次，我腦子裡想著自己的事情，而且一直在用手指敲打膝蓋。安德里亞跟我說話時，我的眼睛看著她，但是既不眨眼，也沒有任何反應。很顯然地，我的靈魂和心跑到其他地方。安德里亞停下來不說話，等了一會。

「怎麼啦？」我問。

「你今天沒有在聽我說話。」她回答道。從她說話的語氣和表情中，我可以斷定她受傷害了、感覺到被拋棄。在讓我的朋友兼同行失望的時候，我再一次認識到同理心傾聽的藝術是多麼困難與費力。我們永遠都不能說自己擁有同理心，因為我們一直都在尋找它。每一次互動都是不同的，每一段關係也都是獨特的。

我們都會犯錯誤，我基本上每天都會出錯，如果我們瞭解真正的同理心代表著互相交融、作用，讓人與人分享彼此，就能理解要保持這種狀態有多麼困難。所以，當朋友說：「嗨，你今天沒在聽我說話，你怎麼了？」我們不是受到羞辱，我們是會因此感到一絲尷尬，但會很快恢復，因為我們知道同理心跟生活中的所有事情一樣，不可能是完美的。沒有人能夠完美地表現同理心。每個人都會犯錯的。

然而，當再次透過同理心進行溝通時，也是我們備受啟發的時候。「很抱歉，」我跟安德里亞說，「我在擔心我女兒。她得了支氣管炎，右膝也一直有問題。」聽了這個解釋，安德里亞明白為什麼我今天會心不在焉，我們又把彼此拉回同一個軌道上。其實，**所有的社交互動，都是遵循著施與受原則**。有些時候，某人可能會比較常擔任傾聽的角色，而在其他日子裡，這個人可能主要是在訴說。我們既有付出，也有回報；我們既傾聽也訴說；我們犯錯也道歉——但我們總試圖敏銳地去理解和回應。這就是人們連結彼此的方式，並不是在完美地呈現說話的藝術，而是敢勇於承認，只靠自己是無法完成這些事的，因為我們需要彼此。同理心是一個相互作用的過程，是靈魂之間的交融，就像多條溪流匯合聚成一條大河，奔湧向前、強勁有力、目標明確、步伐堅定。

幾年前，我曾經邀請保羅．奧恩斯坦（Paul Ornstein）博士到我任職的醫院對同仁們演講。他是集中營下的倖存者，是一位著名的自體心理學家。自體心理學主要專注在如何透過與他人的互動發展出自我。從同理心的角度來看，自體心理學就是研究如何用同理心培養出自我；一旦缺乏同理心，自我便會感到匱乏，就會開始渴望與人連接和建立親密關係。

在簡短的演講後，奧恩斯坦博士詢問聽眾中有沒有人願意分享近期的個案，讓大家可以從自體心理學的角度來共同探討。可能想到要跟一個著名的心理學家討論工作，大家都感到害怕，因此好長時間無人舉手。最後，我們醫院的首席社工伊拉里雅舉手了，她說願意分享一個難以處理的個案。伊拉里雅是俄羅斯東正教祭司的女兒，二戰期間跟她父親逃出俄羅斯，而她媽媽、妹妹和弟弟還留在那裡。戰爭過後，她們一家人終於團聚，但是那幾年間的痛苦一直困擾著伊拉里雅。她是我有幸能認識的人之中，最有愛心、最有同情心的一位。

如同一位好的臨床治療師所做的，伊拉里雅提出她的個案，分析個案的原生家庭，詳細描述治療中的各種互動。然後，她尋求奧恩斯坦博士的協助。「我想跟你討論這個個案，因為我覺得自己沒有做到最好，」她說，「我沒有在聽我的患者說話。我也不知道為什麼，但我就是無法集中注意力。」

「針對這個困惑，你做了什麼呢？」奧恩斯坦博士問。

「我承認了，」她說，「我對我的患者說，『你是不是有一種沒被瞭解到的感覺？』他回答，『是的，你根本沒聽進去。』接著患者明確指出我沒聽進去的重點。」

伊拉里雅很緊張地笑了：「我不得不說，介紹這個個案讓我很尷尬，因為我知道我仍在摸索嘗試。但是我真不知道自己還能做些什麼？」

「我覺得這是非常好的處理方式，」奧恩斯坦博士帶著誠摯的微笑說，「你問患者是否感覺到你沒有聽進他說的話，是否覺得自己說的話沒被聽見。你這是給他機會說出他的想法，而且請求他的幫助，你是真心想聽到實話。所以他也放心地告訴你，你漏掉哪些事情，就這樣，他就把你拉回了軌道上。」

這次的互動顯示出有用的傾聽策略，不管在心理治療中還是在日常生活裡，都能派得上用場。你可以時不時地問一下朋友、配偶、孩子或患者：「你覺得我在聽你說話嗎？你覺得我有聽到你想說的事情嗎？」

在治療患者時，我在陳述前經常會加上一句：「如果我理解錯了，請你糾正我，我認為你想說的是……」或「我的想法是……我要強調一下，這只是我的感覺……」，又或是「必要時要請你幫忙補充，到現在為止你似乎是想說……」，透過這樣的話語，我等於是發出了一個邀請，讓對方在這個注定會很複雜的同理心傾聽過程中協助我。為了能精準理解患者的想法和感受，我會讓他們告訴我，我是不是漏聽了什麼內容，讓他們來確認我還在正確的軌道上。如果我已經迷失方向，請他們再把我帶回來。

心理學家卡爾・羅哲斯（Carl Rogers）在他的經典著作《成為一個人》（*On Becoming a Person: A Therapist's View of Psychotherapy*）中建議，可以提出一個類似的策略來檢測你的傾聽技巧。

> 下回你跟老婆、朋友或其他人發生爭執的時候，先把爭執暫停一下，用下面的規則來做個實驗：每個人在表述自己的見解之前，都先準確地重述對方的想法和感受，而且要讓對方滿意為止。你很快就會知道為什麼要這麼做了。這意味著，在表達自己的觀點之前，你需要真正理解別人在說什麼——好好地理解他的想法和感受，你才能做出評論。聽起

來很簡單，不是嗎？但是，如果你嘗試後就會發現，這會是你試過的所有事情裡最有難度的。不管怎樣，一旦你能看到別人的觀點，便會發現你自己的觀點必須大幅地修正。你還會發現，原本討論中的情緒沒有了，觀點上的差異也減少了，剩下的就是那些合理、可以理解的部分。

同理式傾聽能將我們帶入相互理解的親近關係裡，如此就可以合理地進行想法和感受上的互動。同理心清楚地呈現出在我們所鏡映的這個世界中，那些被隱蔽的細微之處，也能顯示出我們共同體驗中的一般性和差異。

在理解和欣賞他人所處的世界時，必須放棄以自我為中心的想法。透過同理心帶入以他人為中心的觀點，問題就不會再被誇大或難以解決，我們的世界也隨之拓展，變得更加豐富、有趣。讓自己參與他人的生命，藉此我們也將實現自我的蛻變。

這就是同理心的力量。

第6章

同理心與愛

讓親密關係變得更柔軟

我們在性愛中愛撫身體，但只有在同理心之下才能觸及心靈。

羅洛．梅（Rollo May）在他的經典著作《愛與意志》（*Love and Will*）中把性愛描述為：「你可以想像出來最動人的接觸方式。」雖然我相信這可能是真的，但是我曾與上百位男女討論過，他們告訴過我，即便是美好的性愛體驗，也無法填補他們內心的空缺。儘管性關係的過程完美無缺，但是如果缺乏同理心所產生的連接，最終的結果還是不會令人滿意。羅洛．梅意識到這個問題，因此他在書的結尾寫道，當他的父母抱怨生活中缺乏感受和刺激時會說，「性愛太多，意義太少」。

我們要如何把感受、熱情、內心和靈魂的意義，都融入性愛中呢？同理心正是最重要的解答，唯有同理心，我們才能獲得真正的親密感。同理心是一種既能理解他人的想法和感受，同時知道他人也能理解我們內心體驗的狀態。觸及靈魂，是包括性愛在內的所有親密關係裡都在找尋的，如果沒有同理心的指引，你就無法接近他人的靈魂。

性愛並不只是一種飢渴，或必須要被抓到的癢處。如果是這樣的話，自慰就能滿足所有的性需求。我們在性愛過程中所找尋的不僅僅是簡單、片刻的壓力釋放，而是兩個靈魂的瞬間融合，以及得以拓展的親密關係。這才是極度的親密，因為在這個時刻，兩個心靈合而為一。

同理心是如何產生親密感、如何超越身體的吸引而走到心靈深處的呢？想要知道同理心的力量，就要去理解同理心如何把我們從「表面的連接」帶到「對一個人的完全接納」，包括一個人的不完美及其所有面向。這種接納包括內在與外在。同理心在擁抱他人的時候，也會指引我們接納自己，接納我們所有的侷限和不足。透過同理心，我們可以學會如何深深地、真正地彼此相愛。我們將會發現，尋找一個真誠的人遠比一個滿意的人，更能得到幸福。

因為同理心，愛就有了意義

我的患者都是我最偉大的老師，在跟患者的每一次會談中，我都能更深刻地理解到同理心創造出親密關係的力量。卡羅琳就是一個心酸的例子。

卡羅琳是在父親酗酒、母親長期罹患憂鬱症的家庭裡長大，現在的她是個單親媽媽，扶養著兩個正值青春期的女兒。她最清晰的童年記憶都圍繞在如何努力取悅自己的父親。在心理治療的過程中，她經常回憶起自己在寒冷昏暗的地下室，花上好幾個小時熨燙父親的襯衫，希望能藉此得到他的認可。當她把剛熨好的襯衫交給父親時，他會高興，至少會高興一小會。然後，不可避免的，他會開始批評她，用輕蔑、尖酸且毫不耐煩的揮手，把她給打發走。

卡羅琳和父母的關係中缺乏同理心，這扭曲了她對自己與對他人的觀感。卡羅琳並沒有把酗酒的父親視為一個自私、缺乏安全感的男人；相反地，卡羅琳從小到大總是把父親理想化，把他的憤怒當成強勢的表現，總以為是自己不夠好、不夠聰明、不夠有創造性，才導致父親醉酒後對自己長篇指責。她的內在聲音，就像她父親在現實生活中說的話一樣，以非常嚴厲到極近苛責的方式，鞭策她成為一個能建立並維持一段理想關係的完美小孩（日後成為一個完美的大人）。

現在卡羅琳將近四十歲，跟酒鬼丈夫離婚，在一個小型藝術學院擔任助理教授。性愛在她的生活中扮演著很重要的角色。她和一個接著一個不間斷的交往對象的相處模式，每次都幾近相同。她通常是在酒吧裡認識男人，她會將這個男人美化，並且快速地發生性關係，然後，她會重複自己童年的模式，竭盡所能來取悅對方。最後，她害怕自己被對方看透，又無可避免地為他們之間情感連接的淺薄而失望。幾週或幾個月後，這段關係就會結束，然後她又會開始一段新的關係。

「我能理解莫妮卡，」在柯林頓總統被彈劾期間（編注：他因與白宮見習生莫妮卡・陸文斯基傳出性醜聞，導致彈劾），卡羅琳有一天告訴我，「她不是對這個完整的人感興趣——她只想要他的百分之三十。而且，這也是他想要的。」她在椅子上挪動位置，她有著又長又黑的頭髮和眼睛，穿著性感的高級短裙套裝，合宜的妝容搭配鮮紅色的指甲油。她整理了一下裙子，對我露出一個勝利的微笑。「那也是我感興趣的。我不在乎對方是不是白馬王子（Mr. Right），我只想現在擁有（Mr. Right Now）。」

卡羅琳五年前就放棄尋找白馬王子，那時她飛到佛羅里達探望快要臨終的母親，在這段期間裡，她丈夫就跟秘書有染。卡羅琳發現他們的關係之後，她當面質問丈夫，丈夫卻無法理解卡羅琳的憤怒。「你離開了幾乎一個月！」他大聲反抗，「妳要我自己一個人怎麼辦啊？」

卡羅琳和我講這段故事的時候氣得直翻白眼。「你能相信嗎？這個男人是個工程師，不是笨蛋，他知道什麼事可以怎麼做！他為什麼不能用自己的雙手解決自己的『生理需求』，非得找別人幫他解決呢？」

卡羅琳試圖用她特有的幽默來掩飾丈夫的背叛帶給自己的痛苦。她曾經告訴過我，她的上一個治療師替她進行過一次婚姻諮商治療後，她就決定要離開丈夫。在那次治療中，卡羅琳痛哭流涕，而她丈夫還在繼續說她是多麼自私、對自己多麼不關心。「我都倒在血泊裡，你還一直在我身上亂踩！」治療師試圖安撫她，卻被她丈夫阻止：「不用試了，每次談到這個問題，她都勸不聽。」

還沒拿到離婚前，卡羅琳就展開了豐富的戀愛史。她的性關係總是在極度興奮下開始。「他長得就像湯姆．謝立克（Tom Selleck）。」一個月之後，她又在說另一個男人：「這個傢伙太有魅力、太吸引人了，而且他長得比上一個還帥！」幾個月之後，她又會說到另一個男人：「他甜蜜單純，對我從來沒有什麼要求」。

這種模式一直持續著，卡羅琳初期會美化她生命中出現的新男人，幾週或幾個月後，她會發現對方其實很自私、不會關心人、撒謊，是個惡棍、酒鬼或騙子。接著，她會重重地責怪自己很愚蠢或天真，之後會重蹈覆轍。她總是挑長得帥氣、油嘴滑舌、很有魅力的男人（真的能征服一群人），或者那種輕浮、不過度要求並且不願意投入感情的男人。

有一回卡羅琳告訴我：「我喜歡戀愛，因為永遠都不用『卸妝』。」這句話好像能用來概括卡羅琳的行為。她自己分析說，如果不用卸妝，便有一層保護，可以隱藏真實的自己；即使身體一絲不掛，卻同時不用袒露心扉。她活在極度恐懼中，害怕他人會拆穿自己的面具，發現自己完美外表下，有個不完美的內心。

有一天，卡羅琳說了一個祕密。「我在和一個比我年輕的男人偷情，」她說，低頭看著整齊擺放在膝蓋上的雙手，「他的年齡只有我的一半。他已婚，」她停頓一下，「而且他的太太就要生他們的第一個孩子了。」

我等著，知道她還有別的話要說。「我其實沒想告訴你的，」她繼續說，「因為我覺得你可能會批評我，」過了一會，「不，不，不對，是我在批評我自己。我猜我是害怕讓你看到真相。」

「什麼真相？」我說。

「你知道的，就是全部的真相。」她抿著嘴，「我害怕如果我想太多的話，就會破壞其中的樂趣。」

「為什麼你覺得真相會破壞其中的樂趣呢？」我問。

「我不想認真思考這件事情，」她說，「否則我就不得不去面對我的行為——我竟然跟一個有老婆、馬上要有孩子的男人發生關係。怎麼看都太悲哀、太糟糕、太無可救藥了。」

「這聽起來確實不像很有樂趣的樣子。」我說。

「確實是啊，」她承認，「甚至連做愛，都不再有樂趣了。」

在這樣的談話中，卡羅琳開始放下她的心防，展露出她害怕在他人面前暴露的部分。我真誠地想理解她的想法和感受，盡我所能地對她每個時刻的具體感受，都給予敏銳且誠實的回應。我的同理心給她空間，讓她不帶恐懼地盡情表露自己。她知道我跟她只會就事論事，所以她很想向我開誠布公。她想要「卸下妝容」，展露她的全部，而不只是她給其他人看的那百分之三十。

當卡羅琳確信我不會對她加以批評或試圖約束她的行為、也不會逃跑，她開始比較有安全感，能卸下心房跟我談論她的恐懼和不安。她能夠「借用」我的同理心，把它當作一面鏡子來看她自己的內在。我充滿理解和同理心的聲音——不帶評判，總是堅持真理的態度——逐漸取代她在生活中一直聽到的苛責聲音。這就是心理學家們說的「內化」：接收他人的觀點，最終轉化成自己看待自己的方法。我們隨時都可以在孩子身上看到這個過程，因為他們會接收父母的聲音。如果那是一個責備的聲音，就像卡羅琳的父親，那麼孩子的內在聲音就會是自我譴責。卡羅琳內化了我富有同理心的聲音後，就能以更富於理解和安撫的方式與自己對話。

有一次，卡羅琳來做心理治療，她看起來跟平時有點不太一樣。以往的幽默感不見了，變成我以前從沒見過的明顯柔軟和脆弱。「我看到我父親了，」她說，「他在我前面沿著馬路往前走，雖然我很多年都沒見到他，但我知道那就是他。他看起來有些不安和孤獨，就像個糟老頭一樣。看著他的時候，我意識到，他對我已經沒有任何影響力了，甚至再也傷害不了我。」

她把身體往前傾，像是突然領悟到什麼，興奮說著：「這真是個神奇的時刻，醫師，就像《綠野仙蹤》（*The Wizard of Oz*）裡小矮人從窗簾後面現身的場景一樣。整個電影裡，你全身顫抖著預期會見到這傢伙，以為他會是全能的，結果卻發現他其實就是個糟老頭，他每天早上一樣得醒來，看到鏡中的自己，承認自己不是萬能的。剛才站在街上，我就像突然被打醒一樣，我突然覺得我不再害怕我父親了，我不再生他的氣、不再恨他了，」她深深地嘆口氣，又說道，「我只是為他感到難過。」

幾個月之後的聖誕節，卡羅琳笑著走進我的辦公室，她的雙頰被冬天凍得紅紅的。「你一定不會相信，」她說，「昨晚我買了一棵十五呎高的聖誕樹，這是我這輩子見過最大的聖誕樹。為了它，我不得不把客廳裡的傢俱都搬到車庫裡。孩子們都感覺我已經走出低潮，我也這麼覺得。為此我們一起開懷大笑。」

聖誕樹背後的故事說明了為何卡羅琳會有好心情。原來她跟學校的副校長已經交往幾個月了。「我發誓，他長相和舉止都很像比爾・柯林頓，他真的非常迷人，當他輕觸我的手臂、撫摸著我的背、注視我的雙眼，就好像他是真心在乎我。」她自嘲地聳了一下肩，然後自然地笑了。「你知道的，就是只看到百分之三十的部分，而忽略其他的。但是，我就開始想，這個男人是誰呢？他到底對什麼感興趣？我強迫自己再多看百分之十。突然間，我在他身上看到了推銷員的樣子——那種眨眼、說辭和虛偽的微笑。然後，我又多看到百分之十——他騙我說他愛我，他對自己、老婆和孩子撒謊的那部分……突然間，我看到這個男人情感上真實的樣貌，我意識到我無法忍受這個樣子的他！」

「於是呢，前天晚上，我半夜裡醒來，我對自己說，『卡羅琳，妳不能再重複這種模式過下半輩子。妳值得過比現在更好的生活』。由於某種瘋狂的原因，我想起了前夫。他從來不讓我買聖誕樹，他說他對聖誕樹過敏。你聽說過有人對聖誕樹過敏嗎？所以隔天一早，我就出去為自己買了一棵十五呎高的聖誕樹來慶祝一下。我告訴你，醫師，這可是我見過最漂亮的聖誕樹。」

卡羅琳一輩子都在擔心自己無法做到她生命中的男人所期待的形象：從她開始遵照父親的要求，到對她的丈夫和情人們言聽計從。這棵高高的聖誕樹象徵著她打破了舊有模式，她準備好接受自己是一個複雜、不完美卻完整的人，這個人也將突破她以前給自己設定的受限形象。

透過同理心的力量，卡羅琳知道性愛本身不能產生親密感。她發現人們在性愛中愛撫彼此的身體，但只有在同理心下才能觸及到對方的心靈。同理心能帶領我們深入到他人的真實面，使我們有足夠的洞察和理解，瞭解我們與他人在現實世界中的界線。同理心會告訴我們可以相信誰，應該遠離誰，如何保護自己與自我防衛，何時要前進、何時又要後退。

在每一段人際關係中，我們都會經歷不同階段的親密感，「認識彼此」是一條顛簸卻隨處都有風景的路，我們經常會在不同的階段之間前後擺盪。第一個階段是「**理想化**」，這個時候的我們在愛情裡神魂顛倒、被愛矇蔽雙眼，用各種扭曲錯亂的方式對待生活。第二個階段是「**兩極化**」，這時我們對於任何事情，都和「十全十美，正合我意」的想法背道而馳，開始變得專注於對方的小瑕疵和小缺點。當我們看到所有的不完美之後，就想逃離、躲避。事實上，那些弱點恰恰反射出我們自己的脆弱之處，我們卻不自知。

在兩極化的階段裡，我們經常會掉頭轉向，直接回到理想化的階段；或者會留在這條刮起颱風的道路上，奮力前行，希望最終能走上一條漸行漸穩的道路。因為有了耐心、承諾、客觀和最重要的同理心，才能進入第三個階段「**整合**」。當我們的視野能擴展到足以看清全貌時，就能接納對方的一切，包括「好」的部分，也包括「壞」的部分。我們會學著看那些真正重要的東西，放下其實無關緊要的部分。一路上經歷過的這些「週期性顛簸」，只是用來提醒我們得放慢速度多加注意，而不是說我們已經失敗了，一切得再重頭來過。

瞭解這三個階段的特徵，會讓我們理解同理心是如何強化人們的關係，如何引導我們可以更深入欣賞自己和他人。

親密關係階段一：理想化

一位非常仁慈的精神分析學家艾爾文・賽雷德（Elvin Semrad）在二十年前曾表示：「戀愛，是我們文化中唯一一種可以接受的精神病。」所有的精神病，包括戀愛，都會表現出無法保持注意力和客觀性。換句話說，我們無法看清事實的真相、無法理性思考，甚至連感覺都開始失衡。所有的事情好像都「坐」在一個讓人頭暈目眩又興奮不已的環山列車上，情緒纏繞著愛上的對象旋轉、打轉。在這趟瘋狂之旅中，理性不見了，我們踏上了看起來像終極大冒險的旅程。

卡羅琳每一次的戀愛都深信自己終將能擁有美好的結局，她相信自己這回總算挑到一個對的男人；她相信自己這回能改造對方來牽就自己；相信自己能極盡所能地討對方歡心；相信對方會意識到如果沒有她就活不下去。但是每一次，當她對對方抱持的「理想化」開始消退之後，她便開始停止幻想，心情也跟著沮喪。

如果親密關係處在理想化階段，那麼要表現出同理心是備受挑戰的，因為同理心得仰賴客觀來維持平衡和方向。事實上，同理心在許多方面都是「客觀」的同義詞，可以定義為：是一種能夠如實、不加扭曲地看到世界原本樣貌的能力。精神分析學家艾立克．佛洛姆（Erich Fromm）在自己的經典著作《愛的藝術》（*The Art of Loving*）中，特別強調戀愛時保有客觀的重要性。

> 我必須客觀地去認識對方和自己，以便使自己能看到對方的現實狀態、戰勝幻想，和消除對對方的不切實際形象。唯有先客觀地瞭解一個人，我才能在戀愛關係中，瞭解對方的真正本質。

客觀為什麼會如此重要呢？就像卡羅琳說的，我們為什麼一定要用客觀的事實來破壞戀愛中的樂趣呢？那些形象就像牆上掛著的畫一樣，很漂亮、引人入勝，然後這些畫是固定、靜止的，我們既無法參與其中，也不可能修改圖片裡的內容。海浪拍打在緬因州礁石灘上的照片，可能是一幅很漂亮的畫面，但是你聽不到海水打在石頭的浪花聲，感受不到濕鹹的海水濺到臉上的感覺。

形象不具生命力，但人是活生生的血肉之軀，不但會為了頭痛和牙痛所苦，也會被壞脾氣和壞情緒困擾。當我們開始把人當成物品對待時，就開始摧毀這個人的內在靈魂了。我的一位患者告訴我，她永遠能清楚地記得，自己從什麼時候開始質疑她與丈夫之間的關係。當時她先生伸出雙臂摟著她，告訴她自己是多麼愛她：「妳是一個完美的母親，一位優雅的女主人，而且還是個細心的好妻子。希望妳這輩子都能保持這個樣子陪在我身邊。」

當我們將一個人視為物體或東西來愛時，我們會想讓那個人保持不變，這樣就能符合我們腦袋中建構出來的形象，而那個形象是經過仔細打造後，滿足我們的需求的。心理學家把這種注意力只集中在自己身上的行為稱作「自戀傾向」，這種人通常無法用循序漸進的方式瞭解他人，而對方的意義取決於他們付出多少而定，他們無法把對方視為一個不斷發展、不斷成長的個體。在他們的現實生活中，一切僅滿足於「我的需求」、「我的渴望」、「我的恐懼」和「我的渴求」。這個世界只縮減為「被愛」的需求，周遭環境對他們而言不具備任何重要性。對許多人來說，在愛情關係中完全是以滿足個人需求為動力，並不是同理心；因為同理心代表的是渴望深入瞭解對方，希望兩人的關係不只停留在表面，同時希望對方能真正瞭解自己，並體會到每個人的樣子多少都會隨著時間而有所改變。

我把「被過多的需求所驅使」的愛稱為「形象式的愛」（image love），這種愛其實是想像出來的，因為我們是愛上一個形象，而不是真正的人。這種愛，一開始能讓我們感到慰藉、很舒服，因為我們愛上的是個特定的印象，是沒有缺點、沒有瑕疵的，但活生生的人注定是不完美的。所以，「形象式的愛」讓我們刻意與對方保持距離，如此就可以不用看到他人身上的不完美（或者不用承認自己的不完美）。然而，如果我們要愛上一幅圖像，我們自己就不得不成為一幅圖像。這就是理想化階段的關鍵問題，如同卡羅琳說的：「對我來說，『卸下妝容』代表要冒著暴露自己的風險。如果我們還想努力維持自己的形象，千萬別冒這個風險。」

在關係裡的理想化階段，我們為自己和彼此都創建出不同的形象，藉由這些形象或某些性格的原型來彌補自己性格中的缺陷。如果不斷地陷在理想化的階段裡，便會對兩人的進一步發展感到怯步，因為隨著時間的推移，我們會發現：沒有人能夠真的仰賴那個理想化的形象來過活，隨後必然走入失敗。我們會發現，有的人長了瘤，有的人會有粉刺，有的人腳上有腳氣，有的人牙縫過大；我們還有一些惱人的習慣，比如說大笑時用鼻子出氣，睡覺時打呼，嘴裡翻嚼口香糖或喝湯時聲音太大……。

最後，過度理想化的結果，是我們也會對自己很失望。卡羅琳認為自己喜歡談戀愛，是因為她永遠都不用卸妝。但是化妝和保證妝容整齊，就變成了她主要在意的地方。如果她的睫毛膏不小心被擦掉會怎麼樣？如果身邊這個被理想化的新情人注意到某些瑕疵、有缺憾或有裂痕的地方又該怎麼樣呢？卡羅琳對於暴露真實自己的恐懼，總是會讓她想起在自己還只有八、九歲或十歲的時候，父親不認可的眼神下，自己畏縮著的場景。如果不化妝，她就做不到讓情人滿意，就認定她也是達不到標準、有所缺失，且永遠都是不夠好的人。

我們為自己創建出的理想化形象，永遠都能將我們帶回到我稱之「犯罪現場」的地方——過去尚未解決、現在還持續糾纏著我們的祕密。卡羅琳的理想化印象源於她的童年經歷，以及從父母，尤其是父親身上得不到的同理心。當她還是個小孩子時，卡羅琳就知道，唯一能讓男人開心的方式就是為他做事情；當她為了取悅一個男人，於是為他做的事情越來越多，就越有機會維持生活的和平與平靜。這些正是她的酒鬼父親——有過無數次婚外情、總是對女性有無理要求——教給她的經驗。她抱怨那個不能滿足自己、也有婚外情的丈夫，再次加深了這個想法。卡羅琳沒有把父親和丈夫的外遇視為是個性上的不穩定造成的結果，反而認定這些問題是自己的過錯，所以為了取悅男人，卡羅琳不斷改進自己對待男人的方式。因此，維持性關係的能力便成了她的目標；做一個「完美情人」也成為她對自己的理想化印象。

所有的孩子都會想像自己身處在一個想做什麼就能做的世界裡。透過跟父母、親戚和老師的同理心式互動，他們就會開始對自己產生更加務實的看法。在被以同理心和尊重對待時，他們漸漸發現自己其實並不是能做到所有的事情，但也學著接受這些侷限，並且不因此感到丟臉。當用同理心來指導與孩子的互動時，他們就會知道，一次不佳的表現不會影響我們對他們這個人的尊重，也不會改變我們對他們的愛。

同理心能幫助孩子學會逐漸理解自己的侷限，瞭解現實世界——即無論怎麼努力，自己都不可能是萬能的。被同理心環繞長大的孩子，會發展出一種自我安撫的內在聲音，這個聲音會向他們保證，即使不能打出全壘打、贏得比賽，或沒有成為班級中最受歡迎的人物，他們仍舊值得被親朋好友們關愛。相反地，在一個缺乏或沒有同理心的環境裡，孩子會發展出一個苛責的內在聲音，一直在重複「你做得還不夠」的訊號，這通常都會演變成自暴自棄、自我否定，像是：「這樣還不夠吧」或「我一定還不夠好」。

當我們長大後，總是很難意識到自己經常把過去的經驗帶入一段關係裡，即使是心理健康的人也會受到過去影響，只有同理心能讓我們察覺到這個問題，並能引導我們認知和瞭解到：過去的種種是如何影響現在的一切。在我和安德魯的最近一次治療會談中，可以更清楚看到這一點。

安德魯今年三十三歲，用他的說法，他是因為給自己惹了一個「大問題」才來做心理治療。「我愛她，跟她在一起真的很幸福，但我就是無法給出任何承諾。」說這些話讓他滿臉漲紅：「這很糟糕，我太不好意思。你是我唯一可以訴說的對象。希望你能理解我，你不會認為我是一個差勁、膚淺的人吧。我覺得自己不能娶安妮是因為她屁股太大了。我接受不了大屁股的女人。」

我察覺到安德魯此時的深深困窘，而且知道他可能會把我的一個不經意手勢、或語調上的細微變化，解釋為對他的不認可。所以，我很小心且專注地聆聽他說的話，儘量讓我的聲音保持中立。我明白安德魯在乎伴侶的身材，這絕不是表面上對「完美軀體」的要求如此簡單，而是具有更深層的原因。

「我想，是不是有其他原因造成你這樣思考呢，」我說，「因為你的想法似乎是根深蒂固的。」聽了這個話，安德魯明顯放鬆下來，他從我平和的說話語調和沉著的問話方式裡，他知道也感受到，我想要與他並肩探索、一起理解核心問題，而不是批評他的想法和感受。這使他不再感到羞愧和自責。

「我也不知道，」安德魯長嘆一口氣說，「她所有的一切我都喜歡。我喜歡她強健的體格，我特別佩服她在運動上的才華。但是我就是無法想像自己娶了一個大屁股的女人。」

從安德魯的言談裡，我其實可以果斷地給予一些具有洞察的見解，但這不會有助於他對自己的心理解釋，例如，「你明顯是將自己的無能為力投射給她」，或者「你只專注於關係中最膚淺之處，因為你很害怕做出承諾」。或者，我可以直接詢問安德魯，為什麼他會在女人面前感到無能。相反地，我試著利用同理心，希望能發現更多的真相。

「我看看我有沒有正確的理解，」我說，「你喜歡她健美的身體，卻開始去注意她的屁股，你本來對這段關係的積極態度，都變成了過度關注在她身體的某個特殊部位。」

「對的，」他說，「她是個強健的女人，但她的身材也很高大，我跟這種身材的女人總是處不好。」

「你能不能告訴我，為什麼你和身材高大的女人處不好？」

「這種女人總是管得太多，她們控制慾很強、個性專橫跋扈……」他的聲音突然變輕。

「你認識身材高大、控制慾很強且個性專橫跋扈的女人嗎？」

「當然，在工作中，到處都有。」

「和你共事的身材高大的女人之中，大多數都屬於專橫跋扈的嗎？」

「沒有，也不全都是，」他想了一會兒說，「我認識的一些身型嬌小的女人也很專橫跋扈。好吧，事實上，跟我共事的女人中，大多數都是很友善、很會體諒別人的。」

接下來安德魯沉默好一陣子，看來他正在與自己的想法和感受交戰著。

「身材高大的女人都很專橫跋扈，這種感覺你很熟悉嗎？」當我詢問某人是否一直有種熟悉的想法或感覺時，通常能幫助我們發現這種特定行為的根源。

「是啊。」他沒有多想就快速回答。

「你記得自己是什麼時候開始有這種感覺的嗎？」

「你的意思是在我很小的時候？」

「那不一定，」我說，「我只是在想，你的這種感覺是從何時開始產生的。」

「嗯，我不知道啊……」安德魯又沉默了一會。「我想起很久以前，就有這種感覺了。」

停頓一會後，安德魯說：「我媽媽就是個身材高大的女人。」

之後的會談中，安德魯詳細描述他的母親。「她在場的時候，我總是覺得自己很弱小，」他告訴我，「就連現在想到她，我都覺得自己很渺小。我喜歡嬌小的女人，她們能讓我比較有安全感。我不是特別害怕自己的無能，但我也不想活在恐懼中，我害怕她們未來有一天會變成我媽媽那樣子。」

就這樣，我們把整件事帶回了犯罪現場：還是個孩子的安德魯，曾遭受母親的羞辱。安德魯的媽媽是個身材高大的女人，自從丈夫離開後，她獨自撫養四個年幼的孩子。她將自己的沮喪與挫折都發洩在孩子身上。從那時候開始，安德魯對身材高大的女人心生惶恐。由於這份恐懼感，讓他在心裡構建出一個理想女人的形象：苗條、嬌小、屁股小——至少看起來是和他媽媽相反的。

藉由同理心的引導，安德魯不再表達一些表面的說法和概括的判斷來面對問題，他對自己原本的認知與想法有了全新的認識，也看清楚他是如何把過去和現在混在一塊。他明白且接受：嬌小的女人並不會改變他的過去，而一個身材高大的女人，也不一定會重複他年幼時的生活模式。透過重返犯罪現場，他開始把他原本意識不到的過去擺在一邊，從宛如夢魘的過去走出來。

當我們準備睜大眼睛，開始觀察人們理想形象背後的真實時，通常會先盯著和注意到那些「不好的部分」，然後忽略「好的部分」，於是同理心所面臨的挑戰便會隨之增加。此時就進入了令人費心與困擾的「兩極化」階段。

親密關係階段二：兩極化

現實情況的那一面，會讓我們構建的形象出現裂痕。突然間，我們看到了在「理想化」階段中被忽略的不完美之處。之前，「形象式的愛」蒙蔽我們的雙眼；在視野變清晰之後，我們看到伴侶身上那些惱人的習慣、身體上的缺陷和情緒上的缺點。我們會瞬間意識到，曾經被我們理想化的那個人原來笑起來聲音那麼大、總是打斷別人說話、講些不合宜的笑話；他還喜歡做出負面且偏執的評價；不需要他說話時他總愛插嘴，需要時他卻像個木頭一樣沒有任何意見。有時他根本不需要性，有時雙手壓根離不開我們的身體、大吃豆腐；他太會流汗、腳臭、有口臭或牙齒參差不齊……。

當處心積慮建構出來的理想形象開始出現裂痕時，我們會發現自己總是妄下定論的判斷，且以偏概全的處理問題：他很過分，她很懶，他很被動，她個性太有攻擊性，他從來不主動做事，她的想法總是在變，他有潔癖，她很邋遢等等。

卡羅琳會對對方產生兩極化的看法，原因很明顯，因為她突然發現自己一直理想化的那個男人，並沒有如她以為得那般完美。於是她倉促做出判斷：對方講的笑話都很低俗，他對做愛也是敷衍了事，他不關心她的需求和渴望，他的溝通技巧非常有限，他很無趣、自私、冷漠、想法淺薄等等。

卡羅琳不斷細數某個人的缺點，落入以偏概全的成見。「不僅僅是這個男人，」她會告訴我，「是所有的男人，他們都是如此。到頭來都一個樣。」這種概念化的想法會不斷擴大，直到涵蓋卡羅琳的全部世界，也包括她自己。「我真是個白痴，我總是如此，我為什麼就不能記取教訓呢？」她會說，「我是怎麼啦？我為什麼不能多瞭解一些呢？我的生活如此淺薄、表面化，所有的事情只有表面能看。我想我應該要面對現實——我就是不會處理任何人際關係。」

當初在理想化的階段裡，卡羅琳在別人呈現的鏡子中看著她自己，鏡中的自己是美麗無瑕的。但是，當情人的形象開始破裂時，她對自己的形象也開始產生裂縫。卡羅琳害怕自己的理想形象破滅，認為這會暴露出自己的脆弱和不完美，於是她會結束這段關係，並開始另一段戀情，再次陷入「理想化他人」、同時「被他人理想化」的過程之中。

關係中的兩極化階段，可能會出現既混亂又令人困惑的現象。但是，如果用同理心來指引方向，就能學會如何面對現實，並勇於承認每個人都有弱點和瑕疵。認知到這點後，我們將會面臨挑戰，因為我們要釐清雙方的不足，認清我們能改變和不能改變的地方，然後決定自己願意把多少時間和精力投入到讓自己改變和成長的過程中。此外，當認知到不同的人有不同的生活方式後，我們就可以透過同理心來判斷自己是否能適應不同的人生觀，並判定他人是否願意改變他們的觀點來包容我們看待人生的方式。

如果缺乏同理心，我們通常只會儘力保持現狀，忍受著顛簸的路程，卻不太知道自己具有解決問題的能力。或者，會像卡羅琳一樣，突然結束一段關係再重頭開始新戀情。如果沒有同理心來為親密關係指引道路，就無法從兩極化階段發展到整合階段。

在人際關係的過程中，兩極化階段的主要特徵就是一般化、非黑即白和投射作用。

一般化

一位五十一歲的男士絕望地寫了封信給安．蘭德斯（Ann Landers）尋求建議。他解釋，他的妻子是一個結過三次婚的女人，這個女人總是把男性當成攻擊的對象，這對他來說是個很惱人的壞習慣。他的妻子忍受不了他的男性朋友，也總愛取笑女兒的男朋友。她似乎只有在同情「受到男人傷害或被錯誤對待」的女人時，才會感到快樂。每次聽聞玩弄女性的男性、色狼、賭徒或是醉漢的故事時，她總會說：「典型的男人。」一個鄰居帶著新養的小狗來拜訪時，鄰居好心提醒自己的小狗好像不太喜歡男人時，他的妻子則說：「真是聰明的狗狗。」

「我該怎樣做才能讓她明白，她不停地攻擊男性的行為，已經影響到我們的關係了？」他提問。

蘭德斯在回信中詢問這個男人，在決定娶這個女人之前，為什麼沒注意到她有這些負面想法。建議讓妻子知道她的評論對他的傷害有多大；蘭德斯還建議，他太太應該去做心理治療。

蘭德斯沒有提出很長、很詳細的答覆，但是如果從同理心的角度來說，我希望能多瞭解這名妻子過去與其他男人的互動。一個人的憤怒通常會和長期遭受到的屈辱有關。在她的生活中，她受過男人哪些傷害？她是什麼時候開始把所有的男人都歸為一類？把男人們一般化的方式能為她帶來哪些慰藉？她過去是在什麼情況下沒有被同理心對待？

回答這些問題是需要花些時間的，但是，透過在找尋答案的過程，就可以發現事實的所有真相。這名妻子如果有被同理心地對待過，就會知道當自己大剌剌地將丈夫和其他男人混為一談時，對丈夫來說是件很受傷的事。

找尋答案的過程裡，也能幫助這名丈夫理解：妻子的負面想法是因為她看待事情的視野十分受限，而這樣的觀念唯有在人們沒有得到同理心式的對待時（沒有人準確、富有關心的理解和回應她的想法和感覺）才會產生。然後，同理心會幫助自己面對現實，找到解決的方法。過去到底是什麼經歷蒙蔽了他的觀察，讓他看到如此明顯的問題卻視而不見？他的妻子會願意改變嗎？或者她的想法是否已根深蒂固到根本不會願意做任何嘗試來修正呢？如果選擇牽就妻子，最後會損害到他個人的利益嗎？

如果不試著深入探索靈魂，就無法得知這些問題的答案。雖然同理心通常能讓我們不會投入太多精力在一場注定失敗的戰役中，但有時候我們還是會在所有的訊息都指向「離開」時選擇留下來。許多年以前，我跟一對正在考慮離婚的夫妻一起工作，當時我還很年輕、很天真。丈夫坦率地承認他對妻子已經「沒有浪漫的感覺」。雖然明知他的感覺是不會變的，她還是決定要繼續一起生活。他們都很聰明，而且有很多共同語言：討論時事，閱讀經典書籍，聽波士頓流行交響樂團的音樂會，看戲劇表演。他們決定這樣生活在一起，雖然不再是性伴侶，但他們的關係中還有很多其他的力量能把他們連結在一起。

我當下隨即表達出我的看法，覺得這位妻子是在勉強接受一段最終會讓她不滿意的關係。之後的某一天，這位妻子對我說：「我知道你很失望，或許等你到我這把年紀時就會明白，性儘管重要，但有些事情的重要性可能勝過它，例如兩人相處時的品質。」

同理心不會輕易將我們的想法和感受貼上「好」或「壞」的標籤，而是會把我們曾經遭遇過的經驗加以整合，隨著每一次的新體驗和觀點而發生改變。唯有透過同理心，我們才能知道自己是否願意面對對方的全部，還是決定重新開始另一段新戀情。

這裡的關鍵是，不要進行一般化的理解，同理心是必須知道這個特定的人或情境裡的實際情況是什麼，而不是普遍性情況。同理心會提醒我們，並沒有所謂的「典型的男人」或「典型的女人」。每個人都是獨特的個體，無法只用一種規則來以一概之。

但是，隨著我們承受壓力、感到疲憊、覺得困惑或不知所措，就很容易會以偏概全。因為把事情分門別類，對我們來說是比較容易的做法，這樣就不用花很多力氣去瞭解具體情況。當我們說「所有的男人都不值得信任」時，就不需要努力解釋為什麼有些男人可以信任，有些不能信任；當我們說「男人來自火星，女人來自金星」時，是用整齊劃一的方法把世界所有的人都簡化成一個概念；「男人總是頻頻退縮，女人總想積極投入」也是一句過於簡化的說法，試圖用十六個字總結男人和女人之間的差異；「女人喜歡在做愛前溝通，男人就只想做愛」，可能是一種普遍現象，但並不一定適用於所有人；「男人最多的情緒是憤怒，女人最多的情緒是傷心」，是另一種一般化的描述，雖然符合部分事實，但顯然不足以描述全部的情況。

雖然透過一般化來處理和簡化這個世界可能還不錯，但心理學家維基．赫爾格森（Vicki Helgeson）的研究顯示，太過遵從某些刻板行為可能會危害健康。在赫爾格森的研究中，傳統的男性善於競爭和具有強烈敵意，讓罹患嚴重心臟病的機率高於相對不具有攻擊性和不愛爭論的男性；符合典型自我犧牲精神的女人，罹患心臟疾病的機率也較高。由此可見，把自己歸到某種文化裡的刻板類型中，顯然會造成不利健康身心的失調狀態。

同理心能夠幫助我們瞭解事情的全部真相。不夠全面的真相只能呈現出一部分的事實，只觸及到事實的表層。人們都渴求與他人產生一種深層的連接（我們稱之為親密感），實現內心和心靈的自由融合。只有在這種深層的關係裡，我們才能感覺到自己是被理解的，整個人是真正地被愛著，所有的瘡疤與瑕疵也能被另一半接收。

非黑即白

一般化的作用會導致非黑即白的現象：要麼你愛我，要麼你不愛我；要麼你跟我站在一邊，要麼就是反對我；要麼你接受我現在的樣子，要麼就去找別人，因為我是不可能會改變的。

非黑即白的行為把世界簡化成黑或白兩種情況，這會把同理心排除在外。同理心總是遊走在灰色地帶，其模糊性決定了它能將人的複雜之處考量在內——我們既可以很扭曲，也能直接；可以有偏見，也可以很寬容；可以感恩，也會貪婪；可以誠實，也會騙人；可以寬恕，也會怨恨；可以抱有希望，也會深感絕望……同理心能幫我們察覺其中的矛盾，並進一步思考「為什麼」：為什麼我會如此混亂？為什麼我有時候很善良，又瞬間變得殘酷？我為什麼要改變？為什麼不應該改變？

在同理心的世界裡，永遠都會為現實生活中的複雜多樣保留可能性。同理心能讓我們敞開心扉，釐清各種相互衝突的感受。而這麼做的結果往往讓情況更加清晰。當我們能接受世界裡的自己和其他所有人都不是非黑即白，而是如同我的一個患者描述的「灰色地帶」，那我們便能拋開僵化的成見，建立更具彈性、更靈活、更有互動的關係。我們要意識到，將人分門別類是錯誤的，要願意花時間與精力把每個人都視為獨一無二的個體。藉此，同理心就能對差異產生包容，也能增強「在自己的世界裡容納不止一種觀點」的能力。

想避免非黑即白這種兩極化思維，就得學習兩者兼容的態度。事實上，我們的個性都是多元且非單一的，這就是人類的本性。每個人都是獨特的，是與眾不同的，也都是平凡的。在瞭解這點後，就能體會到謙卑的感覺，同時會意識到我們不可能十項全能。「你想成為什麼樣的人？」這是同理心可以深入靈魂的問題。「你打算如何達到目標呢？」這是同理心最衷心的回應。

同理心不會主動提供答案，但是它會一直督促你更深入地去尋找答案。既然我們還沒有成為自己想要成為的人，顯然就還有很多事情要做，那下一步應該怎麼做呢？認識自己的歷程，也是建立親密關係中最核心的一環。

摔倒後再站起來，是生命中一連串的歷程。同理心驅使我們拍拍身上的灰塵繼續前行，尋找真實與理想之間的平衡點。在那裡，我們既能接納現在的模樣，也能接受想成為的樣子。如果能謙卑地接納不完美的（卻是真實的）自我，我們也就學會了如何接納他人的不完美。謙卑使人學會包容。能接納自己的衝突和複雜，也就能接納他人既相似卻又有所不同的混雜狀況。

同理心需要彈性，這是同理心最主要的特質之一，能讓我們充分思考改變和轉化的可能性。就像心理學家莎拉・霍奇斯和丹尼爾・韋格納的研究中所描述的，同理心包含了「徹底的轉變」。

去同理一個身陷特定處境的人，不僅僅要改變我們受限於特定時空下發展出來的觀點，還牽涉到改變我們對這個人在該處境裡的判斷，改變對相關事件的記憶與情緒反應，改變自身對這個人的特質和目標的基本認知，甚至最後，也必須改變對自己的看法。

投射作用

「你在生我的氣嗎？」五十二歲的德里克是一名執業的會計師，最近剛和妻子離婚。

「沒有，」我坦誠地回答，「但是你能告訴我，為什麼你會認為我在生你的氣呢？」

「嗯，你走進等候室的時候，看起來是在對我生氣。」德里克說。

「是嗎？」我問道。我是真的感到很有趣，而不是要質疑他的感受，「你剛剛注意到什麼了？」

「我注意到你沒有看我的眼睛，」他突然緊皺眉頭接著說：「我又想了一下，我其實也不知道為什麼會覺得你在生我的氣。可能跟上週的治療有關吧，我覺得上週的諮商進行得不太好。」

「怎麼說呢？」我問。

「上週的諮商裡，我覺得你是在責備我，而不是責備我太太。」

「所以你感覺到自己被指責了？」

「我之前很生氣，因為你沒有站在我的立場替我想，」他說，「我很不開心，我很氣憤。我覺得現在我還在生你的氣。」

在這次的互動中，我的患者相信我在生他的氣，然而事實上，是他在生我的氣。這便是「投射作用」：在他人身上看到了你不想在自己身上看到的一些想法、情緒和行為。我的患者把他的憤怒投射給我，因為這個情緒對他來說太過強烈，他不知道該如何處理。

投射作用通常是無意識的。心理學家多半稱為「投射性認同」，也就是說，當我（投射者）把某件事和你視為一體，那麼我便不用審視或評估自己，於是就可以對此抱怨。投射作用是一種防衛機制，但最後會轉化為自我攻擊的行為。當我們在進行投射作用時，是試圖否認或拒絕自己身上的某些行為或反應，而將這些不想要的行為或反應連結到他人身上。投射作用與關係理想化階段中的「形象式的愛」相當類似。在「形象式的愛」裡，我們會把情人當成完美的伴侶，是能使自己獲得救贖的理想人選。但是當我們意識到情人不是那麼完美，或根本沒有人會來拯救自己時，就會開始責怪情人（或其他人）的所有一切。也就是說，所謂的投射作用，就是把自己的問題加強在對方身上，然後責怪對方使我的生活變得如此艱難。

但是，「投射作用」和「形象式的愛」最後都會招來反效果，因為它們會讓人偏離事實、遠離真實的自己，也遠離我們在乎的人。最後，當發現理想化的形象破滅時，我們會感到十分痛苦，因為那些破滅的形象會直接反射到我們自己身上。只有透過同理心，我們才能直視那面破裂的鏡子，學會接納不完美的他人和自己；我們才能確認，鏡中的反射只是一部分的我們而不是全部；我們才能堅持且全心的付出，將這個形象變成與現實相符的面貌。

卡羅琳總是在尋找理想的情人：外表帥氣、有謀略、清楚自己的人生目標、努力不懈，甚至有時擁有為達目的不擇手段的能耐。完美，也是卡羅琳對自己的終極目標，卡羅琳總是督促自己要做到完美，要找到理想伴侶。於是她會嘗試最新的節食方法，衣櫥裡掛滿昂貴的衣服，逼自己每週慢跑至少三十英里……。

在我剛開始替卡羅琳進行心理諮商時，她也把我塑造成一個理想化的人，然後用微妙卻容易造成誤解的方式來尋找我的認同。我試著以同理心和她溝通，表明我真正感興趣的是真實的卡羅琳，而不是她用心去建構的完美性感形象：總是舉止得宜且達到別人的期望，臉上總是畫著精緻的妝容。我想要認識並理解的是真實的卡羅琳，那個在一層層漂亮但膚淺的外殼下，活生生、渴求著、希望著、也絕望著的真實的人。

我希望透過同理心讓卡羅琳增加自我形象，並用寬闊的態度面對她的人生。我試著幫她把評價自己的方式，從「自身的價值來自於別人對她的期待」，轉變到「她能發現自己最有價值之處」。我是誰？我到底希望從生命中得到什麼？這些都是藉由同理心能挖掘到的最引人關注的問題。藉著同理心，卡羅琳學會了向自己的內心探索、尋找答案，而不是讓別人告訴她到底她是誰。

在這段同理心作用的過程中，卡羅琳還學會了看到自己的價值，並相信自己的直覺。這就是心理學家羅傑斯稱之「成為一個人」的過程。他寫道：

一個人會逐漸發現，所謂的評價是發生在自己身上。他會越來越不在乎他人是否贊同自己、去達到他人的標準，讓他人代替自己做決定或選擇。他將會意識到，所有的決定都得靠自己面對與處理，唯一的重要問題就是：「我現在的生活方式，能否讓自己深感滿意？什麼樣的生活方式才能真實表達自我？」我認為對於每個有創造力的個體來說，這些問題才是最重要的。

在認知到自己不完美的過程中，同理心會帶領我們走出關係裡的兩極化階段。我們對自己的缺陷將會有更深入的瞭解，想當然耳，其實別人同樣有著許多有待加強的地方。這個持續不斷地認識自己、認識對方的過程，能幫助我們建立健全的人際關係。在這個過程中，同理心會幫助我們認識自己是誰，我們是怎樣的人（不完美地），以及如何與他人產生連接的。

這個理解、接納和做出改變的過程做起來並不容易。當患者鑽牛角尖、需要接納和寬恕的時候(例如:「你知道的,我不完美」),我的工作就是要幫助他們認清情況,並把注意力聚焦在他們能夠改變和成長之處。我可能會跟一個注意力很差的患者說:「我知道你為什麼心神不寧,但是我希望你在我說話的時候,把專注力放在這裡。」我可能會跟一個拒絕為自己的行為負責的患者說:「你已經很努力了,但是只要你一直拿自己的問題去責怪別人,我相信你的進展會非常緩慢。」

賴瑞.麥可莫特瑞(Larry McMurtry)的小說《寂寞之鴿》(*Lonesome Dove*),描述兩個年事已高的牛仔柯爾和奧古斯塔斯,聊著他們面對錯誤時的處理方法。柯爾說會儘量避免做錯事,因為如此他就不用擔心承認錯誤;奧古斯塔斯總是提醒著,不管你是否承認,我們每個人都會犯錯。

> 「你確定自己一直是對的?不管別人怎麼說,對你來說並不重要。我很高興我犯的錯誤足夠多,能讓我不斷學習改進。」
>
> 「你為什麼要讓自己一直做錯事呢?」柯爾問,「我認為你應該要避免犯錯才對。」
>
> 「你無法避免的,所以最好的方式就是學習如何處理錯誤,」奧古斯塔斯說,「如果你只犯一兩次錯誤的話,那你就會感覺到非常痛苦。而我則是每天都會面對自己的錯,所以

只是輕微的感到不適罷了。」

「面對自己的錯誤」是保持進步的第一步。而同樣重要的第二步，是試著改變可以被改變的部分。如果我們只是不斷地責怪他人、說謊、欺騙、不好好傾聽他人或做事總是以自我為中心，就無法看清自己的不完美。我們必須做出改變，認清自己的缺陷。這些不完美會成為我們力量的來源，成長的動力。只有接受了我們其實還有很多地方有待加強，而且一輩子都在改進，才能達到成熟、能隨時調整的階段，也才能擁有自我轉變的愛情：整合。

親密關係階段三：整合

整合之愛（integrated love）是我們所渴求的愛，因為只有這種愛才能夠填補內在的空洞。在關係的「理想化階段」，我們希望並祈禱理想的對方能填補這些空洞；到了「非黑即白階段」，我們意識到（經常是伴隨著痛苦的嚎叫）對方不是那麼理想，而且他還有自己的空洞要填；在「整合階段」，我們就會透過坦誠的互動、符合現實的預期和對彼此的務實誠心尊重，來增進雙方成長，並且為感情許下承諾。

整合之愛是相互同理的產物，這個過程你們既需要有融合的意願，也需要有能力再次分為兩個個體。你可以選擇全心全意地站在對方角度為對方著想，但最終將回歸到真實的自我，重新思考問題的答案。精神病學家珍・貝克・米勒（Jean Baker Miller）和心理學家艾琳・皮爾斯・斯蒂弗（Irene Pierce Stiver）在她們的著作《關係的療效》（*The Healing Connection: How Women Form Relationships in Therapy and in Life*），強調了相互同理的力量，她們把這項能力定義為：在關係中所有成員的真正想法和感受融合為一。書中提到：

> 因為每個人都能接收到對方的想法和感受並做出回應，所以，每個人不但擴充了自己的感受和想法，而且也擴展了對方的感受和想法。與此同時，每個人在這段關係中都實現了成長。

同理心使我們睜開雙眼，看到原先看不到或沒注意的地方，也藉此擴展我們的世界。只有在相互同理的激勵之下，才有可能達成整合之愛。那麼，如何才能在關係中建立並維持相互的同理心呢？下面的三個建議或許會有幫助。

多評價自己的理論

一段好的關係應該是什麼樣，我們都有自己的一套理論（心理學上有時把它們叫作認知地圖）。我們都會依賴這些理論，嘗試梳理任何一段親密關係中發生的糾纏和混亂。這些理論就像地圖一樣，能指明我們在哪裡偏離了方向。這些理論通常都很簡單，都源自於普遍的假設演變而來：

- 相愛的人不應該吵架
- 永遠都應該是男人追求女人，男人不會尊重追求他們的女人。
- 女人用語言來說「我愛你」，男人可能會用行動來表示。
- 男人受制於性，女人受制於關係。
- 男人不會傾聽，而女人都是好的傾聽者。
- 好的關係裡都有一份無條件的愛。
- 健康的性生活是婚姻幸福的基礎。
- 如果我無法從一而終，那這段關係本身就出了問題了。
- 母親的主要職責就是待在家裡帶孩子。
- 父親的主要職責就是賺錢養家。

這些單一面向的理論往往只呈現一條直接又狹窄的路徑：只要稍有偏差，結果就會讓我們大失所望。比如，雖然充滿激情的性生活對很多夫妻來說都很重要，但也有許多婚姻幸福的人對性生活並不那麼在意；如果我們接受「男人有時候也希望女人是追求者，女人有時更想去追求他人」的事實，那麼「永遠都應該是男人追求女人」的理論就不攻自破；雖然無條件的愛很美好，但如果這份愛裡的另一半對你很粗魯又不夠尊重呢？如果自己因此在情感或身體受到傷害，那就不是同理心式的關係了。同理心的本質是：堅信並強調「尊重」是每一段關係的基礎。

卡羅琳秉持女人應該取悅男人的理論活了很多年。身陷在這個理論裡，她給自己的空間變得相當有限。所以，她幾乎沒有任何犯錯的餘地，每當做了讓對方生氣的事情時，她就會感到十分焦慮。當我們明白這個理論源自於酗酒的父親後，卡羅琳終於放下這個執念，並終於能夠自由自在地做自己，以更開闊的觀點面對周遭的環境。如此她才能開始真正培養一段正常的親密關係，而對方也會用同樣開闊的觀點欣賞她的一切特質。

勿自滿

當關係穩定發展的時候，我們會變得自滿得意；在有了自滿後，就不那麼積極地投入同理心了。

「我知道妳是怎麼想的。」一個五十歲的男人面對妻子，兩臂抱在胸前，這個姿勢儼然在說我們談完了。

「你怎麼知道我是怎麼想的？」他妻子回覆，氣得臉通紅。

他洋洋得意地咧嘴一笑：「當然很清楚啊，我已經跟妳生活二十五年了，我現在都猜得出妳是怎麼想的。」

「你一點都不瞭解我，」她語調冰冷地說，「你從來都沒有，也永遠都不會瞭解我。」

他突然間很困惑，覺得被誤會：「我只是在說我對妳非常瞭解，有什麼不對嗎？」

這種「我知道是怎麼回事」的方式，可能會毀滅一段關係。不管在心理治療中還是現實生活裡，我從沒見過有人可以預測到各種行為，或他人的所有想法和情緒都可以被預見。不管你已經和一個人生活多久，你都無法瞭解對方的全部，因為人是一直會改變的。同理心也是鼓勵人們成長與改變。

某年夏天，我和太太還有一位老朋友瓦萊莉一起在海邊吃午飯。我們吃的是附近熟食店裡的火雞三明治，她們倆都在想，我會不會很想念平時常在吃的鮪魚三明治。「我從沒見過誰那麼喜歡一種食物，每天都要吃。」瓦萊莉說。

「我不喜歡鮪魚。」我說。

我太太和瓦萊莉一臉詫異地看著我，異口同聲問：「那你為什麼每天中午都吃啊？」

「因為對身體好。」

這說明了即使是認識多年的人，對方仍可能在某些時候說出令我們大吃一驚的事。在治療中，我會建議患者尋找讓自己驚喜的事，像是問問另一半對生活中經歷的大事（送孩子上大學，面對更年期，年邁父母的長期臥病，邁入四十歲、五十歲、六十歲或七十歲）和小事（聽朋友一直抱怨她丈夫、小孩子的情緒問題、遇到粗魯的人時忍住自己的憤怒和沮喪）都是怎麼想的。生活中充滿了挑戰和變化，即使是最親密的朋友往往也會讓你大吃一驚的。所以，多去傾聽，而不是理所當然地以為你知道對方所想。

留意「認知混淆」的問題

認知混淆，有時叫作界線不清，特徵就是自我和對方邊界的混淆。如果你和我是一體的——有人會說這是親密關係的最終目標——那你在哪裡結束，我又從哪裡開始呢？同理心能幫助我們認知且理解，雖然你和我是一體的，也還是（而且是必須要保持）兩個人。即使在最親密和相愛的關係中，我們總是要退回各自的世界裡。在了解這一點之後，同理心便能指導我們擴展自我，並讓我們坦然的做自己。

這裡的重點是「相互依賴」。我們知道彼此是兩個分開的個體，但也明白兩人會再成為一體。而當瞭解到彼此會再聚在一起時，就能讓我們容忍並享受著兩人分開的時刻。倘若同理心存在彼此的關係裡，那麼當獨處時，也會感到舒適和安全。

我高中的時候，在一次美式足球比賽中我觸地得分後，朝觀眾台看去，想像著父親會把帽子拋到半空中——他有時候是會這麼做。那天晚上我回家時，母親告訴我說父親還在工作，傢俱出貨有些問題，所以無法去看我的比賽。當我聽到後，心情開始沉重的同時，我也在想：如果比賽當下我知道他不在現場的話，我還能觸地得分嗎？

今天我總算知道問題的答案。我父親已經過世十二年，但我仍舊想像他還在我身邊。在一天當中，我很多次都感覺到他的存在。例如，我每週至少跑一次長跑。我有關節炎，跑了幾英哩之後會開始感到疼痛。這時我會跟自己說，我能做到，雖然有時候真的痛得很厲害，也沒把握是否能繼續跑下去。然而就在那個時候，我總能感覺到父親就在我身邊。彷彿可以聽到他在為我加油的聲音，告訴我他相信我辦得到。當我繼續邁開步伐，疼痛也隨之消失了。是的，父親雖然已經過世，但他的精神依舊陪伴著我。

猶太大師作家馬丁·布伯（Martin Buber）的哲學冥想，總是能撫慰我。當布伯討論「我—你」關係時，我認為他就是在說同理心，尤其是當一段關係中有同理心在做引導，且其中發生了融合和分離。

> 人必以其真性來傾訴原初詞「我—你」。欲使人生融匯於此真性，決不能依靠我但又決不可脫離我。我實現「我」而接近「你」；在實現「我」的過程中，我講出了「你」。

「在實現我的過程中，我講出了你」，是同理心的一種有力表述。**發展出自我的意義，就是為了把自我放在與他人的關係當中。**生活全都與關係有關。就像布伯所說：「凡真實的人生皆是相遇。」同理心能讓我和你之間的相遇得以完全實現。識別出他人的情緒，讓我們接收到他人的想法和感受，仔細傾聽他人說出的話語，也要留意言語間的沉默，觀察他人的臉部表情和肢體動作，安撫自我，學著如何表達自己的感受……這些同理心的行為就是友情、親密關係和愛的基本元素。下面的古老故事講出了同理心在產生和維持愛時所發揮的作用。

薩索夫的莫什·萊布（Moshe Leib）探尋什麼是愛。當時他走進一個小酒館，聽到一個喝醉的農民問另一個農民：「你愛我嗎？」

「我當然愛你，」第二個農民回答，「我像兄弟一樣愛你。」

但是第一個人搖搖頭，堅持說：「你並不愛我。你不知道我缺少什麼。你也不知道我需要什麼。」

萊布明白了：「要知道別人的需要，就要背負他們的悲傷，這才是對人真正的愛。」

在無數的諮商中，我曾經一次又一次目睹伴侶間發生過的類似互動，兩個人彼此相愛，卻不明白或不知道該如何完全表達自己的感受，如何全心地進入對方的感受中。

「你不愛我。」一個人會說。

「我當然愛你。」另一個說。

「但是你都不知道我缺少什麼，你也不知道我需要什麼，你甚至都不知道我是誰。你怎麼能說你愛我呢？」

同理心能給我們所需的洞察和訊息，以理解他人的需要，分享他們悲傷之深、喜悅之強。如果沒有同理心賦予的相互理解和行動力，愛就只是一個沒有意義的簡單詞彙。同理心，會讓愛有高度、重要性和平衡；同理心是愛的血與肉，不但有顆跳動的心臟，更蘊藏著不斷探索的靈魂。同理心，讓真正的愛存在著。

第7章

同理心的黑暗面

藉由感受他人痛苦來享受折磨的快感

同理心能幫我們感應到危險。對於那些想要矇騙、操控和傷害我們的人，同理心能讓我們看透他們的內心和想法。

某天午後，在一個大城市裡，一個二十七歲名叫凱莉的女人，手上拎著幾袋生活日用品，正準備走進自己的公寓。此時，她發現公寓大樓的大門沒有上鎖，這讓她感到憤怒，為什麼大樓的住戶都不在乎安全啊？她走進大樓後鎖上大門。她得爬三層樓才能到家，手上的袋子突然有一個破掉了，幾個貓罐頭就掉到樓梯上。

「我來幫妳拿吧。」一個男人的聲音這麼說。

「我不喜歡那個聲音。」凱莉心想，這個聲音聽起來有點不對勁。

一個看起來友善、面帶微笑的年輕男人撿起地上的貓罐頭跑了上來，並主動要幫她拎那些很重的購物袋。她禮貌回絕對方。

「妳住在幾樓?」年輕男人追問著。不知為何,凱莉並不想回答,但是她又不想表現得沒有禮貌。

「四樓。」她說。

「我也要去四樓。」年輕男子說話的同時,伸手要幫忙接過她手裡的袋子。凱莉再次回絕,並堅持說她自己拿得動這些東西。

「妳這樣會讓人覺得太傲慢了。」年輕男子說。

儘管心有疑慮,凱莉還是遞出購物袋。她腦子裡閃過的想法是:我不想成為那種疑心病很重、不管遇到誰都會帶著懷疑眼神看待對方的人。凱莉站在自己公寓的門口,向年輕男子表示感謝;然而他卻從她身邊擠了過去,說自己把購物袋放下就走。

這名年輕男人進入廚房,把東西放在桌上。再轉過身後,臉上的笑容不見了。他掏出一把槍,然後強暴了凱莉。事後,年輕男子穿上衣服,拿起那把槍,警告她待在原地。男子保證不會傷害她,等他到廚房裡喝杯水就會馬上離開。

就在此時,凱莉第一次感覺到自己有生命危險,她感到真正的恐懼。凱莉盯著男子的每一個動作,所有的感官都處於高度警戒狀態。男子在往廚房走的時候,看了一眼手錶。之後花時間將開著的窗戶都關上,並且打開音響、轉大音量。男子轉身看了凱莉一眼,告訴她別那麼害怕。他又一次保證不會傷害她。突然間,她意識到——腦袋裡沒有一絲懷疑

——男子打算殺了她。

她從床上起來，把床單裹在身上。那個強暴犯在廚房裡翻箱倒櫃，似乎想找什麼，後來證明他是在找刀子。凱莉悄悄地走出家門，穿過大樓的大廳，並打開一個鄰居家的門（她知道那戶人家的門沒在上鎖），走進去之後，她把食指放在嘴唇上示意鄰居不要出聲，然後把門鎖上。

這就是加文．德．貝克爾（Gavin de Becker）的暢銷書《求生之書》（*The Gift of Fear*）的開篇故事。加文．德．貝克爾解釋說：「恐懼是凱莉的盟友，準確地告訴她應該怎樣拯救自己的生命。當她最後聽見內心的恐懼時，她就能夠辨識出暗藏的危險並從中逃脫。」恐懼是人類與生俱來的天賦，就如同加文．德．貝克爾為恐懼一詞下的定義：「它就像一名聰明的內在守護者，隨時準備著提醒你所面臨的危險，並能指引你脫離險境。」

同理心如何救了她一命

我相信這個故事帶給我們的不只有恐懼本身的意義。我覺得在這次的意外中，真正拯救凱莉性命的不是恐懼，而是同理心。同理心是她恐懼的源頭，是促使行動的動力來源。是同理心，而不是恐懼，給了她洞察力，讓她採取行動拯救自己的性命。更重要的是，同理心所產生的洞察力，確實能夠保護自己和所愛的人免於受人操控、欺騙，甚至是傷害；然而我們必須瞭解：同理心同樣被男子拿來對付凱莉。在這次暴力事件中，同理心既是武器也是一種防衛，而加害者和被害人都用到了同理心。最後，由同理心能力更強的人獲勝。

讓我回到故事的開頭，試著以同理心的觀點分析其中脈絡。加文．德．貝克在書中提到的強暴犯，很可能已經盯上凱莉好幾天，甚至好幾個星期。他跟蹤她，觀察她的一舉一動，仔細評估她可能的弱點，再加上自己的本能直覺、內心的飢渴，和高漲的腎上腺素作用，精準挑選了一個正確的時機採取行動。

「同理心」正是這個強暴犯最強有力的工具，比他手上的槍和廚房裡找到的刀子都更強大。這名男子利用同理心所引發的作用，從凱莉的臉部表情、走路方式、跟朋友聊天的習慣以及與陌生人互動的方式中，成功「讀懂」凱莉的想法和情緒。這名男子觀察凱莉的言行舉止，得知她是一個人住，還知道她個性怯懦膽小，而且很沒有安全。透過事前的暗中觀察，男子極有自信的確信，凱莉對一個熱心且友善的陌生人的幫忙，必定會不好意思拒絕。或許這名男子曾經看過她對街上的陌生人微笑，或從她靦腆卻真誠的笑容中推斷她應該是個很容易掌控的人。

憑藉同理心所產生的洞察力，這名強暴犯瞭解且能預測凱莉的反應，並成功讓她按照自己的想法來行動。他先偽裝成一個好人，再用特定的詞彙和語言來動搖凱莉的自信，男子一步步瓦解凱莉原本的防衛心。

「妳這樣會讓人覺得太傲慢了。」當男子在樓梯間偽裝成想幫凱莉的忙而遭到拒絕時，他對凱莉說了這麼一句話。這句話成功動搖了凱莉，干擾她的自我認知，因為這句話在暗示著凱莉看起來是個傲慢自大的人。凱莉不想讓自己成為與世隔絕的女性。傲慢自大是大多數社會文化中不鼓勵的一種性格特徵，尤其對女性而言更是如此。現今許多人還是普遍存在著守舊的固有觀念，認為女性應該柔軟順從、百依百順，而且要心胸開闊，信賴朋友和周遭的陌生人。

儘管我們早就認為「女性應該溫馴柔順」的形象已過時，但這位強暴犯巧妙地利用文字遊戲刺激了凱莉脆弱的心靈，使得她的同理心無法發揮保護作用。失去了同理心的引領，儘管線索如此明顯，凱莉依舊無法識破男子的伎倆。當她表明說「不」之後，男子仍一再堅持要幫忙時，同理心本來可以讓她思考：「為什麼他根本不聽我的回答？他為什麼非要來幫我？」

藉由同理心，凱莉或許就能理出頭緒，儘管男子看起來很友善，但是真正的好人是不會在妳已經拒絕他的幫忙後還繼續糾纏妳。然而在男子提到「傲慢」一詞時，正好抵觸到她渴望自己給人的感覺是善良、值得信任的，因此削弱了同理心的保護作用。這使得凱莉忽略了自己的直覺和本能，寧可相信男子是出於好心，這個錯誤的決定卻幾乎要了她的性命。

當兩人在樓梯上遇到時，這名陌生男子的同理心能力要比凱莉強得多。但是當男子施暴得逞後，他就掉以輕心了，認為所有事情都在他的掌控之下，於是鬆懈了自己的防衛心。或許男子從以前強暴其他受害者所得到的經驗（後來發現男子已有多次犯案記錄），知道受害者因為過度恐懼而相信他說的話，認為只要自己不要反抗，他就會依照約定不會傷害自己。根據犯案經驗中得到的普遍反應，他可能認為凱莉已經是「囊中物」，以為她現在已經被嚇得無法動彈。因此沒有再把注意力放在凱莉身上。

當他的同理心逐漸消退的同時，凱莉卻重新拾起她的同理心。她盯著男子在自己家的一舉一動，研判男子的想法和情緒，就像男子之前仔細觀察凱莉一樣。凱莉感受到自己正身陷極度危險的環境，因此集中注意力，利用同理的引導猜測出男子的下一步行動。她盯著男子走向窗戶並關起窗；她聽到男子保證絕不會傷害她，然而這實在太沒有道理可言。她注意到男子把音響的音量調大聲，她還聽到他在廚房裡拉開抽屜的聲音。當凱莉將這些線索彙整起來後，同理心在此時幫助凱莉推測出男子的下一步行動——她知道他打算殺了自己。

同理心讓凱莉開始具有洞察力，這份洞察又讓她採取接下來的行動，包括讓她冷靜下來，專心思考自己的恐懼，使自己的思考更加敏銳。同心理一步步將凱莉帶到安全的地方。是同理心拯救了凱莉一命。

希特勒的心理操縱術

從凱莉的故事中可以清楚看到同理心的黑暗面，也可以看到惡意如何地利用同理心來操控他人，打破他們本來的防衛能力。同樣的，同理心能幫我們感應到危險。當身邊的人打算欺騙、操控和傷害我們，同理心能讓我們看穿對方的心思，幫助我們遠離那些可能有害的處境或關係，避免受到傷害。

然而，同理心的黑暗面所產生的威力是非常強大的，尤其是對於脆弱和絕望的人們，它可以是一個威力十足的武器。阿道夫・希特勒（Adolf Hitler）深知同理心的黑暗面所具備的強大力量，他利用自己敏銳的洞察力，發現德國人民的需求和渴望，進而成功操控人民的情緒。希特勒可以在冷血殘酷和煽動人心中來回切換，利用人民對貧窮和恥辱的恐懼，把自己化作救世主、希望的象徵，為人民實現內心的祈求。一九三三年，希特勒在廣播中向兩千萬收音機聽眾演講，他最後帶著宗教般的狂熱激情，講到了愛、恨、名譽和榮耀。

> 我無法不相信我的人民，無法不深信這個國家會再度崛起，無法不熱愛我的人民。我的信念就像岩石一樣堅定，相信那個時刻就要到來。屆時，今天痛恨我們的數以百萬計的敵人，也會支持我們、贊同我們，會迎接我們所創造的、歷經磨難的、不惜代價終將獲得

的偉大、尊嚴、強大、光榮、公正的德意志帝國！阿門！

幾年之後，新聞記者威廉・夏伊勒（William Shirer）描述希特勒在慕尼黑的科羅爾歌劇院（Kroll Opera House）發表了一場激情洋溢的演講後，隨即發生一場騷動。

人群不斷湧現且大聲哭喊著……他們都舉手行納粹軍禮；他們的表情歇斯底里到扭曲變形，大張著嘴巴喊叫；他們的眼睛裡燃燒著狂熱，全心專注盯著這位新上帝，救世主。

一九三六年九月，希特勒在紐倫堡發表「光榮聚會」（Party Rally of Honor）的演講中，他充分展示出利用同理心的黑暗面來製造團結和使命。

不是每個人都看得到我，我也不能看到你們所有的人。但是，我能感覺到你們，你們也能感覺到我！我們心中對這個國家的信念，將我們這些小人物變得偉大……每個同胞都在渺小的世界裡不斷奮鬥、為每日的生計奮鬥、為德意志和這個國家奮鬥著，所有的一切，就是為了能體驗這一刻：現在我們在一起，我們都跟德意志同在，德意志也跟我們同在。我們共同創造了德意志精神！

但是，希特勒在納粹集中營裡，則是運用一個完全不同的策略。他的部屬們利用同理心的黑暗面瓦解群眾。納粹分子從不把囚犯當人看，甚至覺得囚犯不配得到人們給無助動物的關心和照顧；納粹主義的擁護者無非是希望徹底切斷那些能激發出希望、信念和意志的人性。集中營裡最具破壞性的殺害行動，並不是讓幾百萬人喪命的毒氣室，而是完全去人性的可怕氛圍，它讓人們的內心和精神慢慢地因缺乏同理心而窒息。對集中營裡的囚犯來說，處在不斷削弱同理心的環境下，就如同失去氧氣的世界。

這些囚犯唯一的希望，就是彼此之間能相互給予安慰和力量。集中營倖存者艾利．維塞爾（Elie Wiesel）在他的著作《海納百川》（*All Rivers Run to the Sea*），描述集中營裡人與人之間產生的力量，是如何支持人們保有求生意志：

> 如果有什麼能激勵我的話，那一定是我父親……我們相互依賴：我需要他，他也需要我。因為有他，我不得不活下去；因為有我，他也努力維持活下去的動力。只要我還活著，他就知道他是有用的，或許還是不可或缺的。在我的眼中，他還是那個男人、那個父親，一直都是。如果我不在了，他就失去他的角色、他的權威、他的身分。反過來，如果沒有了他，我的生活就沒有了意義和目標。

就這點而言，德國人的心理戰術失效了。他們想讓囚犯們只想著自己，忘掉他們的親戚朋友，只顧及自己的需求。但事實正好相反，只顧及自己的人能活著走出去的機會很小；為了一個兄弟、一個朋友或一個理想的人而活，卻能幫你堅持活下去。對我來說，我能堅持下來多虧我父親。如果沒有他的話，我肯定無法抵抗這一切。我彷彿能看到他邁著沉重的步伐，試圖在我臉上找尋一個微笑，我會回他一個微笑。他就是我的支柱和我的氧氣，我相信我對他也一樣。

只有當我們意識到同理心是支持著我們，並竭盡所能堅持這一點時，才能做到讓想要矇騙或摧毀我們的人無計可施。如果我們只考慮自己，忘記他人的需求，把自己封閉在只關心自己慾望的小空間裡，那我們就切斷了同理心所提供的能量，也脫離了這個充滿意義的世界。

我已經提及好幾個有關同理心黑暗面的極端事例，像是強暴犯，煽動、激情、泯滅理性的戰時演講，集中營的經歷，但是同理心的黑暗面並不一定都是邪惡不堪或生死攸關。黑暗面也經常會以不易察覺的方式滲透進我們的日常生活，它可能在正常情況下被你我加以利用。儘管難以察覺，但不可否認，我們每一天都會體驗到同理心的黑暗面。

最近我翻閱《新聞週刊》（*Newsweek*），看到一幅全頁廣告，畫面是一個漂亮的亞裔女性，她身後那輛車的車燈照著她，她的眼睛緊盯著自己車裡的後視鏡，表情中滿是恐懼和慌亂。

廣告裡用加粗的大寫字母寫著：「有壞人！怎樣避免成為獵物？」下面用較小的字：「妳被跟蹤了。即使轉個彎，他仍然緊跟在後。妳驚恐萬分。該怎麼辦？不要直接回家，因為妳不想讓他傷害妳所愛的人。所以開到明亮且人多的地方吧。」

這個廣告（看起來像是一個公益廣告，還提供一本免費的小冊子，標題叫作「方向盤後的孤獨」），是殼牌石油公司贊助的。結尾寫著「信賴殼牌！」。殼牌在玩弄我們對孤立無援和脆弱無助狀態的恐懼，希望藉此吸引更多客戶——它很有創意地運用了同理心的黑暗面。

在各種平面廣告和電視媒體中，隨處可見這種微妙或明目張膽的操控人性的手法。例如，一對父子正在釣魚，爸爸喝了一口啤酒，兒子湊過來諂媚地笑著說：「老爸，我愛你。」爸爸一下就看穿兒子的心思：「你別以為用這招能拿到我的百威啤酒。」這個廣告有意思的是，爸爸看穿了兒子的計謀。設計這則廣告的人希望觀眾看了之後不僅發笑，還會渴望著想去喝一瓶冰啤酒。而且，喝百威啤酒就表示你是個男子漢而不再是男孩，所以為什麼不來一瓶百威呢？

電台主持人保羅．哈維（Paul Harvey）在他的節目裡，講了一個老太太在超市排隊結帳的故事。這名老婦人在等候結帳時，突然回頭向排在身後的中年男子說，他長得很像她兒子。「他最近去世了。」老婦人繼續說。那名男子表達出他的慰問。她猶豫了一會，然後請他幫個忙。老婦人詢問男子，願意在她離開超市時跟她說一句再見嗎？能用清晰響亮的聲音喊一句「再見，媽媽」嗎？

「我只是想最後再聽一次那幾個字。」她解釋說。

男子被老婦人的真誠微笑打動，於是答應她的要求。當老婦人走到出口時，她轉過身看了男子，此時男子喊出一句：「再見，媽媽！」老婦人向他揮揮手，並對他露出燦爛的微笑，然後就離開了。

收銀員一邊幫男子結帳：一個麵包、乳酪、一加侖牛奶，還有貓飼料。「一共是一百二十六美元。」收銀員親切地說。

「妳一定是算錯了，」男子說，心裡還沉浸在和老婦人互動所帶來的美好感覺，「我就只有這一袋東西。」

「她沒告訴你嗎？」收銀員說。

「誰？告訴我什麼？」男子被弄糊塗。

「你媽媽呀。她說你會為她付錢。」

這個沒有一絲懷疑的男人學到了十分昂貴卻很有價值的一課：同理心的黑暗面可能讓你被那些專門尋找全世界人最善良、富有同情心、又體貼的人所利用，而且在看起來最不可能的時候，不知不覺就用到你身上。聽到這個故事，我一下子就想起了十多年前發生的一件事情，那時我在麻薩諸塞州納提克的萊昂納多．莫爾斯醫院擔任精神科的主治醫師。每天午餐之後，我都要帶一次團體心理治療，成員都是精神科的員工和患者。喬來自新澤西，是這家醫院新來的患者。喬吸食古柯鹼成癮，曾因賭博輸光畢生積蓄，然後開始靠闖空門和偷竊來維持他的毒癮。喬長得很帥，又很健談，很快就和大家打成一片。

就在喬來到這家醫院的幾天後，其他患者開始紛紛抱怨他們病房裡的貴重物品——現金、珠寶、手錶——不見了。在接到第三例報案後，我召開了一次特別的團體會議。

「小偷就在我們之中。」我說。

「嗨，醫師，」喬喊著，「讓我來告訴你這是怎麼回事。」

「這是個很嚴肅的事情，喬，我們沒時間討論其他話題。」我對他很不耐煩。就和醫院裡其他人一樣，我懷疑喬可能就是小偷。

「我是在幫你解決問題，好嗎？」喬說。我點點頭，並對自己的懷疑感到一點自責。

「看啊，這裡的每一個人都覺得我就是小偷，」他繼續說，「別和我說你沒有過這個想法，我就是知道你有。但是我必須得告訴你，只有小偷才能理解另一個小偷。我知道是誰從房間裡偷走東西，是瑪喬麗，那個清潔女工。」

沒人相信喬說的話，因為瑪喬麗是位個子矮小的白髮老太太，六十五歲，脾氣很好，總是給人一種愉悅的感覺。但是，幾週後，我們查出瑪喬麗有犯罪記錄，她不僅是個盜竊慣犯，還販賣過海洛因。

瑪喬麗被抓走後，我把喬拉到一邊，問他是怎麼知道瑪喬麗就是小偷的。他笑得齜牙咧嘴，很高興眼前這位受過高等教育的醫師願意承認自己能從高中輟學的竊盜犯身上學到東西。

「我和她說話的時候就可以分辨出來，」喬解釋說，「你看啊，醫師，這裡每個人都知道我的歷史。那些護士和醫師，他們都不喜歡跟我說話，他們跟我在一起都覺得彆扭。我知道我是個癮君子，還是個小偷。現在我知道你不介意跟我說話，但是你也不是那種我會願意一起去打球的人。從我到這裡的那天起，瑪喬麗就和我一起在外面抽菸。我敢說，沒有一個奶奶級的人會願意坐在我這種身分的人旁邊，除非她覺得我們是同道中人。你知道有句話是這麼說的，物以類聚。所以我剛認識瑪喬麗的時候，就知道她是個小偷了。」

這個事情加深了我對同理心的幾點認識：**切勿妄下定論、切勿受個人偏見影響而看不清事情的始末、隨時敞開心胸向旁人學習人性的複雜面，即使那個人看起來似乎無法教導你。**

同理心的黑暗面在社會當中廣泛存在，特別是在醫療照護領域特別常見。因為一般都不認為這個領域的人會如此，所以反而會更容易被它的百變魅影所傷害。美國是個崇尚健康的國家，到處都有推銷草藥、維生素、抗衰老神藥、天然抗憂鬱藥和各種減肥產品的推銷員。這些推銷員都懂得如何利用人們對肥胖、皺紋、疾病、衰老和死亡的恐懼。針對人們對身體和心靈的每一種擔心，他們都能設計出一種「神奇療法」，當然也都貼著一個可觀的價格標籤。

我並不是說草藥和營養品沒有用處。事實上，我本身是深信整體療法。而且我還在波士頓一家大醫院的藥物中心工作過，在那裡我花很多時間幫助患者判斷哪些產品是有用，哪些是沒用的，哪些是對健康有害的。

有一天在上班的路上，我聽到廣播電台正在播放一個節目，是一位知名的醫師接聽聽眾打來進行健康諮詢。醫師先說一段聲明，請所有聽眾都來幫忙：如果聽眾們能將自己所在地區的藥房名稱和地址寫在明信片上並寄給他，他保證免費回寄一套藥物資料查詢卡，方便讓聽眾們查詢藥局裡的各種藥品名稱與效用。（但沒有說的是，他會利用收到的藥房地址推銷自己的新草藥產品。）

當一名老婦人打電話諮詢健康問題時，他只聽了十五到二十秒便打斷她，且詢問她是否能把藥房的名字和地址寄給他。「如果妳肯寄的話，我會很高興的。」他討好地說。老婦人說她很樂意這麼做，又重複一遍她的健康問題。但是他又再次打斷老婦人的話，看來他不是很確定老婦人真的明白他的要求。「妳肯定會寄給我吧，親愛的？妳會為我這麼做嗎？妳保證嗎？」

「是的，」她說，「我保證。」

後來，這名醫師根本沒有回答老婦人的健康問題。

如果一個從未謀面的人直接稱呼你「親愛的」，並且告訴你，只要你幫他們一點小忙，他們會「很高興」，這就是個危險訊號了。我並不是說陌生人不可能真誠地彼此真心相待，但是如果有人一味忽略你的問題，只專注在他們自己身上，只想確認你會回應他們的需求，就可以確信他們熱情洋溢的表現下必然有著一些心懷不軌的動機。一定會有人從這些利益交換中獲益，而且這個獲益的人不太可能是你。

幾年前，我受邀為一些長者演講，內容是關於常見的營養品和草藥療法的好處以及潛在危害。演講結束後，一位七十多歲的老婦人艾瑪前來自我介紹，並向我求助。艾瑪輕輕地拉著我的手（在我們二十分鐘的談話中一直都沒放開），告訴我關於她的故事。

艾瑪說她最近剛失去了她的丈夫，她的孩子和孫子們又都遠在幾千英里之外，使得她最近深受憂鬱和失眠的困擾。在向醫師求助時，醫師開給她一些抗憂鬱和幫助睡眠的藥物。因為擔心吃太多的處方藥對身體不好（她已經在吃高血壓和凝血障礙的藥物），她詢問醫師能否用草藥或維他命取而代之。

「我完全不相信這類東西，」她的醫師以輕蔑的表情和不屑的手勢回答艾瑪的問題，「草藥、維他命、營養品，這都是江湖郎中的把戲。」

艾瑪覺得自己被她的醫師放棄了，因此對自己的想法更感到困惑，於是她開車到當地的保健食品店。那裡的年輕銷售小姐很善良，聽著艾瑪的故事並明顯地表示同情。銷售小姐告訴艾瑪，醫師們鮮少擁有或者根本沒有營養學方面的訓練，即使有，他們也不會推薦患者使用草藥或維他命之類的保健營養品，這會減少他們的收入。艾瑪聽從了銷售小姐的建議，花費四十五美元買下五種植物保健食品：提升免疫力的大蒜精，避免記憶力衰退的銀杏膠囊，具有抗憂鬱效果的貫葉連翹，治療失眠問題的褪黑激素，還有一種含有麻黃素的減肥產品。

但銷售小姐並沒有告訴她（很可能連她自己都不知道），大蒜和銀杏不能跟血清劑一起服用；貫葉連翹不能和高血壓藥物同時吃；麻黃是一種強效的中樞神經系統興奮劑，容易造成高血壓和心悸，因此不宜用在減肥上。而且，根據麻省理工學院臨床研究中心醫師們的說法，艾瑪服用的所謂「標準」三毫克褪黑素膠囊，是治療失眠所需劑量的十倍之多；況且，老年人需要的褪黑素劑量要更低，因為他們肝臟的代謝速度較差。

我每天都能聽到像艾瑪這樣的事情，而我每次聽到時，都感到憤怒和沮喪。這個善良溫柔的老婦人向傳統醫學和另類醫學領域尋求幫助，但是這兩個領域都辜負了她。我毫不懷疑，艾瑪的憂鬱和失眠（甚至在某種程度上，也包括她的免疫力下降、記憶喪失和最近的體重增加）主要源於她對丈夫去世的悲痛，以及她不知道如何面對她的孤獨和恐懼。

艾瑪的醫師完全忽視她情緒上的痛苦，只根據艾瑪的臨床症狀開藥，而且迅速否絕她提出這些問題的任何替代方案。保健食品店的銷售員則是利用了艾瑪的無助，鼓勵她為每個症狀都買一種草藥。銷售員沒有受過相關的培訓或教育，無法提供草藥和處方藥之間可能相互影響的建議。更關鍵的是，醫師和銷售小姐都沒有提到，對於失去老伴的老年人而言，當世界上與你最親的人遠隔千里且無法陪在自己身邊時，感到抑鬱、焦慮、孤獨和害怕等等，有可能是很「正常」的情緒反應。

學會如何應對同理心的黑暗面，對於保持生理和心理健康是非常重要的，正如同我們要如何善良和體貼地對待他人一樣重要。那麼，艾瑪應該如何保護自己呢？我們每一個人該如何在這個越來越商業化的世界中，使自己免於遭受各種過度宣傳和強制推銷的危害呢？又該如何利用同理心保護我們自己，不被那些會使用他人洞察力和直覺的人所利用呢？

抵禦同理心黑暗面的十個步驟

我相信從下面的十個步驟中，可以找到上述問題的答案。只要你學好並熟練掌握這些步驟，並且盡力運用在日常生活當中就可以。一定要記得，同理心是一種生物性驅力，保護我們免於遭受到危害。使用同理心矇騙或傷害他人，是誤用了同理心具有的維持生命的能量，這種行為反應出來的是軟弱，而非力量。我們應該深信同理心的正面意義——自我保護能力，終究會讓黑暗面黯然失色。

抵禦同理心黑暗面的第一步：分辨出真正的同理心和有目的的同理心

艾德莉安娜走進我的辦公室，把她的公事包往地上一扔說：「我真的是受夠那些討人厭的客戶。我知道這麼說很不仁慈，但是他們真的自私極了，只考慮他們自己，滿腦子都幻想著要一夜致富。」她的聲音越來越微弱，一臉不悅的樣子。

「我覺得我沒有任何同理心的能力。」她說。

「我知道你有同理心，」我溫和地說，「以前我見過很多次。但是，此時此刻，我不會說你有表現出同理心。」

我們聊了好一會關於她身為一名律師，每週得工作六十個小時所承受的壓力，以及那段一塌糊塗的婚姻和正值青春期叛逆的兒子。在結束諮商時，艾德莉安娜離開前告訴我，她會盡力在生活中找到平衡，也會試圖釐清與客戶之間的關係。

一週後，艾德莉安娜又是以扔公事包開始諮商會談，只是這次她不是在生客戶的氣，她是對我非常憤怒。

「你毀了我這一整個星期，」她說，「幾天前，一個殘障到幾乎不能走路的二戰老兵出現在我辦公室，說他兒子被一個酒駕司機撞死了。你要知道，我當時腦子馬上想到這是一個好幾十萬的大案子！這傢伙很老了，在戰爭中受過傷，現在失去他唯一的兒子……這真是一個夢想中的大案子啊。會談的過程中他一直哭，哭的非常傷心，後來我請他吃午飯。他點了菜單上最貴的食物——整隻螃蟹，你能相信嗎？吃完午飯後，他又跟我說他沒錢搭計程車。我本來很想叫他去搭公車，但我還是給了他坐計程車的錢，因為我腦子在想，接了這個案子以後，我應該可以發大財。」

艾德莉安娜深深地嘆了口氣。「這個該死的工作，」她說的時候眼睛翻了白眼，「好吧，第二天，這個老兵再來時，本來應該把他兒子的死亡證明帶來，但是他走進我的辦公室時卻說他忘了。接著他又想要我帶他吃頓午飯，我告訴他我已經吃過飯了，他堅持要求我支付他搭計程車回家的錢。我最後終於搞清楚了——他在騙我。根本就沒有什麼酒駕司機，沒有死掉的兒子。他就是想多騙幾頓免費的午餐。」

艾德莉安娜接著把身體向前傾，眼裡閃著光，打算跟我分享她心裡的祕密。「聽我說，醫師，這很重要，我覺得我被同理心給耍了，這東西根本一點用都沒有啊。」

「但是對那名老兵有用啊，不是嗎？」我說。

「你怎麼知道？」她問，「告訴我，你怎樣準確定義同理心呢？」

「我把同理心定義為『準確地理解另一個人的想法和感受』的能力，」我說，「我覺得他做得相當不錯啊。」

「所以你是說他對我的理解比我對他的理解更準確？」她提出問題時，把身體坐回椅子裡並瞇起雙眼。

「從你剛才所講，很明顯地，你在他面前就像一本攤開的書。他知道你會覺得這是個大案子，知道你會上鉤。他利用了你很想從他身上大發一筆的心理，得到免費的午餐和計程車錢。」

「不過，我也是因為太仁慈才會受騙啊，」她辯解，「我之前不是告訴過你，我的一堆客戶都是卑鄙小人嗎？」

我忍不住開她一個小玩笑：「可是你永遠不會知道，一個卑鄙小人什麼時候會出現同理心。」

真正的同理心是從「真正關心和渴望幫助他人」之中激發出來的，但有目的的同理心則關注在他人可以給你什麼（或你能從他們那裡逃避掉什麼）。如果是真正的同理心，我們會用來關心和尊重他人，會想在每個互動中找尋真相；如果是有目的的同理心則是相反，他人的想法和感受不那麼重要，因為只是在尋求個人的收穫和滿足。

相較之下，有目的的同理心是有利可圖、可預測的，就像推銷員想賣你一輛車的時候，還想附帶一些你其實並不需要的配件一樣。之前我太太和我打算買一輛車，我們談好了合約與價格，並和經理約定一星期後取車，因為我們打算開這輛新車到緬因州過週末。星期五晚上七點鐘左右，我們到達汽車經銷商那裡，當時天色已晚，又黑又冷，看起來好像馬上要下場暴風雨了。當銷售員把新車開出來的時候，我看到車頂上架好的雪橇置物架說：「我們沒有訂雪橇置物架啊。」銷售員頻頻道歉，並說在這麼短的時間內，他只能拿到這輛車；如果我們不要的話，得再等兩個星期。我太太簡直急到快哭了，還有女兒們在後面快凍壞了，我知道我們這次已經是被「吃定了」。我支付那輛車的費用，外加兩百美元買下雪橇置物架，然後告訴經銷商經理，我不會再和他們買車。

有目的的同理心經常都懷有惡意。以下都是惡名昭彰的案例：一名帥氣的網球選手喜歡跟有錢的寡婦交朋友，給她們愛和陪伴，只為了得到寡婦的錢，到手後便從她們的生活中消失。一名律師總是會忘記告訴你，週末工作的費用是平時的兩倍之多。一名保險經紀人會說服新婚夫婦每月為保險多付三十美元。此外，一些舉辦獎金彩券活動的人，特別愛找老人下手，說服他們只要繼續訂閱很多不同的雜誌就能贏得大獎。有些加油站會說服外地來的年輕女駕駛，如果車子沒加裝新型避震器，會嚴重影響行車安全；有些賭場能區別哪些是好賭成性的賭徒，並用免費機票引誘他們回賭場（我最近在電視節目上看到一則報導，有一名好賭成性的賭徒在路易斯安那州的某個賭場裡，輸光一輩子的積蓄，總金額超過兩百多萬美元。原因只是賭場的老闆參加那名賭客母親的葬禮時，提供他一趟免費商務機票到賭場度假。）

最常遇到的情況是，有目的的同理心和真正的同理心是同時並存的，即使是在最健康的關係中也是如此。例如，約翰想哄妻子跟他做愛，所以會主動為她做按摩。他是真心愛他妻子，也希望能讓她感覺好些，但是他有自己的目的——他想和太太做愛。還有，凱特和喬希是老朋友，但是已經有多年沒見面也沒通過電話。凱特的媽媽去世後，留下一大筆遺產給她。凱特不知道該如何處理那些證券和現金，於是發了一封電子郵件給擔任財務規劃師的喬希。她用好幾段文字來告訴喬希自己近期的情況，以及她是如何珍惜與喬希之間的友誼；然後在信件的最後一段，她終於提到她的難題，希望喬希能給自己一些建議。凱特確實是關心喬希，但是她也想從對方身上得到些東西。因此我們可以說，真正的同理心和有目的的同理心有時是同時在運作的。

這在心理治療中也是如此。我給患者的諮詢是有收費的，所以有人會質疑我的同理心純屬有目的的同理心——我專注地傾聽，敏銳地回應，只是因為我收了錢辦事。但是，我不知道如果只是為了賺錢的話，有多少心理治療師還會繼續做治療師。做這行的人大多數都是想減輕他人的痛苦。我們做這份工作，在很大的程度上是因為我們關心他人，想要盡自己所能將世界變成一個可以讓我們生活得更好的地方。這可能聽起來太美好，但是我可以向你保證，事實就是如此簡單。

同理心的這兩種作用很容易使人感到混淆，因為大多數人都很難相信，如果想從關係中有所獲益的話，同理心怎麼可能是真心的？但是事實上，只要有真正的同理心，就必定會讓人有收穫，即使我們付出同理心善待他人時不求任何回報，我們仍然能從中獲益。當以同理心的善意回應周遭的人，就會加強我們跟他人以及整個世界的連接，拓展我們的視野，拓大我們的觀點，與此同時，我們還能接納真實的自我。這些絕對都算是好處。一旦人們將同理心付諸實踐，就會增加自信心，焦慮和壓力都減少，跟周圍人的連接也會更緊密。

所以，同理心產生的雙重作用是可以維持平衡的，這種狀態正是我們心理所追尋祈求的。任何的關係若以真正的同理心為基礎，會讓人感覺到穩定與滿足感；相反的，有目的的同理心所驅駛的關係，則容易感到失衡與不確定。因為雙方的施力已不平衡，這段關係會嚴重傾斜，而你永遠不會知道自己什麼時候會被摔下來。

我們的目標就是要找出這個平衡點。如果是有目的的同理心主導了一段關係，那你就需要保護好自己，要知道另一個人的行為是受到其自我利益所驅動。如果一段關係是建立在有目的的同理心，且以此為主要推動力——就像大多數的工作關係——那麼你就得專注它的發展方向。有目的的關係可以發展為真心的關係；同樣地，真心的關係也能變成有目的的關係。同理心的力量就在於，它能夠隨著時間推移不斷辨別出真相。

抵禦同理心黑暗面的第二步：瞭解自己的渴求

渴望、嚮往、夢想、慾望、希望、渴求都代表著同樣的東西——你在生活中希望得到的東西。你渴望安全感？婚姻？子女？持久的愛？和平和寧靜？財務自由？心靈的啟發？物質上的滿足？一棟鄉間的房子？一層夏威夷的公寓？你的渴望暴露了你生活中所缺乏的部分，也讓你更容易受到同理心黑暗面的傷害。

為了瞭解自己的渴望，你必須仔細問過自己：哪些才是你人生中最重要的？你也必須去瞭解自己曾渴求的事物與現在的想望有哪些關聯。過去總是影響著現在，因此無論是我們藏在心裡的願望，還是直接表達出來的渴望，這些都反應著過去的經驗對現在生活產生的影響。

三十八歲的奧斯卡是一名很有天賦且非常成功的藝術家，許多名門望族的家裡都有收藏他的水彩畫。然而，不論奧斯卡賣出了多少畫作，或者得到多少外界熱烈的迴響，奧斯卡依舊渴求得到更多。在治療中，他談到了自己跟他父親之間的關係。他父親是德國移民，也是一名頗有天賦卻默默無聞的雕塑家。父親三十五歲的時候罹患心臟衰竭，從此他就指望大兒子奧斯卡能代替自己的夢想，成為一名出色的藝術家。「你有這個天賦，」父親總是這麼跟他說，「如果你夠努力的話，就能成為當代的梵谷。」

奧斯卡希望能實現他父親的夢想，因此對自己的要求越來越高。事隔二十五年之後，他父親也已經去世十多年了，但奧斯卡仍繼續督促自己，只為了讓自己保持在如同明星般的地位，他一直在追求他永遠都做不到的事情。

「我想成為最優秀的藝術家，」他解釋說，「我想讓我的父親為我驕傲，想像著他能為我的成功而微笑，讓他知道他的一生沒有白活。」

奧斯卡一直以來的渴望，反映出他很想改寫過去。在治療中，他找到了對過去的自己（那個一直堅信自己能為了父親而改變世界的小孩）和現在的自己（盲目想要改變過往的痛苦而持續強迫自己超越能力所及的男人）的同理心。藉由同理心的引導，奧斯卡成功地讓自己擺脫過往的桎梏。

有些存在內心裡的渴望，往往可能是想重複過去的經歷。我父親六十六歲時因為心臟病發作過世，在他離開後的半年內，我買下了兩棟房子，一棟在我工作的波士頓，另一棟在緬因州。緬因州的房子，位在我們全家去度假（也是我父親唯一的一次度假）的那條街上，當時我才十歲。我負擔不起兩棟房子，但是這個事實沒有影響到我。我想要重複我的過去經歷，並希望保留能代表我童年時光裡全家齊心協力的感覺。我想把父母給我的全部的愛、溫柔和關心，也傳給我的孩子們。

因為受到喪父之痛和想要給老婆孩子創造一個完美環境的驅使，我很容易受到同理心黑暗面的傷害。我認為房屋承包商、地產仲介、律師、銀行家、木工、水管工、電工，以及在出售、修建、建築房子等一切與房屋有關的所有人，都能輕易利用這點來占我便宜。正因為當時的我迫切地想實現父母和弟弟留給我的回憶。

試著問問自己：「我想要什麼？我又需要什麼？什麼樣的物質財富可以真正提升我的生活品質？什麼樣的成就能讓我感到滿足，使我的內心得以安寧？」

許多人都想在自己選擇的領域中表現出眾，也可以說大多數人都想被敬仰、被尊敬、被愛戴。我的一個患者曾告訴我：「我想要成為連在餐廳裡吃飯，人們也會走過來找我要親筆簽名的人。」。

「那你覺得你會因為什麼而出名呢？」我問他。

「我不知道，」他聳了一下肩膀並微笑著說，「這個其實也不是很重要。我只是想希望有人來找我要簽名。」

對名氣、成功、敬仰和無條件關愛的渴求，通常是因為想要彌補過去經歷過的失望。要想明白你一直以來的渴求是什麼，就需要去重溫你的過去，試著尋找一下那些需要補強同理心的段落。記住，我們內心所存在的渴求，往往只是想去填補心靈的空缺。那些空缺都在哪裡？它們代表了哪些意義？它們是在什麼時候產生的？造成的原因又是什麼？為什麼這些空缺一直無法得到彌補？

我們應該讓同理心幫助我們完成回到過去的記憶旅程，但這並不是指我們要找到某個人來責怪（見第七步）；相反的，是要去思考、搞清楚明白你是誰、為什麼你會有現在的這些想法和感受。一旦明白了為什麼自己會有這些渴求，就能夠擺脫掉某些意識不到的舊有模式。

抵禦同理心黑暗面的第三步：學著相信你天生的本能

當你身處危險時，天生的同理心本能會保護你。凱莉，在本章一開始故事裡遭人強暴的受害者，即使她聽到了同理心發出的干擾訊號，她仍選擇忽略那個警訊。只因為她想要表現得友善和信任人的渴望，壓倒了同理心發出的警告訊號，讓她受到強暴犯的矇騙和操控。

當我們身陷險境時，情緒大腦會馬上發出警報，體內會開始分泌出大量腎上腺素和荷爾蒙，使心跳也跟著加速。當貓受到驚嚇的時候，牠會拱起背且全身的毛豎立。人類雖然沒有遍布全身的長毛，但我們身上會起雞皮疙瘩。如果突然受到驚嚇，身上起了雞皮疙瘩，或心跳開始加速，就是大腦在告訴你需要小心。我們的大腦能主動採集一些看似不太重要的訊號，而這些訊號我們通常不會注意到，例如：一個一閃而過的臉部表情，一個與談話內容不相符的說法，一個只在嘴上卻沒有出現在眼睛裡的微笑，一陣不安的抖腳，甚至是草叢裡的窸窣聲，煞車時的刺耳聲音……。

所有可能發生危險的徵兆，在進入思維大腦之前，已經全由掌管情緒的大腦處理。所以，我們經常在找到合乎邏輯的理由說明自己身處險境之前，就能感覺到恐懼、覺察到危險。但是，情緒大腦有時候會反應過度，在沒有威脅的地方感覺到威脅。比如，樓梯的嘎吱作響可能會引起心理上的嚴重驚恐；瞥見松鼠在樹上奔跑的聲響也能讓我們心跳加速。

在第四章，我討論過把節奏放慢的必要性，這同樣適用於危險時刻。雖然我們要注意情緒大腦發出的警訊，但是也要讓思維大腦發揮作用。這能把我們從讓人無法動彈的恐懼中解脫出來，轉而落實可以救命的行動。當凱莉意識到自己正處於極大的危險中時，她開始依賴她的思維大腦，她觀察在屋子裡走來走去的強暴犯，準確地解讀出他的意圖，並決定了應該怎樣做來拯救自己的性命。這個完美的案例顯示出思維大腦和情緒大腦之間是如何相互依賴，一同引導我們的行動並保護我們的安全。

抵禦同理心黑暗面的第四步：保持注意力

恐懼、焦慮、憤怒和挫折肯定會讓我們只專注到整件事情中的細節。心理學研究顯示，當我們的情緒產生較激烈的反應時，會降低我們處理並記憶訊息的能力。所以，如果有人用一把槍或一把刀威脅我們，那我們的注意力全都在這個武器上，而降低我們注意到其他細節的能力。如果我們因為工作、身為父母的責任、運動競賽中的競爭或關係中的痛苦而備感壓力時，我們的視野會變窄，同理心的作用也勢必受到影響。

另一方面，**內在的渴求和動機，也會進一步限制我們關注整件事情的能力**。在樓梯間裡，凱莉面對一個主動要幫助她拎東西的陌生人時，她有過很強烈的疑慮，可是卻選擇忽略掉了。她不想自己是個疑心病很重的人，所以她忽視了情緒大腦和思維大腦傳遞出來的危險訊號。直到她遭到強暴之後，因為擔心丟了性命，她的視野才擴展開來，才開始注意到整個畫面，並從中觀察一些不相關、看起來不太重要的細節，把它們彙整起來形成一個整體。她能意識到強暴犯想殺她，是因為她能夠忽略掉自身的恐懼，並且運用同理心的作用所產生的洞察力來觀看事件本身。

雖然暴力事件絕對是這個世界中時有所聞的事，可我們絕大多數的人永遠都不會有機會面對一個持槍的歹徒。但是，我們一定會遇到一些影響健康和幸福的威脅，雖然它們不及暴力事件那麼嚴重，可是危害我們的程度卻不容小覷。

諾曼・卡森斯（Norman Cousins）的著作《癒合的心》（*The Healing Heart: Antidotes to Panic and Helplessness*），在書中的前言，伯納德・勞恩（Bernard Lown）醫師敘述了一個他親身經歷過的故事，一位患有充血性心臟衰竭的中年女性，在生病後仍活了十多年，並且養大孩子，繼續擔任圖書館管理員的工作，而且在她所居住的社區裡依舊相當活躍。

她每週都要去心臟科門診做檢查，有一次她的醫師帶著幾名主治醫師一起會診，在熱情地跟她打了招呼後，就跟其他醫師宣布：「這個女人就有T. S.。」幾分鐘後，她就開始呼吸過度，冒出的汗水濕透了全身，而且心跳也急速跳動。勞恩醫師感到非常訝異，這名患者怎會如此快速就從看起來很健康的狀態轉變為嚴重的發病狀態；他詢問婦人能否解釋一下是什麼讓她變得如此焦慮。

「我知道T. S.是什麼意思，」她說，「我的病快不行了（terminal situation），對吧？」勞恩醫生一再跟她確認說T. S.只是三尖瓣狹窄（tricuspid stenosis）的意思，是心臟病的醫學術語，但是他的話還是沒來得及救婦人的命。當天稍晚，這名婦人就死於心臟衰竭。

雖然這名婦人本身的心臟很虛弱，但是真正要了她的命的，卻是強烈的恐懼感。她以為自己快不行了，覺得沒有希望；而在面對自己沒有活下去的希望時，生存意識也跟著消退，於是最後便過世了。這樣的情形在現代醫學領域裡相當普遍。如果一名醫師跟癌症的患者說，「你的病無藥可醫，我們無能為力」，患者的世界馬上就只剩下無可逃避的命運——死亡。醫師缺乏同理心會嚴重影響患者的世界，所有的希望都沒有了，信念已不復在，唯有黑暗降臨。

不管在治療裡還是在生活中，我總是提醒自己要多注意我周邊的細節。有哪些是我沒注意到的嗎？我漏掉什麼？我能如何拓寬我的觀點，好讓我能理解得更全面、回應得更敏銳些？我永遠記得有一名患者，她來找我時已經陷入絕望，因為她丈夫出軌了。我們一起努力好幾個月，我把專注力都放在她告訴我的一切：她丈夫背叛了她。直到整個治療快結束時，她把丈夫也帶來一起進行諮商，我才瞭解了全部的真相。她淚流滿面地承認，早在丈夫對她不忠之前，她就曾經和她的老闆有過一段短暫的婚外情。

從那天起，我開始學會睜大雙眼，對自己的偏見和成見都要更加小心謹慎。以這個案子為例，我絕對是受到了性別偏見的影響，認定丈夫會欺騙妻子，而妻子都是忠誠、奉獻的。我也意識到，我很容易受「女性即是受害者」的影響，直覺相信了她受到不公平對待的解釋。

同理心會擴展我們的觀察能力，讓我們能看清事情的全貌，提供我們一個能涵蓋周邊細節的廣角鏡頭，同理心需要時間上的醞釀，讓跳動的畫面定格，使我們能看到事件發生的順序。在這個把所有問題都怪罪於她丈夫出軌，卻不解釋自己也曾經對丈夫不忠的女患者案例裡，我未能仔細判斷這整件的真實細節與始末。例如，我當時沒有判斷出她為什麼會願意待在這樣無助的處境裡。儘管我感覺到自己似乎遺漏了什麼，但因為我太投入於成為她的「救世主」，卻沒有注意到我的直覺。我當時一心想教她如何應對一個會傷害人的男人。

同理心總是會隨著時間而讓事實的真相顯露出來。所以要注意人們情緒和行為的細微變化；留心觀察那些不太相符的細節和事實；還要讓你的頭腦對所有的可能性都保持開放的態度。當你的洞察力擴大之後，你的內心和頭腦也會擴展開來，並會帶給你所需的耐心、靈活性和智慧，來關心自己也關心他人。

抵禦同理心黑暗面的第五步：當心突然的親近

如果陌生人詢問你一些很私密的問題，或者對你暴露他們私人生活較為密切的個人訊息時，千萬要特別留意。親近的關係應該是透過邀請而來的，也就是已經計畫好、準備好去面對的關係中才會產生的。親密的關係不會突然發生。那些閒聊幾次就希望將彼此的關係轉為親密階段的人，他們腦子裡想的肯定是另有所圖。

當然有時也會有例外。比如，在你母親的葬禮上，一個陌生人突然出現並且給你一個溫暖的擁抱。「我是你母親小時候的朋友，」這位陌生人帶著真誠的溫暖說，「感覺上，我好像已經認識你一輩子了。」在這種情況下，假使你聽到這樣的話，比較能肯定這個陌生人是出於真心的關心和在乎。相反的，如果是某些推銷員在認識你十分鐘之後，便伸出雙臂摟著你，言行舉止像好朋友一般，那他多半是出於某些個人利益來親近你的。當你買下了汽車或訂製了禮服

（或者決定不買）之後，你認為這些人還會記得你嗎？他們還想做你的朋友嗎？

要從長遠的角度思考，特別小心那些主動付出感情、表達誇張的感激或送出「免費」禮物的陌生人。顯然，他們很有可能在期待自己的投資能有所回報。

暴力事件專家加文・德・貝克爾在他的書《預知暴力》（*Protecting the Gift*）中，描述了一件他親眼目睹的事件。

從芝加哥到洛杉磯的航班上，加文・德・貝克爾坐在一名獨自旅行的年輕女性旁邊，他發現坐在走道另一邊的一個男人，總是鬼鬼祟祟地看著這名女性。這個男人選了一個恰當的時機，從走道湊了過來，伸出手並自我介紹說自己名字叫比利。這個漂亮的年輕女性很謹慎地握了握他的手，並告知對方自己的全名，於是他們開始聊天。從談話中這名男人得知她要到洛杉磯拜訪朋友，而她的朋友們以為她會坐晚一班飛機抵達，因此她正煩惱著該如何從機場到朋友家。男子和空服人員要了一杯蘇格蘭威士忌，酒送來之後他還請年輕女性嚐一下。儘管她一開始時拒絕，但是男子最後還是哄騙她從酒杯裡啜一小口，並且告訴這名女性她有一雙漂亮的眼睛。

在這個男人起身去上廁所的時候，加文・德・貝克爾禮貌地詢問這名年輕女性能不能跟她談一會。她看起來有些猶豫，但還是點了點頭。加文・德・貝克爾說：「他等一下會主動提出要載妳一程，但他不是個好人。」事實顯然是如此。加文・德・貝克爾在領取行李時，看到這個男人又湊到這名年輕女性旁邊，主動說要開車送她。她很有禮貌且堅定地拒絕之後，他頓時怒氣沖沖，跺腳離開。

我們都很清楚哪些人會讓我們感覺比較自在，甚至感覺對方一見如故。但是，真正的親密關係（建立在真正同理心基礎上的親密關係）都需要花時間來培養與建立信任。無論你和某個人在聊上幾句或一次的促膝長談之後，對彼此的感覺有多親近；或是第一次約會有多融洽，千萬記得，真正的親密是需要花時間培養。如果你心裡感到急躁，那千萬要注意你是否堅定地維護好自己的界線，並且清晰無誤地讓對方知道自己所期待的關係是什麼。如果對方不尊重你的想法，並且強迫你做一些讓你感到不自在的事情，你要懂得說「不」。如果他們懷著怒氣或厭惡地轉身離去，不要有罪惡感，也不要因為傷害了他們的感情或破壞了一段友誼而感到自責或羞愧。你反而要為自己能夠善用同理心來保護自己感到自豪。

抵禦同理心黑暗面的第六步：小心過冷和過熱的情緒反應

斯坦是一位三十九歲的餐廳老闆，他告訴我他的未婚妻有著極其惡劣的壞脾氣。有一回斯坦跟他的餐廳經理（剛好是個年輕漂亮的女人）聊了半個小時的電話之後，他的未婚妻醋意大發。斯坦解釋他們只是在討論工作上的事情，他的未婚妻卻當場賞了他一巴掌。當天晚上，他的未婚妻感到非常後悔、愧疚。

「有時候她的個性也非常甜美，但是發起脾氣來就會像那次一樣，」斯坦一邊說，一邊拗著自己手指的關節發出聲響，「有時候——可能是絕大多數時候——我都不知道自己是要留下來還是要離開。你覺得我應該怎麼辦？」

我說：「我一直在仔細地聽你說，我不太明白你怎麼會如此依戀這個女人。你告訴我她的脾氣很差，你自己都不知道她什麼時候會心情糟。看起來，她跟很多人都格格不入，包括她最親近的朋友和她的家人。你還告訴過我，儘管你很在乎她，但你並不覺得你愛著她。可是你還是想娶她。」

我對實事求是的看法，開啟了一段長長的討論。斯坦很坦誠且老實地告訴我他和女人相處的經驗不足，他害怕自己最後會孤獨終老，他還相信自己與女友的這段關係能發展到婚姻關係，他能因此生兒育女、成為一名父親。透過同理心的剖析之後，斯坦終於能看到事情的全貌了。這次治療會談結束時，他告訴我，從現在開始他打算慢下來，不急著為將來做打算，直到他能很舒服地覺得這段關係將會持續下去。幾個月之後，斯坦很明顯地意識到他的未婚妻不會變了，所以他選擇結束這段感情。

一般來講，在過熱或過冷的環境中，很難發揮同理心。如果你在乎的人總在過熱或過冷的極端情緒中變換，那你的情緒也會隨著對方而波動，你會發現要讓彼此情緒達到平衡是項困難的挑戰。平衡對於付出和接收同理心來說，都是必不可少的。如果情緒的變化總是不可預測，我們就會一直很緊張，不知道情形在什麼時候會發生改變，或者不會發生改變。當這種張力和焦慮不斷惡化時，我們的想法也會變得混亂，而且越來越難以有理性的反應。

如果你經常覺得一切不是很順利，也不知道接下來應該做什麼或說什麼——比如你陷入狂熱的戀情後，接下來感受到退縮和忽視的循環，那就肯定是有問題了。極端情況會讓人無所適從。這種情況所吞噬的能量遠比付出的能量還要多，而且必然會削弱同理心的力量。

在發生衝突時，某些特定的回應會傷害這段關係，而另一些反應則有助於關係的穩定發展。有人研究了親密關係中的男女使用（或者不使用）同理心，結果整理出夫妻吵架會發生的四大類行為。在一篇「同理心的精準度與婚姻衝突解決方案」（Empathic Accuracy and Marital Conflict Resolution）的學術報告中，心理學家維克托・比索奈特（Victor Bissonnette）、卡里爾・羅斯布爾特（Caryl Rusbult）和謝利・基爾帕特里克（Shelley Kilpartrick）列出發生衝突時，配偶可能會有的四類行為：「退出」和「忽略」兩種行為會破壞關係，而「表達」和「忠誠」會讓關係更穩固。

「退出」包括會威脅到一段關係結束的種種行為，例如憤怒、沮喪、挫敗、咒罵（大喊大叫、摔打東西）等。這些都屬於「過熱」的反應。而「忽略」則是一種被動的破壞性行為（「過冷」的極端），包括拒絕討論面臨的問題、雖然不斷點頭但並沒有真正在聽、避免進一步的互動、迴避可能會導致吵架的問題，或者為了不相關的事情批評你的伴侶等。研究人員認為，「從長期交往的伴侶來看，在發生衝突時，他們相對不會選擇退出或忽略行為。」

表達和忠誠這兩種較有建設性的反應，可以呈現出冷熱兩種極端之間的「冷靜」立場。「表達」是主動嘗試把事情討論清楚，願意尋求問題的解決方案，包括向朋友、家人或治療師尋求建議；「忠誠」的行為則能被動地發起正面效果，包括等著情況好轉，即使在衝突中也保持樂觀的態度，別人批評你的伴侶時會為對方辯解等。

同理心會幫我們先把自身利益放在一邊，幫助我們產生有利的行為。當我們能準確地推斷出伴侶的想法和感受時，就能控制住自己做出破壞性反應的衝動，也更能去包容對方。我們會努力地相互理解，而不是相互報復或傷害。如果關係要一直保持穩定和健康的話，同理心就一定要能夠雙向地流動。如果伴侶一方能精準地理解另一方的想法和感受，自己卻不能很好地被對方理解，那這段關係就會失去平衡而變得不穩定。

即使是在緊密相愛的關係裡，也會存在著同理心的黑暗面。藉由時間和耐心感受這段關係，你就能判斷出這段關係是否能變得更加平衡和相互同理。「建立在金錢上的和平終將轉為戰爭」，這句老話也適用於有衝突的情況。如果你把所有的能量都用在維持一段付出比回報還多的關係，那你就是在向同理心的黑暗面投降，也是在拿你自己的穩定性和自我在冒險。

抵禦同理心黑暗面的第七步：遠離總是責怪他人的人

學會識別出愛責怪他人的人，是你能保護自己避免遭受同理心黑暗面傷害的最重要一步。要評估他人是否願意或有能力為自己的行為負責，其中一個重要的方法就是，觀察這個人是否會有著怪罪他人的行為。這裡舉幾個典型例子。

- 我也沒辦法，都是別人的錯
- 你不會相信他們都做（或說）了什麼
- 沒有人欣賞我
- 他們總能我行我素
- 我盡力了，都是團隊裡的其他人在偷懶
- 為什麼我是這裡唯一努力工作的人？
- 這個世界到底怎麼了？

瞭解「怪罪別人」的發展是很重要的。在孩童的初期發展階段，他們無法體會到自己是個具備獨立自我思考能力的個體；他們會認為，父母或陪伴他們成長的角色的形象，便是自己長大後的模樣。如果在遇到了困難或阻礙時，他們會認為是他們的照顧者要為一切的問題負責。

我的女兒愛蓮娜在兩歲的時候，有一回她不小心撞到了起居室裡的咖啡桌，當時我正好從書房下樓來，打開了起居室的門正好看見這一幕。「爸爸，」她痛得大哭，「都是你害的！」在愛蓮娜的意識裡，她媽媽和我要為發生在她身上的所有事情負責，因為她還沒有發展出獨立的自我。所以我只能安慰她，試著讓她的短暫疼痛快點消失。當下我並沒有刻意教導她應該為自己受到的傷負責，因為我知道，這些觀念在當時超出了她的理解能力。

當孩子不斷長大的過程中，他們透過與深愛他們的大人之間的多次同理心互動，學習如何面對失敗，並且學會如何與失敗共存。他們也會發現，即使自己犯了錯，他們仍然會被父母接納與關愛。隨著瞭解到自己是被接納的，他們為自己的成敗承擔責任的能力便會逐漸增強，他們的自我也會不斷擴展。但是，如果他們的想法和感受沒有被人理解時，就會繼續責怪他人來保持自我的完整。如果沒有被同理心對待，他們就會一直卡在責怪模式中不斷循環。

如果你想看清楚已經長大的成年人卻老愛責怪他人是什麼模樣，不妨打開電視去看《傑瑞・斯布林格脫口秀》（*The Jerry Springer Show*）。這個節目裡，有男人責怪女人的不忠；有女人責怪丈夫或男友跟好朋友上床；還有女人責怪好朋友勾引自己的丈夫或男友；有母親責怪女兒讓家人蒙羞、名聲掃地；有隔壁鄰居相互責怪對方水準太低。

這就像是一場相互責怪對方的遊戲。如果要在節目中尋找同理心，你會發現根本找不到

——觀眾中也沒有，因為他們正看著別人相互攻擊並從中取樂；主持人也沒有，因為他總是對嘉賓滑稽的愚蠢舉動直搖頭；當然，坐在台上的嘉賓身上也沒有，因為他們會利用自己關係中的問題來娛樂別人。我不知道這個脫口秀和其他類似節目的主要用意，是不是為了能讓我們感覺到自己沒那麼慘？這類暢所欲言且為所欲為的節目，讓我們可以暫時擺脫責任，可以為所欲為——對我們最好的朋友不忠、對丈夫大吼大叫、對父母動粗——但不管最後的結果如何，我們總是可以為此責怪別人。

我很喜歡一個故事（雖然只花了幾分鐘來寫《傑瑞．斯布林格脫口秀》，我還是發現這個故事能馬上讓我的情緒舒緩下來）。有一名村民站在村子口迎接幾位即將搬來的新鄰居。首先是一個父親帶著全家一起來，馬車上載滿了他們的行李，這名父親問：「這裡都住著些什麼樣的人啊？」

「你之前住的村子裡都住了些什麼樣的人啊？」這個村民反問。

「他們都是些小偷，每個人都是貪婪、自私、不替人著想、冷血麻木……」

「那你在這裡也會發現住著同一類的人。」村民回答。

下一輛馬車出現了，駕著馬車的人問：「請告訴我，先生，這裡都住著什麼樣的人？」

「你之前住的村子裡都住了些什麼樣的人啊？」這個村民問。

「他們都很善良，關心和體貼別人。」他回答。

「那你在這裡也會發現住著同一類的人。」村民這麼回答。

一天到晚都在怪罪別人的人，在生活中會吸引到另一群也喜歡怪罪別人的人，他們會去尋找容易感到內疚的心靈，把別人的心懷罪惡作為土壤，好讓他們能撒下責備與譴責的種子。如果沒有罪惡感作為肥沃的土壤，那些責怪的種子也只能在風中飄散。所以，想要避開這些喜歡責怪別人的人，就要特別注意你的罪惡感。如果你跟某些人在一起的時候總是感覺到罪惡感，那你就要仔細去評估一下他們的行為裡，是不是把問題都怪在他人身上？他們是否願意為自己的行為承擔責任？是不是發生在他們身上的不好的事情都是他人的錯？

總是將自己的問題責怪他人，是一種根深蒂固的行為，代表這個人在待人處事上缺乏靈活或不具備同理心。（心理學家相信，越是將自己的問題責怪他人，他們的個性就會變得更加不安和混亂。）責怪他人和同理心是相反的行為，因為對他人的責怪是建立在虛偽和謊言上，而同理心則總是以事實和真理為基礎。責怪他人只是想把責任推到他人身上，同理心卻會讓你願意為他人的想法、情緒和行為承擔責任。

抵禦同理心黑暗面的第八步：別為了他人的目的煽動你的情緒

情緒的確是會傳染的。那些知道如何為了自己需求煽動他人情緒的人，往往懂得如何將自己的想法和情緒醞釀成一場極具破壞力的森林大火。我最近在《芝加哥論壇報》（*Chicago*

Tribune）上看到一篇題目為「憎恨之石」（Hate Rock）的文章，內容是關於目前正在快速成長的白人種族優越主義者所主導的音樂產業，使用頗具殺傷力的歌詞來散播種族仇視和謀殺。按照這篇文章的分析，當年輕人一遍又一遍地聽著這些歌詞，比如「以往沒有大屠殺，但是現在就有一個！點燃爐火吧！點燃爐火吧！」時，他們慢慢地被徵集到這場運動中。

在這些充滿仇視的資訊傳播給成千上萬的年輕人時，同理心的黑暗面便悄然起作用了。隨著搖滾音樂的節奏起舞時，情緒會受到煽動，而且心智會變得麻木。這種宣傳有用嗎？我最近得知，網路上的「仇視網站」在五個月的時間裡，註冊人數就從一千四百人增加到兩千人。仇視就像是一種病毒——是會傳染的，它能輕易地透過網路、印刷品文宣、收音機、電視和CD音樂來傳播。這些方法就如同布道會或集會活動所造成的結果，能輕易地激起人們覺得被壓迫、剝奪的幻覺。

同理心的黑暗面也會以更細微的方式操控我們，這樣的情況同樣發生在日常生活中。例如，你因為薪資只調整百分之三而感到失望，下班後，一個對薪資漲幅也不滿意的同事邀請你去喝一杯。

「你不覺得約翰（就是老闆）更偏袒男同事嗎？」幾杯下肚之後，你的同事這麼問你。

「我不知道啊，」你說，又補一句，「但是這次的調薪我的確不開心。」

「他是怎麼對你的，我都看在眼裡。」她繼續說，情緒越來越強烈，「他對你毫不尊重，其實他對公司裡的每個女同事都這樣。我知道有些女同事也跟我們一樣不開心。我覺得我們應該聯合起來一起去投訴他。」

這種時候你感到困惑了，因為這次的調薪的確讓你失望，但你在這家公司只做了兩年，你知道自己在公司還可以學到很多東西。可是你又想到或許這位同事說的有道理——如果這麼多女同事都不開心，那老闆可能真的有性別歧視。你應該按照她的建議向上級投訴嗎？還是應該乖乖繼續工作，期望明年薪水漲幅能高一些？

同理心能幫助你釐清想法和感受。第二天，當你頭腦冷靜之後，你有能力仔細思考自己的情況，並且得知自己最主要的情緒是失望，而不是氣憤。你原來是希望薪水可以有更大的漲幅空間，但是你跟那位同事不一樣，你沒有理由相信老闆是故意讓你不滿意。為了解開這個疑惑，把事情弄清楚，你希望找個時間跟老闆當面討論，在這個私下的談話裡，你想問他能否說明一下加薪幅度是依什麼來怎麼決定。你的老闆為人坦率大方，當下很直截了當地告訴你，依公司規定工作不滿三年的員工統一都是調薪百分之三。他還告訴你，他對你的工作能力很滿意，很喜歡與你共事，還打算讓你承擔更多的職務。你離開他的辦公室時，對自己的未來感覺好多了，還提醒自己要確認老闆是否會履行承諾。

當別人試著點燃你的情緒以達成他們的目的時，同理心的黑暗面已經在背後悄悄醞釀。另一個案例是：一名三十三歲、意志消沉的女性身陷矛盾重重的婚姻之中，所以來尋求心理治療師幫助。她的治療師是一名三十五歲的女性，離了婚且獨居。治療師在瞭解病患的狀況後，馬上就認同這位患者的處境，在幾週的治療中暗暗地鼓勵患者跟她的丈夫離婚。又過了幾個星期，治療師的引導越來越明顯。基於她自己的經驗和她對男人的普遍看法（而不是對患者特有情況的同理心理解），她相信她的患者只有離開丈夫獨自生活，才能找到幸福。她的患者很抗拒，幾個月之後就結束了治療。

根據上面的故事和其他許多類似的案例，我們務必要記得，每個人都以自己的意願來決定事情。即使某人是治療師、教授、公司CEO，或是美國總統，也並不代表他們就絕對值得相信。值得相信是一種很美好的本質，但是要證明一切是值得的才能付出，畢竟信任往往都被濫用。不管是什麼原因讓你在一段關係裡感覺不自在，都要相信自己的直覺，仔細傾聽它們給你的意見，並且運用你的評估能力，判斷和你有關係的人是不是在利用你們的關係。

我每週都在為酗酒和藥物成癮者所設置的門診裡做團體心理治療。有一天，一個新加入的、幾天前曾試圖自殺的女患者突然泣不成聲。她告訴團體成員，在她自殺之前，已經酗酒好幾個月了；而為了解決她糟糕的婚姻問題，她接受好一陣子的密集心理治療。她也知道自己的丈夫有著嚴重酗酒並且每隔一段時間會性情大變，這些都讓她很難有意志力繼續戒酒，但是她還是深愛著她的丈夫，根本無法想像沒有他該怎麼活下去。

因為她很困惑自己應該走哪一條路，所以直接詢問她的治療師，自己是不是應該離開她的丈夫。治療師相信這段關係對她來說不但非常冒險，而且勢必會失敗，因此建議她立即收拾行李離開她的先生。治療師甚至還說：「我不覺得妳深愛著他，離開他之後，只要過一段時間，妳會發現自己的生活改善許多。」

就在那次會談的幾個小時之後，女患者又再度企圖自殺。幾天之後當我看見她的時候，她看起來相當困惑而且感受到極大的恐懼。「求求你，能不能告訴我應該怎麼做？」她問。我問了她很多問題，在尋找答案的過程中，我們都意識到她的婚姻的確相當混亂，甚至可以說是混沌。然而在她說到丈夫的時候，很明顯可以看出來她還愛著他，還沒有準備好放棄這段關係。她告訴我，當那位她非常佩服和尊敬的治療師告訴她應該離開丈夫時，她突然有一種感覺：無論選哪條路，自己都注定會不幸福。她感覺到陷入困境沒有希望，才認為自殺是自己唯一的出路。

她還告訴我說，她真的很愛她的丈夫，她相信這段關係還有希望。她意識起碼在這一刻，她得留下來。「或許有一天我會離開他，」她說，「但是現在，我還需要他讓我活下去。」

這幾個故事都顯示出，同理心的黑暗面並不一定都是以邪惡為目的。真正在乎關心你和你的健康的人，也可能會用一種巧妙、但可能帶有破壞性的方式來操控你，想讓你接受他們對你的想法和感受上的解讀。如果你感覺到自己在乎的人為了自私的目的在操控你，一定要記得：沒有人比你更瞭解自己。唯一的正確答案，就是你透過努力、耐心、自律和堅持同理心所找出的答案。

同理心需要花時間醞釀，不能太過倉促。在治療過程中，如果我試圖掌控局面，說服自己和我的患者相信，我對他們的問題都有最完美的解決方案，那麼我就是在扮演上帝。我並沒有權利給別人答案——我只能給出坦誠的、實事求是的評估，幫助他們離答案更近一些。我的作用就是和患者並肩而行，而不是把他們帶到我覺得他們應該去的地方，或者更糟糕的就是，我一直跟在他們身後，在他們每次邁錯步伐或遇到不幸時表現出理解的樣子，並拒絕為他們的行為做任何解釋，深怕自己可能會誤導他們。

我跟兩個十多歲的女兒互動中，也儘量遵循著同理心的方式與她們相處。雖然不一定每次都能成功，但我總是一再嘗試且努力。儘管有時候我覺得自己知道什麼是對孩子最好的，可是我知道我的角色是幫助她們釐清她們的選擇，讓她們自己理出結論。她們的決定可能跟我的想法不一致，但只要我知道她們這麼做不會危害到自己的健康和安全，我便會選擇尊重她們獨特的處事方法。

我女兒艾瑞卡在八年級時是長跑校隊，在十一年級時（高中第三年）成為高中田徑隊的隊長。她一直熱愛跑步，但是在十一年級的春季，因為舊傷和病痛的關係，她不得不退出田徑隊。某天深夜，她跑到我在家裡的工作室，告訴我她在考慮十二年級（高中第四年）還應不應該繼續參加田徑。「我太容易受傷了，尤其是長跑時，我覺得現在應該讓身體休息一下，」她說，「我喜歡跑步的樂趣，它能讓我保持身材，但是我也受夠了競爭中的壓力。」艾瑞卡和我聊了滿長一段時間，我只專心傾聽，偶爾問她一些問題，盡力幫她釐清一些矛盾的想法和情緒。最後我們都一致贊成，等她十二年級時退出學校所有比賽，應該是正確的決定。

我們父女倆的那次談話，原本是很容易走向不同的結果。因為我熱愛運動競賽，而且我也深信艾瑞卡具有長跑的天賦，原本我可以試圖影響艾瑞卡的決定，建議她進行密集的物理治療，或是在她感到有壓力的時候，主動和她聊聊，或者和她的教練碰面，看看能否有別的處理方式等等。但是最後，我選擇專心聽從她的想法，而且她也說服我，她的選擇是對的；對於她追尋自我的精神和為自己做決定，讓我感到相當的敬佩與驕傲。

同理心能為每個人的問題或困難，找出適合他們且獨特的答案。這也表示著，每個人都是獨特的個體，並非所有人都能用標準理論來解讀。我們無法像商品一樣被貼上標籤後放在架子上。不管我們多麼有智慧或有經驗，都不能決定別人應該選擇哪一條路。但這並不表示我們不能表達內心最坦誠的看法——只是我們給出的任何解釋和建議都要留有餘地，在努力瞭解真相的過程中，給彼此留一些不同解釋的空間。

抵禦同理心黑暗面的第九步：留意矛盾的言行

一致性是評估他人（更不要說你自己了）個性的主要方式之一。電影《婚禮歌手》（*The*

Wedding Singer）中相當精彩的一幕是，茱兒·芭莉摩（Drew Barrymore）問悲傷的亞當·山德勒（Adam Sandler），有沒有意識到他跟未婚妻之間的關係會出問題。山德勒毫不遲疑地說：「我記得有一次我們坐飛機到大峽谷，我之前從沒去過大峽谷，但琳達以前去過，所以我以為她會把靠窗的座位讓給我，她卻沒有。其實這也不是什麼大事，你知道，但是我覺得生活中有太多這樣的小事了。我知道這聽起來很傻。」

「一點都不傻，」芭莉摩說，「我覺得這些小事情才重要。」

就像不一致的言行這種「小事情」，是足以毀掉一段關係的。如果有人一會兒充滿愛意，下一刻又變成自私自利；剛開始很善良，突然間又變得很不體貼；或是原本很深思熟慮，卻又莫名其妙粗心大意——如果這明顯是個重複模式——同理心就會警告我們要多加小心。人們在過度專注於（不管出於什麼原因）他們自己的需求和渴望時，就會更容易表現得不一致。當情況符合他們的需求時，他們就善良體貼；當不符合他們的需求時，他們就暴露出自私和粗心的行為。

同理心代表一個人是否願意投入時間和精力去理解他人的想法和感受。當行為缺乏一致性時，那就表示那個人的同理心力量正在流失。所以，試著多留意對方在面對周遭的所有關係時，是否保有一致性。觀察這個人如何對待服務員、公共汽車或計程車司機，以及在超市裡跟他一起排隊的陌生人。這個人對下屬和對上司都是同樣關心和體貼嗎？他是不是在面對親戚朋友時表現得既友善且熱情，但是接下來幾天裡又一直說他們的壞話？這個人對清潔工是不是像對國稅局查帳員一樣客氣友好呢？這個人在電話裡跟陌生人是怎麼說話的？這個人對一天裡遇到的每一個人都很敏銳、細心、善解人意，還是只對自認為有用的人才會這樣？

在治療中，經常可以見到這種不一致行為。例如，克里斯托弗在治療的前八個星期中，個性都很寬厚友善、體諒別人。突然有一個星期他無故不來治療，也沒事先打電話告知說明。再下一個星期他出現了，就像什麼事情都沒發生過一樣。當我問他為什麼沒打電話時，他突然變得憤怒且進入了防衛狀態。「臨時出了點事。」他回答時把手掌舉起來對著我，示意我別再問。他拒絕再進一步討論這個事情。

三個星期後，克里斯托弗又沒來治療，醫院要求他必須支付這次的診療費。接下來的那個星期裡，每一天他都打電話給我，並且在電話裡大吼大叫，威脅要告醫院，而且要求我「把事情搞定」。當我解釋說他開始治療之前已經同意醫院的規定時，他便終止了一切的治療。

我的患者有時候會要求我加診，只要我能做到，我都會答應他們。但是有時候，尤其是假期過後，很多人都會經歷情緒的低落，我就沒有時間安排額外的治療。這時候，患者失望的反應經常能很明顯地表現出他們的個性。舉個例子，茱莉經常抱怨說自己的付出大於收穫。她認為每個人都在利用她，卻沒有人願意花時間聽她說話。「生活真讓人厭惡。」是她最喜歡說的一句話。

聖誕節的前三個星期，茱莉告訴我她感覺很低落，需要我為她加診。當時我的日程表已經排滿，但是我跟她保證，如果有空出來的時段，我會打電話通知她。之後的每一天，無一例外，她都打電話給我，詢問有沒有人取消；而我也每一天，無一例外，回電話給她說沒人取消，但是我沒有忘記她的要求，如果有人取消的話，我會打電話給她。就這樣持續了一個星期，然後有一天晚上我在醫院裡有個急診，到了半夜才回到家，因此無法回覆當天的來電。第二天早晨，我電話的答錄機裡有一則留言：「很明顯，你並不想幫我，我知道對你來說其他人比我更重要。我要去找另一位治療師了。」茱莉這麼說。

最近有個朋友告訴我一則相當有意思的故事。故事是關於她的公公，有一次她和丈夫與公婆一起出去吃晚飯，公公就一個人滔滔不絕地說自己轉信天主教的過程，並解釋他最新的生活哲學。「我一直在努力尊重每個人的自由和生存空間。」他用平靜安詳的聲音說。十五分鐘之後，一個戴耳環的年輕男子走到他們的桌子。她公公臉都氣紅了。「我真想把他的耳環扯下來。」他憤怒地說，聲音大到旁邊的人都能聽到。

我想強調的不一致性，就是指「人們描述或定義自己的樣子」跟「在現實生活中他們做事方式」的差距。用嘴說比實際做到容易得多，不一致性就是一種明確的徵兆，代表這個人很難真正的說到做到。當然，我們的確在某些時候會表現出不一致的行為，尤其是在承受很大壓力時。但是，如果不一致性在艱難或平順的時候都會出現，變成一種可以預測的模式，那我們就能相當肯定：這種人的同理心是不夠的，而且黑暗面將伺機而動。

抵禦同理心黑暗面的第十步：記住，同理心不是善良的同義詞

喬治是一名在恢復期的酗酒者，年紀約四十五歲左右。他告訴我一個發生在一年多以前他父親死於酒精中毒的故事。

「我有五個兄弟，」喬治開始說道，「我們決定在一家多切斯特酒吧裡碰面，為我父親辦一個愛爾蘭式的守靈儀式。在酒吧裡聚集了一些愛喝酒的人。我剛進酒吧，就有人喊『給喬治來瓶威士忌』，這時我哥哥萊恩毫不猶豫地大喊了一聲『等我死了再說！』，所以我父親的守靈儀式裡，我就待在酒吧一個陰暗的角落，生著悶氣，抽著煙。我發現萊恩根本沒有同情心啊，我越想越生氣。於是當我要回家時，我已經喝得爛醉。我把自己喝醉只是想扯平，好報復他這麼不善解人意。」

故事講到這裡，喬治把手放在臉上，用手指摸摸兩天沒刮的鬍子。他看著我，眼裡閃過光彩，臉上露出一個謙卑的微笑。「所以你知道下面的事了，對嗎？我舊病復發了，很遺憾又得重新治療，老老實實地參加匿名戒酒會的聚會。後來我才明白自己是個笨蛋，我完全搞錯了。我原本以為哥哥在貶低羞辱我，現在才知道，他其實是盡力在挽救我。他是個粗人，只能做建築工人，連高中都沒畢業。當然，他可以用另一種方式來告訴我他很在乎我，但是以我對他的

瞭解，設身處地為他想一下，我知道他是在做他覺得應該做的事情。他已經盡力了。」

眼淚順著喬治的臉頰滑下來，他沒擦掉的意思。「我父親喝酒喝到命都沒有了，我的兩個兄弟也喝得很凶，我曾經也是。但我現在總算清醒了，現在我總算能看清事實——我哥哥剛剛因為這種害人的東西失去了父親，如果又要失去我，哥哥一定會飲恨一輩子。」

有時候看似同理心的黑暗面，事實上是一種艱難卻又堅定的洞察和理解，想把我們帶出混亂的局面。同理心無法提供我們想要聽到的答案——事實上，同理心經常希望能改變我們自暴自棄的行為。在治療的過程中，我必須專注於思考究竟哪些想法、情緒或行為會造成患者無盡的痛苦。我總是儘量以同理心當我的助手，仔細地傾聽，提出開放式的問題，表達我的想法時總是允許患者可以不同意我。我的初衷主要是幫助患者成長，讓他們成為自己想要成為的人，而這些實事求是的評估可能是難以下嚥的苦藥。有時候，患者會因為憤怒和沮喪而對我進行猛烈抨擊。有時候，他們陷入一種令人窒息的沉默裡，偶爾也有患者會突然退出治療。

對於退出治療、獨自生氣好幾天或好幾個星期的患者，我常常感到內疚不已，我總是不斷思考到底我說了什麼或做了什麼，才讓他們堅持不繼續治療。我的患者都知道，我最關心的是他們是否健康快樂，而他們也明白，如果我知道他們是在用某種方式傷害自己的話，我不會因為害怕冒犯或傷害他們的感情而不加以勸阻。他們清楚心理治療的目的包括改變自己與讓自己改觀，這過程並不輕鬆容易，需要付出大量的努力。幾個星期或幾個月後，他們可能會再次回到治療中，告訴我說，「你讓我就要得手的婚外情泡湯了」，或者「你害我沒辦法飲酒狂歡」，或者「你洩漏了我的工作狂本質，現在我都無法理直氣壯地在老婆和孩子以外的事多花時間」。同理心帶來的改變難以抗拒，它會促使人們重回工作崗位、融入生活和讓自己成長。

同理心的強大在於它忠於真相。我並不是說只有一種真相，因為每個人體驗到的真相都不一樣。尋找真相和意義的過程可能會很艱難，且耗時費神，但之後帶來的價值與回報卻是相當值回票價的。畢竟我們一生中都在尋找著生命的意義和目的。如果我們被無處不在的同理心黑暗面所誘惑，我們可能就會偏離追求人生目標的旅程，在失衡、困惑、迷失或絕望中待上幾個月，甚至好幾年。對身體的傷害只是同理心黑暗面造成威脅中的一種；對於我們內心和精神的傷害才是更顯而易見且更加難以忍受。

同理心能教導我們如何保護自己，盡力避免被周遭的事物或個人言行欺騙。這可能是一條艱難的道路，需要有付出，需要意志、自律、耐心和容忍。但是也只有透過同理心的力量，我們才能發現自己是誰，我們想要成為誰，以及如何才能在他人尋找自我的道路上幫助他們。

【第二部】

如何實踐同理心：你真的做到了嗎？

我們活在這個世界，以善良、冷漠或敵意回應遇到的人，都是在觸動一張巨大的蜘蛛網。不管我是出於善意或惡念而觸動一個生命，又會觸動下一個生命，然後他又再觸動下一個，直到有人知道他會停在哪裡，或是知道他可以傳到多遠。

——弗雷德里克．布赫納（Frederick Buechner）

同理心既是個指導也是個警戒，一方面指引我們建立親密持久的關係，同時，也教導我們如何保護自己免受他人的欺騙和傷害。在第一部分中，我們探究了同理心的生理基礎，以及它是如何幫助我們理解自己、他人和我們所處的這個世界。同理心是一種生存技巧，是一種天生理解他人的想法和感受的能力，也是一種與生俱來的內在驅動力，能激勵我們建立深厚的友情和一個充滿關愛的社會。同理心是社會、智力和道德中的基本元素，它能鼓勵我們做出具有同情心和利他行為的舉動，讓我們用心瞭解身而為人的意義。

基於多年的經驗，我深知同理心的影響力是有用的。把同理心付諸實踐能促使我們的自我覺察力，強化人際關係，幫助我們理解那些可能剛開始看起來比較奇怪或不可愛的人。同理心能擴大我們的視野，打開我們的心智，並且極大地豐富生命的價值。

在第二部分中，我將討論如何將同理行付諸行動，介紹如何透過八種不同的行為或方法來體驗同理心，有時這八種行為會被認為是道德或精神的準則——誠實、謙遜、接納、寬容、感恩、信念、希望和寬恕。透過這八種行為，我們會更加感激自己天生就有這種建立親密關係的能力。

這八種行為並不是全新或者不常見的概念。我們是在這些行為準則中成長，從父母、老師、牧師和領袖身上學習這些概念所產生的價值。這幾個詞使用得如此廣泛，卻很少人會解釋它們的落實方法，使得它們失去了意義。比如，誠實是一個崇高的美德，但是它對我們的個人發展有什麼作用呢？從長遠來看，它又如何幫助我們呢？「要誠實」這種道德上的要求，跟眼前的現實情況相比，經常會顯得蒼白無力。如果考試作弊能幫我考進大學，或者拒絕公開婚外情能維持我的婚姻完整，那誠實的好處又在哪裡呢？

一些自我成長的書籍都要求我們要對他人保持樂觀、寬容和接納的態度，但是這些書卻鮮少解釋，在歷經一次又一次挫敗的時候，我們該如何懷抱希望？如何寬恕那些不寬容他人的人？支持那些習慣性傷害他人的人，我們又會從中得到什麼呢？要心存感激，這話我們都聽過，要信念堅定，人人都這樣告訴我們。謙遜是一種美德，寬恕別人，你也會得到療癒。這些話聽起來很美好，但是我們並不知道為什麼要花時間來做這些不能馬上帶來好處的事情。雖然我們能理解，心存感激、信念堅定、謙遜和寬恕有利於我們在道德或精神方面的成長，但我們還是會對泛泛的說辭和簡單的步驟指導感到沮喪，因為最後這些並不能讓我們走向幸福和實現自我。

這裡缺少的是一種關聯——能讓我們看到這八種行為會如何影響自己的感覺和我們跟他人的互動。而同理心能提供一個更寬闊的視野，讓我們看到誠實、謙遜、接納、寬容、感恩、信念、希望和寬恕是如何影響我們理解他人的想法和感受，並帶來具有好處的回應能力。同理心把這些概念從落滿灰塵的哲學和宗教書書架上拿下來，交到像你我這樣的平凡人手上。更重要的是，同理心還能告訴我們如何運用這些技巧，進入他人的靈魂深處。

我在使用「靈魂」（soul）這個詞的時候很謹慎，因為它跟「靈性」（spirituality）一樣，是一個抽象概念。但是，近些年它被熱切地被誤用了。靈魂是由什麼組成的？具體來說，是什麼構成了具有靈性的經驗呢？靈魂在同理心裡，是每個人不能觸及、不可看見的部分，其渴求的是依附在更深的自我和更寬廣的事物上。人類的靈性祈求接觸，同理心提供了人與人建立親密關係所需的能力。沒有連結的同理心，即使具有靈魂也無法填補內心的空。同理心是完成靈魂連結的動力，給予我們能量與鼓勵，幫助我們撫慰自己與他人，給予我們智慧來判識誰可以信任。

在讀這些章節的時候你要記得，這裡的每一種經驗都有它的陰暗面，我將它們都列在了下面的清單裡。例如，許多人都在努力追求完美，用數不清的時間來追求完美的身體、漂亮的臉龐、聰慧的子女、理想的工作，或者是模範的婚姻。對完美的追尋會直接遇到的問題是「接納」。在同理心的字典裡，接納被定義為能夠看到、理解和擁抱每一個人（也包括我們心中的自己）都存在的不完美。

同理心的行為	暗處的倒影
誠實	不誠實，欺騙，欺詐
謙遜	驕傲，自負，自我中心，傲慢
接納	完美主義
寬容	苛刻，傾向，偏見
感恩	忘恩負義，貪婪，不顧及別人
信念	悲觀，懷疑，懷疑主義
希望	絕望
寬恕	怨恨，悲哀，憎恨

覺察到這些經驗的陰暗面，能幫助我們聚焦在需要加強同理心的地方。比如，如果你對一個曾經非常在乎的人感到滿腔悲哀和憎恨，你就會知道是怨恨妨礙了自己的寬恕能力，也削弱了自己的同理心能力。如果我們固守怨恨，陷入絕望，或是因為驕傲而遠離他人，就會導致我們喪失同理心，這時就會發現建立或維持親密關係會更加困難。不誠實、驕傲、完美主義、不

寬容、貪婪、懷疑主義、絕望和悲哀都會讓我們與他人隔離疏遠。在隔離和孤獨時，不管是身體、心理還是精神上，我們都會處於極大的危險之中。

所以，後面章節提供許多拯救生命的經驗，它們能加強我們積極助人的同理心，指引我們進入到與自己、與他人、與生活之間更深入、更有意義的關係中。

第8章

誠實
清楚看待自己，準確理解他人

相對於對他人說謊，我們更習慣對自己說謊。

——費奥多爾．杜斯妥也夫斯基（Fyodor Dostoyevsky）

誠實是同理心的血液，也是維持它呼吸的氧氣。如果沒有了誠實，同理心就失去了存在的理由。如果不能對他人真實相待，那我們跟他人的關聯怎麼會有意義呢？如果我們自己都做不到真誠，怎麼能反過來要求他人對我們真誠呢？（當然，這裡說的是助人、穩定關係的同理心；而不是害人的、利用對他人想法和感受的理解來控制和操控他們的同理心。）

但是，如果要誠實待人，首先得先對自己誠實。所有真正的智慧，特別是跟他人相處的智慧，絕對是來自真正的自我認知。蘇格拉底要求人們：「認識你自己吧！」這個要求在二十一世紀跟在古希臘時期一樣有意義。要認識自己，我們必須要對自己完全坦誠，沒有絲毫的隱瞞。

我們不僅要對自己坦誠，還要坦誠地面對身邊的人。有一個很棒的故事就講出了這一點。

一群學生找到一位德高望眾的西藏精神導師，詢問他是不是能接受他們成為追隨者。他回答：「可以，但是必須做到一個條件，你們必須與以前的老師都斷絕關係。」

這些學生向大師懇求不能這樣做，因為他們都很感激原來的老師，那些老師教給他們寶貴的知識。但是，大師拒絕商量。最後，除了一個學生之外，其他的學生都同意接受大師的條件。

大師非常高興這個結果，他讓所有的學生（包括那名拒絕的學生）隔天來上第一堂課。第二天，當他們都站在大師面前的時候，他說：「如果你們肯背棄原來的老師，那麼我知道有一天你們也會背棄我。你們想要尋求真理，但現在你們已經丟掉它了。我不能接受你們做我的學生。」

等教室都空了之後，大師轉身向那個當初拒絕他條件的學生說：「你已經證明了，你會對自己和他人誠實相待，哪怕可能會失去自己非常渴望得到的東西。因為你的誠實，我們可以互相學習很多寶貴的知識。」

隨後，大師跪在這個學生面前，非常謙卑地說：「我同意做你的老師，只要你也同意做我的老師。」

坦誠面對的價值

許多年前，我在剛開始心理學的碩士課程時，在某個重要的課堂上學到誠實與自我覺察的關係。在第一堂課「敏感度訓練」（Sensitivity Training）上有一份作業，是要我與自己的父母正面衝突，詳述因為他們的撫養而導致自己在生活中所經歷的困難。教授還特別強調了坦誠地當面對質的價值，並對班上的十八個學生保證，我們心理問題的根源都可以直接追溯到小時候父母對待我們的方式。

我對這個練習有些懷疑，不過我還是打電話給我父親（我決定先在他身上練習一下），想請他一起吃晚飯。我在電話裡解釋，我要跟他談談自己在心理學課上學到的一些東西。當我們到餐廳（按照老師的建議，我選了一個「中性的場所」）見面的時候，他神情凝重，與平常的他很不一樣。

「好吧，亞瑟，」他用深棕色的眼睛盯著我，我知道我得到了他所有的關注，「你要說什麼，就儘管說。」

我清了一下嗓子，有意識地平復自己的緊張感。父親的身材並不高大，大約一百七十公分，但是當他走進一個房間時，他的氣場似乎能填滿整個空間。父親獨有的霸氣、驕傲、情緒飽滿，使得他具有一股不容小覷的力量。

我非常努力地讓自己冷靜下來，並按照教授提供的指導大綱，詳細列舉出我對於他的撫養方式的批評。我告訴父親，雖然我很敬佩他的熱情，但是他總是過於敏感和不夠有耐心。我繼續說，大多數時候他都太強勢了。我最後的結論提到，我覺得他對我要求太高，對我的生活造成了持續不斷的問題。

我觀察著父親的臉色，我自己的情緒越來越緊張，也想搞清楚他會如何反應這些分析。但是他一反常態的冷靜，這反而增加了我的緊張。

我大概只花五分鐘便說完教授要我練習的作業，隨後父親詢問了我幾個問題。「告訴我，亞瑟，」他說，「為什麼這次的討論對你很重要？」

我胡亂回答，試圖讓自己聽起來像一個成熟睿智的研究生，但是說實話，我不知道自己為什麼會坐在餐廳裡批評父親，其實我愛這個男人超過熱愛自己的生活。父親意識到我的不自在，問出了他在討論重要事情時總會問的那個問題。

「你都說完了嗎？」

我點了點頭。

「你確定你要說的都說完了？」

我又點了點頭。

「好的，亞瑟，」父親開始說話，「我不得不說，我替你感到難過。在我看來你有兩個嚴重的問題。第一個就是，你要我別那麼緊張——你想要我改變，但是，我已經五十歲了，我能向你保證，我的脾氣在下半輩子一直都會這樣的。」

他喝了一小口水，雙手握在一起，深呼吸一口氣。我能看出來他是在有意識地讓自己慢下來，要確保自己說的話能準確地傳達出他的想法和感受。

「第二個問題就更嚴重了，」他繼續說，「你早晚會意識到你跟我有多像。根據你今天所說的話，我猜這對你來說也是個很大的問題。你打算怎麼來處理這個問題呢？我的建議就是，不要再為你生活中的問題去責怪他人，而是要開始努力去改變自己身上那些你不喜歡的地方。」

我永遠都不會忘記那天離開前父親說的話。「我知道你會把問題解決的，亞瑟，」他說，他溫暖的微笑傳遞出他對我的愛，「你最強大之處就是你總能應對每一個挑戰。」

父親明白同理心的力量在於絕對的坦誠。他很愛我，所以才告訴我他看到的真相。他對我毫無隱瞞，相信我能夠接受他的想法，而且隨著時間的流逝，我也能對這些想法做出回應。他的同理心遠不只是情緒的自動反應（「我能明白你在經歷些什麼」或者「我很同情你的痛苦」），他能用心地透過我的眼睛來觀看這個世界，也能準確地評估出我還需要哪些改變和成長。

這就是父親那天在我身上看到的東西。他明白，我想要改變他，這件事只是在走遠路，我面臨到更重要的任務是，我得願意且勇敢地去反觀自己。他知道，如果我繼續因為自己的問題而責怪他人——更糟糕的情況是，如果他們還接受了這個責備——那我就不會有進步。（寫到這裡我想起了山姆・科恩〔Sam Keen〕的書《愛與被愛》〔*To Love and Be Loved*〕中的一句話：如果人們都不會將自己的不足和失敗怪在他人身上，那心理治療師們就要餓死了。）

如果父親只是用同情的情緒做出回應，他可能會拍拍我的手，告訴我他明白也接受我的批評，而且會思考自己哪裡做得不對，甚至試圖想去做些補償……而且願意承認，我的恐懼和不安全感至少部分是他的問題。因為有同理心的引導，父親教我要在自己的內心和靈魂深處找尋問題的答案。「我可能是問題的一部分原因，」他會願意承認，「但是你真的是想改變我嗎？作為一個心理學家，你難道就是透過改變他人來讓自己的生活更舒服嗎？」

同理心對誠實的定義

同理心把誠實定義為：能清楚看待自己、準確地理解他人，並能以敏銳、不傷害他人的方式用這些技巧進行溝通。**無情地講述事實並不是同理心**。很多人會把誠實跟一種比較微妙（或者經常是不那麼微妙）的羞辱混為一談，以為只有打垮對方，才能讓他們回頭。例如，現在是一個美好夏日的下午五點，一個父親下班回到家裡，發現他十三歲的兒子完全沒做家事。

「你沒有修剪草坪，是吧？」父親問。

「沒有。」兒子低著頭回答。

「我們之前已經說好了，不是嗎？」父親說，因為沮喪和生氣，他的聲調開始變高。「你太懶了，是個拖延症患者，你這輩子還能做好什麼事嗎？」

對於這種尖酸的評價，這名父親可能會告訴自己，會這麼說是為了兒子「好」，但是這種粗暴的誠實會讓兒子感到羞辱和困惑，也很可能讓他產生自暴自棄的行為。「我很懶，是個拖延症患者，」孩子會想，「那如果我能把它拖到明天，我為什麼要今天修剪草坪啊？」

同理心的誠實從不會以「我」所看到的就當作是絕對的真相，而是會問：「在這個時刻，對這個人來說，真相是什麼？」同理心想在「你的」真相和「我的」真相之間找到一個妥協點，而且知道有時候還不太容易找得到。同理心不會企圖證明它是正確的，只會想讓視野更廣泛、更寬闊、更深入。「把你認為的真相說明給我聽，」同理心會這麼說，「我會盡自己所能去理解。」

在尋求真相的過程中，同理心會尋找某些詞句來讓他人「聽到」我們的關切，而不是用控訴、侮辱或攻擊來讓人聽到。父親可以主動採取一種同理心的方式，在跟兒子說話之前先平緩自己的情緒。

「我今晚回家的時候看到你還沒有修剪草坪。」父親用中性的語調說。

「我很忙的。」男孩說，帶點反抗的語氣。

「哦？你都在忙些什麼？」父親回答，語調依舊保持中立，避免指責。

「嗯，我看了書，看了電視，跟幾位朋友玩了一會……」

「聽起來確實是很忙的一天哦。你覺得明天你有時間修剪草坪嗎？」

「當然，」男孩說，「但是距離晚飯前還有一個小時，或許我可以現在就修剪草坪。」

「其實，現在做就更棒了，你不覺得嗎？」父親說。

父親提出的問題、給出的評論和說話的語調都是儘量表達出：他尊重兒子，也希望兒子能尊重他。由同理心產生的誠實總是會尊重他人，尊重每個人的獨特體驗，並對關係賦予最高的價值。就像互相尊重一樣，同理心接受人與人之間的不同，但也總是在尋找一個彼此尊重與欣賞的立足點。

研究者莎拉・勞倫斯・萊特福特（Sara Lawrence Lightfoot）於著作《探索尊重》（*Respect: An Exploration*）中強調，尊重能強化我們與別人的關係，也就是「創造對等的關係」。在她的書中，她描述自己的母親瑪格麗特與父親查理斯的故事：

> 瑪格麗特婚後的第一個夏天，當時密西西比大學公共衛生系所有個職缺，於是瑪格麗特去見系主任。這名系主任直接稱呼瑪格麗特的名字，那是一九三八年的密西西比，鮮少有人第一次碰面就稱呼對方名字。系主任告訴她，雖然瑪格麗特擁有哥倫比亞大學醫學院

的學位，但她是黑人，而系主任是個男性白人。

當查理斯得知這件事後，勃然大怒，他覺得自己被攻擊，甚至憤怒的表明，他們夫妻間的緊密關係並非他人可以無理侵犯的。「我第一次瞭解到身為妻子的意義，而且充分感受到親密關係裡的同理心，我當時可以感受到丈夫的感受。」

同理心會與尊重相互依存。少了對他人的尊重，我們是不可能有同理心的；在沒有同理心的經驗下，我們也無法尊重他人。有了同理心，就能感覺到別人的感受。尊重與同理心是需要誠實為根基：誠實的對話、誠實的專注力、誠實的傾聽，甚至是真誠且誠實的改變。當我們誠實地（準確地）理解他人的想法與感覺時，這種理解會超越「同情」（「我能感覺到你的痛苦」），甚至超越認同（「我曾經歷你所經歷的」）。這是完全的明瞭狀態：雖然我不曾經歷過你遭遇的火災，但我可以從你眼裡看到當時的熊熊烈火，從你的皮膚感覺到熾熱的溫度，可以深入且尊重彼此的經驗來討論事情。心理學家提供了下列幾則關於同理心準確性的見解。

- 我們必須全心專注於當下，才能理解他人的想法和感覺。要能準確地同理他人，必須專注在每個片刻的互動，也必須努力認識對方的個性、特質、判斷和想法。
- 想要彼此誠實互動，得先認清這個事實：我們既有的偏見或想法，會影響我們對他人的理解。同樣的，任何個人的理論式評論，也必須受到重新檢視，以避免造成彼此間的誤解。舉例來說，心理分析理論中認為，施虐者與暴力行為是受到天生的攻擊所驅使；我們之所以變得暴力，乃因這是天性的一部分。然而近期的研究顯示，在父母離異或酗酒、肢體暴力、缺乏同理心的環境中生長的兒童，具有攻擊行為高於生活在愛與同理心環境下的兒童。心理學家凱西・溫敦（Cathy Spatz Widom）曾進行長達二十年的研究，追蹤九百多名兒童的成長過程，發現曾被父母施虐的兒童，在長大後因暴力犯罪遭到逮補的次數高出一般兒童百分之五十。虐待會衍生更多虐待，暴力會複製更多暴力，同樣的，同理心可以激發更多同理行為。當我們了解別人對待我們的方式會直接影響自己的行為時，就能更準確地理解我們的想法和感覺，並進一步引導出更誠實、真實的互動。

- 假設一段關係不是愉快的，就會更容易誤解另一半的正向行為，而且有百分之五十的機率不相信對方的行為只是湊巧。換言之，很可能將原本好的行為看成是惡意的，進而誤解對方表達關心和擔憂是不懷好意。
- 如果我們相信熱情與浪漫的重要性，便能提升理解另一半的能力。根據研究人員提出，當我們重視熱情與浪漫的重要性時，會比較願意盡力讓關係趨近於熱情與浪漫。因此也可以說，只要相信便能成真。正如心理學家威廉・詹姆斯所說：「信念可以為它自己作證。」

- 同理心的準確性會隨著時間而有所提高，但長久的關係所產生的自滿和熟悉感，又會削弱同理心。如果我們覺得好像知道彼此的每一個動作，我們就不會那麼有動力、或花力氣去理解對方不斷變化的情緒和複雜想法。自滿不利於關係的維持，因為當我們自認知道對方的所有事情，就意味著沒有成長的空間和驚喜的可能。如果我們不再花時間和精力對彼此發揮同理心，就會基於過去的理論和評判來回應彼此。同理心的準確性有賴於人與人之間的真實互動，而且雙方都必須把對方看作是一個持續在改變、在成長、在適應的個體。

以不讓對方感到羞辱的方式真誠回應

同理心總是堅持真相，如果我們不誠實、對彼此隱瞞一些事實，便難以做到彼此信任。不管在治療中還是生活中，富有啟發的瞬間總是發生在有人問出一個直接的問題：我漂亮嗎？我像別人以為的那麼聰明嗎？我胖嗎？我是個壞人嗎？我們通常會給予誠實與同理心的回答。這是富有啟發性的時刻，同理心讓我們能夠誠實，它會引領我們深入且感受他人所感受到的、思考的和體驗到的。接下來的挑戰，便是學會以幫助人而不是傷害人的方式來溝通我們的想法、擴大而不是侷限彼此的觀點。

「我真的很聰明嗎？」有一次一名患者這麼問我，「或者我就是一個自以為高人一等且自我感覺良好的傻瓜？」

我的患者提出這個問題的用意，是希望我能務實且有條理地評估他的智力。根據我的經驗，這種問題的坦誠答案並不是「聰明或笨蛋」這兩種極端的其中一個，而是介於中間值。

「根據我對你的瞭解，」我說，「你沒有你想的那麼聰明，但也沒有你所擔心的那麼不聰明。」

一名在努力減肥的四十二歲女患者詢問我的意見。她已經減掉了三十磅重（約十三公斤），即使每天都在運動鍛鍊，還是對自己的身材不滿意。「我受不了我胳膊上和肚子上那些鬆軟下垂的肥肉，」她露出一臉厭惡地說，「前幾天我買了一套泳裝穿上給丈夫看，他只說『顏色不錯』。我本來希望他能讚美我一下，但是他好像都沒注意到。你認為呢？我需要再減掉一些體重嗎？我很胖嗎？我需要客觀務實的意見。」

「我能想像你減掉這麼多體重真的很不容易。當你穿上泳裝的時候，你丈夫甚至都沒有注意到？」我說。

「我覺得他是希望我再瘦一些，」她說，「你知道，他想讓我看起來能像維多利亞的祕密（內衣品牌）產品目錄上的模特兒一樣。」

「這似乎不切實際了點，對吧？」

「你是說我瘦得還不夠？」她笑了。

「不是這個意思，」我跟著她一起笑，「你不是瘦到非常纖細，但是，你不像自己認為的那種很平常、很沒有吸引力的女人。你是個很聰明、善良、有吸引力的女人，還非常努力在減肥。你還能再減掉一些嗎？我肯定你還能，但我知道這很難。你的身材能更好一些嗎？如果你堅持運動鍛鍊，你還是會看到成效的。」

「謝謝，」她給我一個大大的微笑，「聽你說出實話，我感覺好多了，雖然這意味著我還瘦得不夠多。」

第六章裡提到的卡羅琳，有一次她告訴我，她跟一個年紀只有她一半大、老婆馬上就要生孩子的已婚男人有過一段短暫婚外情。「我覺得自己這麼做，真的卑鄙，」她說，「你覺得呢？」

「你為什麼想要知道我的看法？」我問。

「我也不知道，」她說，過了一會兒又補充，「我猜我並不需要答案——我知道自己在做什麼，如果我覺得這是一件正確的事情，我就不會跟你討論這件事了。」

不管在治療中還是生活中，同理心都讓我們沒有欺騙的餘地。誠實是我們在關係中想要找尋的東西，但是要以不讓自己感到羞辱的方式來聽到事實，以不會讓我們彼此疏遠的方式來說出真相。即使發現了一些連自己都感覺到羞愧的想法、感受和行為，我們還是希望可以聽到誠實的事實。同理心式的互動會把羞愧和內疚歸結在某個特定的情形之中，不會讓這些負面感受充斥在我們的腦子裡，否則就可能會轉變為屈辱和自我譴責。

如果誠實是殘酷的，那它肯定不是由具建設性的同理心所引導，因為同理心總是把事實設定在能幫助人而不是傷害人的方式之內。

實踐誠實

助人而非害人

同理心中的誠實是想要我們支持人而不是打壓他人。如果你的意見是讓他人感到丟臉或受到屈辱，那這些意見就不符合同理心的宗旨。在說話之前先問問自己：我是不是別有用心啊？如果對這個提問的回答是肯定的，就要在開始談話之前先評估你有多大的衝動想要傷害他人。誠實地談論事實，但避免貶抑對方。確保你坦誠說出自己的想法是為了幫助他人，而不是希望讓對方陷入你的利益或只是證明自己的某個觀點。要想辦法以助人而不是害人的方式說出你的關切。

尊重他人

具有同理的誠實，在本質上是很尊重他人的。同理心總是傳達出對他人的尊重——尊重他們的身分、經歷、過去和現在所處的情況。尊重別人的態度使我們確信，我們看到的便是他人真實的樣子，尊重讓我們聽到他人的擔心、注意到他們的渴求、傾聽他們的夢想，安撫他們的恐懼。如果誠實並不是在給予別人東西，而只是在批評、打壓和奪走某些東西的話，這樣的誠實便不是同理心所激發的。

在你跟他人的互動中，經常問問自己：我尊重他人嗎？我的想法傳達出我尊重他人所有的特殊經歷，以及複雜的想法與感受嗎？我是不是在給予力量和支持？

把誠實設定為界線

在我們之中有太多人都是一心與人為善，以至於會以善良、無私、無條件的名義，做出一些冒犯他人甚至是傷害他人的行為。幾年前，我在治療一個吸食古柯鹼成癮的患者，他對我說過很多次謊，還偷過藥。有一天，他打電話到醫院說自己有緊急情況需要和我通電話，所以總機就把他的電話轉進我的辦公室，儘管我當時正在進行其他患者的治療會談。他在電話裡解釋了他的「緊急情況」——他違反了假釋規定，需要我寫封信給法庭將他保釋出來。當時我感覺自己受到壓迫，而他在電話不斷的要求我，最後我直接掛了他的電話。

當時，在治療中的患者看到這一幕嚇得目瞪口呆。「你掛了那個人的電話！」她說。「他對我說過太多次謊話了。」我說。

「所以，如果有人對你說謊，你就可以掛他電話？」她問。這個問題在之後的會談中，她都帶著強烈的好奇心一再提起，並且問我：「要如何知道什麼時候是該設定界線，具體上又需要怎麼做呢？」那通電話是她治療中的一個轉折點，因為她丈夫有酗酒問題，而且會經常毆打和謾罵她。連她自己都說，她看見危險的訊號。接下來的幾個月，她努力地對丈夫設定界線、不讓他傷害自己。幾個月之後，她決定要離開她的丈夫，並且提起離婚申請。

用想法讓情緒冷靜下來

進行同理心的時候，我們會用思維大腦來讓情緒大腦冷靜下來。如果我們任由感受與情緒主宰我們的生活，不經過理性的大腦來冷卻情緒，那就是繞過了同理心的過程。

最重要的是，對你自己要誠實

有時候，我們以為的誠實，只是對不認可或譴責的一層偽裝與批評。如果你發現自己一直在批評他人，就應該誠實地好好看看自己了。問問你自己：這個人什麼地方讓我厭煩？他們為什麼讓我產生不安全感？我怎樣才能化解自我懷疑？該如何將自己的精力別都放在他人的錯誤和缺點上？

我沒有很多既定的信念，但是請讓我重複一個我認為適用在大多數情況下的觀點：**批評別人的人，大多都沒有安全感。**如果你花很多時間在批評、指正他人，那你應該花同樣的時間這麼對自己。

無一例外，每天都問一下：我在隱瞞什麼？

誠實是想找出被隱瞞的事情。要找到被隱瞞的地方，得先在自己身上找，再從他人身上找。問問自己：我在隱瞞什麼？如果把我的想法和情緒全都公開的話會發生什麼？我在害怕什麼？我能承受做到誠實的後果嗎？

要建立安全感

同理心、安全和誠實是緊密相關的。當你得到同理心的對待時，你就會對他人感到安全；當你覺得安全時，自己就會很坦誠，而且希望他人也能對自己坦誠。同理心能創造出一個具有安全感的氛圍，因為你知道自己的關注會被聽到，你也知道對方會尊重你，並為你著想。如果你覺得受到了威脅，沒有被保護或很脆弱，就無法聽到或感受到對方的坦誠。

想要讓另一個人覺得你是安全的，你就要用同理心來建立與他之間的關係。仔細地傾聽他；讓對方知道你盡力在理解他；要有耐心；學會如何與不完美共存；避免給出早就預設好的現成答案；能夠尋求對方的幫助；慢慢來，一步一步地前進，也要願意回頭檢討。而且如果犯了錯，你要願意說「對不起」並做出彌補。

這就是實踐同理心的方式。

誠實是比同情更有力的良藥。
同情可能會給人安撫，卻也經常會掩蓋真相。

——格蕾特·艾利希（Gretel Ehrlich）

第9章

謙遜
既知道自己是誰，又知道自己不是誰

要相信除了你以外，世界上的每一個人都已經開悟了。
他們都是你的老師，每個人都在做著正確的事情幫助你學習耐心、智慧、慈悲。

——佛陀

謙遜是「你既知道自己是誰，又知道自己誰也不是」的平衡之處。同理心能把我們帶領到一個謙卑的位置，使我們專注於自己行為的真相，慢慢地睜開眼睛，讓我們看到自己是誰，這樣就不會因為要奮力去成為不能成為的人而走偏了方向。每當我們以為自己是與眾不同的，認為我們很獨特，或者規則在我們身上並不適用，抑或覺得自己高高在上，這些都是在削弱我們同理心的力量。如果讓自己表現得跟他人不一樣，或者比他人更好或更聰明，我們便會與他人產生誤解與距離。同理心總是想把我們拉得更親近，提醒我們是彼此需要彼此的。事實上，沒有彼此的話，我們便無法存活。

《最後十四堂星期二的課》（*Tuesdays with Morrie*），這本書從許多方面來講都是一本討論「謙遜」和「同理心」之間的著作。教授墨瑞（Morrie Schwartz）即將死亡，他以前的學生米奇（Mitch Albom）每個星期二都來探望他。這名學生在老師面前表現得非常謙卑，希望能學到如何活得更充實、更豐富。這名教授也以謙遜的態度在自我學習。面對即將到來的死亡，教授以非常謙遜的態度面對。他明白自己所分享的任何智慧，都來自他知道自己很快就要回歸塵土。

在一次難忘的對話中，墨瑞回憶起有人詢問過他一個「有趣的問題」：是否擔心死後遭到世人遺忘？他的回答說出了同理心中謙遜的核心。「我不覺得我會擔心，」他沉思著回答，「有很多人與我有親近和親密的關係。而愛就是你繼續活在他們心中的方式，即使你的肉體已經死亡。」

隨後，墨瑞轉向他的學生米奇，詢問他一個問題：「你回到家一個人獨處的時候，是否有時彷佛能聽到我的聲音？」

「是的。」他的學生回答。墨瑞對此感到滿意，他知道這個答案已經消除心中的疑慮，而這個觀點已經被學生記住了。如果我們還能聽到自己所愛的人的聲音，即使遠隔千里，甚至陰陽兩隔，他們還會繼續跟我們在一起談話、聆聽。

同理心中的謙遜存在於一個事實裡：相互照顧、彼此撫慰是我們生活中最重要的事情。我們生存的首要目的，並不是要成為最好的、最聰明的、最富有的或最漂亮的人，而是能像關心自己一樣關心他人。透過人們之間的關係——藉由尋找到彼此，並確信如果沒有了對方，生活就沒有持續的意義或目的——我們才能對這個世界產生最有意義和長遠的影響。

在教授過世之前的幾週，也就是教授和他的學生做最後道別的「第十四個星期二」，墨瑞對米奇說了一個海洋中波浪的故事。這個波浪在遼闊的大海中渡過精彩的一生，它輕柔地翻滾著，因風而起也因風而平靜，浪起浪落，忽高忽低，拍打著岩石後又再捲起重來。然後有一天，波浪往四周一看，發現事情發生了變化——海洋的前頭有個布滿岩石的礁石灘，許多波浪用力的拍打著岩石。

「我要死啦！」這個波浪意識到，「不管我做什麼，不管我多努力，我都要被其他波浪帶著一起向前，我遲早會撞向岩石。」

另一個波浪過來問道：「你怎麼了？」

「你不明白嗎？」這個波浪說，「看看前方，我們正面臨災難啊，我們都要撞到海灘上，粉身碎骨了。」

「哦，恐怕是你不明白啊，」第二個海浪說，「你要知道，你可不僅是一個波浪——你也是大海的一部分。」

我們並不是一座孤島

唯有認清每個人只是宏大整體的一部分，才能真正擁有同理心的謙遜。同理心能讓我們謙卑地接受自己的個性，雖然我們都是與他人分離的、是獨特的，然而我們也還是那更深刻、更寬廣、更遼闊的整體的一部分，我們都是大海的一部分。由同理心來為我們指引方向，就像教授指導他的學生一樣，可以在還沒有看到遠處的海灘之前就發現這個真理。

在經典著作《人的宗教》（*THE WORLD'S RELIGIONS: Our Great Wisdom Traditions*）中，休斯頓．史密斯（Huston Smith）提到了關於歐仁．萊恩（Oren Lyons）的故事。歐仁是奧農達加族（Onondagan tribe）第一個上大學的部落成員。歐仁在第一個假期回家的時候，叔叔帶他出去釣魚。叔叔將船划到湖中間之後，開始了他真正的目的——希望姪子明白自己在世界中的位置。

「嗯，歐仁，」叔叔說，「你已經上了大學，在大學裡，他們會教你很多東西，你現在肯定聰明得多。讓我來問你一個問題吧。你是誰？」歐仁被問得措手不及，慌亂地尋找答案：「你是什麼意思？我是誰？為什麼這麼問？我當然是你的姪子啊。」他叔叔不滿意這個回答，又重複一遍他的問題。姪子又一次回答說他是歐仁．利昂，是一名奧農達加人，是一個人，一個男人，一個年輕人。但這些回答都不是正確答案。叔叔讓他先冷靜下來，接著說：「你看到那邊的懸崖了嗎？你看到在懸崖上的巨松了嗎？歐仁，你就是那棵松樹；看到讓這艘船浮起來的河水了嗎？你就是這些河水。」

叔叔是想教導他的姪子：相較於我們身在何處、或是與他人互動產生的連結，我是誰其實沒有那麼重要。同理心總是會強調內在，且敦促我們相互連結、與世界互動。我們與對岸的松樹、下面的湖水，或者坐在船舷另一頭那未受過教育的人相比，沒有什麼不同。我們能回報這個世界的，是我們真正吸收且擁有的東西；意識到自己吸收到了多少，就能讓我們擁有回報這個世界所需的謙遜。當泰瑞莎修女被問到她是如何辦到與痲瘋病人一起工作時，她回答：「因為他們給我的回報是如此之多。」

在我大四之前的暑假，我在父親的傢俱店裡工作，負責把傢俱裝上卡車，然後開車送貨。每天在歷經十個小時艱苦的體力勞動之後，我疲憊地回到家，坐下來跟父母一起吃晚飯、聊天。晚飯之後，父親會看看報紙，到鄰居家裡聊天，或者在前門走廊上抽根菸，母親則是和我繼續聊天。某天晚上，我和母親在一段真誠的長談之後，她告訴我，她有多喜歡跟我聊天。這讓我對自己感到很滿意，也很開心她注意到我說的話，所以自以為是地跟她說了幾句我覺得很有同情心的話。

「這對妳來說肯定很不容易，」我說，「因為妳能坐下來聊上幾個小時，爸爸卻沒時間或沒有耐心和我聊這麼久。」我跟母親聊到關於父親的缺點。「他很緊繃，」我說，「而且非常沒有耐心，所以很難跟他持續聊很久。」

母親安靜了一會，整理她的思緒。然後，她很溫和地說：「所以，你現在不喜歡你父親的緊繃了嗎，亞瑟？你需要他的時候，即便他在工作了十二小時之後，也會開三小時的車去學校見你，那時你感激他的嚴肅緊繃嗎？或者是當他用深棕色的眼睛看著你，直接看透你的內心說出：『任何事情我都會幫你、支持你。』那時你欣賞他的緊繃嗎？」

母親又沉默了一會。她臉上的表情似乎在說：「我不想傷害你，但你說錯話了。」她說：「闔上你的書本，亞瑟，要睜開你的眼睛。」

同理心的謙遜就藏在這幾個字裡：「要睜開你的眼睛」。母親跟歐仁的叔叔一樣，沒有讀很多書，但是也不是像許多人說的未經世事。她經常說鎮上的肉販跟醫師一樣是好人。「醫師是個善良慷慨的人，照顧很多人的健康，」母親說，「但是他從來不記得任何一個病患的名字，出了辦公室，他好像對人就不那麼感興趣了。」

「但是那名肉販，」這時母親的眼睛會閃著光芒，「這個人靠賣肉為生，但是每天結束之後，他會把食物分給貧窮的人。所以醫師和肉販都是好人，但是真正的善良不會在你忙完一天關門之後就停下來。」

一位拉比在與他的學生對話時，講到了類似的故事。「在猶太法典中，」學生說，「鸛鳥被認為是哈悉達（hasida），意思是虔誠有愛心的。然而在《聖經》中，鸛鳥卻被稱為不潔的鳥。你能告訴我為什麼嗎？」

「因為鸛鳥只愛他們的同類。」拉比回答。

如果我們只關心和愛護家人、團體夥伴、部落成員、鄰居，或者同一個國家的人，那我們給出的愛就沾染了自大和傲慢。同理心要求一種謙卑的愛、一種關心所有人的愛。同理心之愛來自謙虛，在瞭解這一點後，當除去了頭銜和財富後，我們的相似之處會多於差異。我們都是生命汪洋中的小小浪花而已。

同理心對謙遜的定義

同理心的謙遜，核心意義在於平衡。這使我們既能認識到自己的優點，也能知道自己的缺點，不會讓自己過度陷入任何一個極端。因為謙遜，我們既能避開因自己的成就而驕傲自大的陷阱，也能避開因誇大自己的錯誤而感到挫敗掉進自暴自棄的圈套。精神病學家佛列茲・皮爾斯（Fritz Perls）解釋了心理狀態平衡的人、神經質的人與精神病患者之間的區別：精神病患堅稱「我就是林肯」；神經質的人會抱怨「我夢想能成為林肯」；心理狀態平衡的人只會說

「我就是我」。

謙遜和我說的「健康自戀」是同義詞，是指知道如何朝內在的自己和外在的他人都投注平均的能量。我們可以說「我就是我」，既不會因為驕傲而讓自己膨脹（「我就是我，我就是最偉大的」），也不會因為錯誤的謙卑而讓自己挫敗（「我就是我，我什麼都不是」）。謙遜能幫我們在「我本萬能」和「一事無成」之間的找到平衡。

道格・哈瑪斯克（Dag Hammarskjöld）在他的著作《路標》（*Markings*）中，對謙遜的核心做出了以下說明。

> 謙遜與妄自菲薄相反，也與妄自尊大相反。謙遜就是不去做比較。自我就在現實中安全地存在，跟宇宙中的任何其他事物相比，既沒有更好，也沒有更糟；既不會比他們更大，也不會更小。它就是——一文不值，但同時也萬事俱足。

帶著同理心，就能對真實的自己找到安全感，知道我們自己位於全有和全無這兩個極端之間。哈瑪斯克後面還寫道：

> 心懷謙遜不是去體驗現實與我們的關聯，而是去體驗現實中的神聖獨立性。要從我們

內心的平靜之處去觀看問題、給出判斷、採取行動。然後，不論消失了多少事物，那些留下來的則變得更加清晰。

我們內心都有一個平衡點，在那裡，萬事萬物都同樣地處於平衡。一棵樹就是一個奧祕，一朵雲也是一種啟示，每個人都自成一個宇宙，我們只能一睹其中的一小部分。質樸的生活是如此簡單，它為我們翻開了一本書，而我們卻從未能閱讀超越第一個章節。

從這一點來看，我們能看到自己並不是宇宙的中心，而只是微不足道的一小部分，看到這一點會讓我們得以解脫。將自己置身於所有生靈的遼闊星球中，就能理解自己是多麼微不足道。意識到這一點，就不會再去渴求成為最好的、最聰明的、最富有的或是最漂亮的人，這個認識也會讓我們謙卑地接受我們是誰。反之亦然，中間的位置讓我們不用害怕自己會是世界上最差、最笨、最窮或者最平凡的那個人。謙遜正好把我們放在中間，我們只能承認自己並沒有那麼偉大，也很高興地承認自己沒有那麼糟糕。

同理心如何產生謙遜

同理心需要謙遜。為了採用他人的觀點，我們必須放下自己的觀點。具體來說，我們不得不對自己說，「我的觀點還不夠寬廣」，這個立場不是在自我批評（「我不夠好」），而是在擴張自我（「我還可以學習和體驗到更多」）。同理心所產生的謙遜要我們努力放下自己的理論和偏見，讓我們能帶著開放的心態進入每一個新的情境——就是禪修說的初學者心態，一種沒有任何先入為主、拋開偏見的心態。

研究「觀點取替」（perspective taking）的心理學者提出以下發現，解釋了缺乏謙遜會如何影響同理心的能力。

- 自我中心會讓自己的情緒和想法干擾你理解他人的能力，這妨礙了同理心的能力。當你把渴望、夢想、希望和恐懼等，作為你世界中的主要焦點時，你會發現自己很難接納他人的觀點，或很難區分你和他人的需求。這就好比一則流傳已久的古老笑話，某個人花了許多時間談論自己，卻又轉回詢問他的朋友：「你認為我這個人如何？」
- 用他人的觀點準確地推測出他們的想法和感受，這種能力是在你認識自己的情緒、渴望、信念和想法的過程中逐漸獲得的。理解自己，你才會有動力去理解他人。任何阻礙你以更寬廣的心去自我理解的事情（悲痛、創傷、虐待、關係中缺乏同理心），都一定會影響到你同理他人的能力。
- 採用他人的觀點需要壓抑自己的觀點——這個過程非常的困難，需要仰賴於你的內在能力和動機。這個動機可能來自你想幫助他人的渴望（助人的同理心），也可能來自你想操控他人的企圖（害人的同理心）。

- 助人的同理心來自謙遜，因為謙遜會讓人想成為一個更好的人（更理解他人、更關愛、更寬恕、更寬容）；而害人的同理心則來自自大和驕傲——堅信你是宇宙的中心，他人只有在對你有用的時候才有價值。
- 助人的同理心和利他的衝動是可以傳播開來的。第一步，也是最重要的一步，就是自我認知，因為我們越瞭解自己的想法和感受，就越有理解他人情緒的能力。在五歲之前，孩子都會企圖誇大他們的想法（「我什麼事情都能做」）；隨著經驗的增加和大腦的不斷發育，他們更能自我覺察，意識到他們是有侷限的。自我覺察會讓人謙遜——當你明白自己既有強項也有短處時，一個全新的情緒世界便會向你敞開：嫉妒、羨慕、不安全感、驕傲、自信，當然也有謙遜。

如果你因為自己的獨特性而得到關愛和尊重，你就能學會如何處理這些困擾的情緒，變得有社交能力，就是丹尼爾·高曼（Daniel Goleman）所謂的「情緒智商」（Emotionally intelligent, EQ）。但是，如果你被疏於照顧、被忽視、被批評或被虐待，你可能會陷在誇大自我中、捍衛你不安的自我、責怪他人、過度要求完美、把你的想法和感受投射給他人、沒耐心。這些都會讓你有很多負面情緒，比如憤怒、敵意、怨恨、恐懼、羞恥和內疚。

● 助人的、有利的同理心也是可以傳授的。心理學家威廉・伊克斯、卡洛・馬拉哥尼（Carol Marangoni）和史泰拉・葛西亞（Stella Garcia）等人在一篇學術文章裡寫道：「同理地理解他人是一種可以訓練出來的技能，透過提供即時的、能產生明確目標的回報，就可以提升這種技能的水準。」

換句話說，我們要學會並教導他人接納別人的觀點看事情，同理心的傾聽可以控制我們的衝動，調節我們的心情，在情緒和理智之間找到一個平衡，就能解決衝突，建立親密、持久、有愛的關係。

正如這些研究所顯示：同理心是一個需要付出努力的過程，要願意暫時放下自己的想法和感受，以求更準確地理解他人的想法和感受。當我們把自己從中心移開，就為讓出空間接納他人的觀點和意見。同理心的能力會因謙遜而擴大、因自大和驕傲而萎縮。

謙遜是同理心最重要的基礎。

實踐謙遜

尋求幫助

在你尋求幫助時，你會自然地表現出謙卑的態度，承認你需要他人的指導。我們每天都可以透過向人尋求幫助來實踐謙遜。比如，請朋友來幫助你解決面臨的困境；向你的伴侶尋求幫助來解決婚姻中的問題；或是向陌生人問路等等。

試著練習讓你的措辭中也帶著謙遜：

- 我弄不明白這個事情，你能幫幫我嗎？
- 我不知道該怎麼做，你有任何想法嗎？
- 我覺得我迷路了，你能告訴我怎麼走嗎？

將他人的需要擺在你的需要之上

一對夫妻決定午飯時共享一個乳酪漢堡。餐廳服務員詢問他們漢堡裡要不要洋蔥時，妻子說：「要的。」在此同時，她的丈夫說：「不要。」

事實上，妻子不喜歡洋蔥，但她說要洋蔥是因為知道丈夫很喜歡；丈夫說「不要」是想起洋蔥會造成妻子消化不良。服務生拿著筆在一旁等待時，他們討論著。「我不需要吃洋蔥。」丈夫說。「我可以把洋蔥拿掉。」妻子回應。

在這種小事情上，當我們把他人的需求和渴望擺在自己的需求之上時，就發現了謙遜。問問你自己：今天我能為我愛的人做些什麼呢？我能為一個陌生人做些什麼呢？哪些事情我可以放棄掌控，讓他人來處理？我要的哪些東西並不是我真正需要的？

傾聽

傾聽是謙遜和同理心的核心，因為當我們在真正的、深入地傾聽，讓對方感覺到自己真的被聽見時，就表示我們做到把自己放在一邊。早期的基督教徒裡，被尊稱為沙漠教母和沙漠教父（Desert Mothers and Fathers）的人，都有著強調傾聽的藝術。有一個故事提到：一個新來到沙漠的人詢問一位年長的修行者。「你能告訴我一些智慧的話語來拯救我的靈魂嗎？」新來的人這麼問。

「如果你想拯救自己的靈魂，」長者回答說，「就等你被問到問題的時候再開口說話。」

我又想到了墨瑞教授詢問他學生：「你會到我的墳前來嗎？」他的學生回答：「會的，」又補充說，「但是不同的是，我再也聽不到你說話了。」

「那你來告訴我吧，」墨瑞說，「我死了之後，你來說，我來聽。」

說出你的祈禱

祈禱是一種溫和的態度，使自己以謙卑的方式尋求幫助。正如神學家賽門．德奎爾（Simon Tugwell）在《不完美之道》（*Ways of imperfection*）一書中的解釋：祈禱的原始意義是祈求幫助，主要來自「因為無力，否則就不需要祈禱了」。祈求幫助這個單純的行動，對精神來說是好的，對頭腦和身體也有益；從同理心的角度來看，祈禱對他人也有好處。在哈佛大學醫學院所進行的一系列實驗中，赫伯特．班森（Herbert Benson）便證明了禱告語能刺激出某些生理變化，使人產生「放鬆反應」（the relaxation response）。

賴瑞．杜西（Larry Dossey）醫師在著作《療癒之語》（*Healing Words*）中列舉的數百項研究都證明：充滿愛的、同理心的想法和禱告能對健康和療癒產生強有力的正面影響——不僅僅對人，對細菌和老鼠也是。在其中一項實驗中，六十個細菌樣本因為祈禱而減慢或加速其生長速度。在另一項研究中，以小老鼠進行二十一次的麻醉試驗，其中有十九次聽到祈禱的老鼠復原的速度都比較快。

你可以在一天中的任何時間進行禱告，你的禱告也可以直接對任何一個人——上帝、偉大的神靈、一個朋友或親戚，甚至是你自己。你可以為那些努力找尋方向的人禱告；可以為死去的人禱告，祈求他們的靈魂得到安息；可以為自己禱告，尋求力量、理解、信念、寬恕；可以為他人禱告；可以為謙遜而禱告。

記得自己終將死亡

沒有什麼能比「知道我們都會死去、活在世間的時間有限」更讓人謙卑。關於死亡的問題，我們不可能有任何確定的答案，問出這些問題本身就能使人謙卑。我們將去哪裡？死亡之後還有生命嗎？我們的精神還會繼續活下去嗎？我們活在世上的目的是什麼？

這些不僅是宗教問題，是關於生命的基本哲學問題，而且它們也有實際的意義。我們為終將死亡而謙卑，能被它激勵。毫無疑問，沒有了我們，這個世界還會繼續，但我們在世的時候，就要盡力而為，讓這個世界變得更美好。僅此而已。

> 凡上帝所造之物均有裂痕。
>
> ——拉爾夫・沃爾多・愛默生（Ralph Waldo Emerson）

第10章

接納
我沒那麼好，你也沒那麼好

冷杉別無選擇，它的生命只能從岩石裂縫裡開始……它能找到的（營養）總是貧瘠，地面上能看到的只是扭曲的樹幹，還有許多枯死和折斷的樹枝，被風吹得彎倒在一旁。然而，年復一年，樹尖上總有些細枝長著綠色的松針，證明著：雖然外形扭曲，不夠完美，滿身疤痕，但這棵樹仍舊活著。

——哈瑞・艾洛（Harriet Arrow）

小約翰・F・甘迺迪（John F. Kennedy Jr.）死於飛機失事之後，社會上流傳著很多他的故事。以下是我最喜歡的版本。

許多年前，在一個滑雪坡道上，小約翰哭了。他的叔叔鮑比走到小男孩身邊，摟著他的肩膀說：「甘迺迪家的人都不哭的哦。」

約翰抬頭看著他的叔叔，只說了一句：「但是這個甘迺迪在哭。」

一個小男孩有著超出他年紀的洞察和智慧，真實地說出他是誰。他向世人宣告，我跟其他任何人都不一樣，我是獨特的，我是屬於我自己。即使當我脆弱時——不，尤其是對於我脆弱時——我也接納本來的自己。

在這個故事裡，還有一個令人印象深刻的結尾。賈桂琳．甘迺迪（Jackie Kennedy）聽到兒子的回答後，很自豪地笑了，並且給他一個擁抱，這個肯定的舉動說明了為什麼小約翰會如此地接納自己。因為媽媽鼓勵他做自己，所以他能夠有勇氣做自己，不用顧及他人對自己行為的期望。被媽媽的同理心安全地圍繞著，他有機會成為他自己。

「做你自己」這句古語，就是接納的同理心核心。在做到這點之前，我們首先要問：「我是誰？」在一生中提出的所有問題裡，這個問題最有挑戰性，因為要如實地回答這個問題，我們要放棄自欺欺人，不僅接受我們本身強大、令人欽佩的方面，還要接受脆弱的、會犯錯誤的部分。只有當我們對自己的「好」和「壞」全都接納的時候，我們才能知道如何接納既有優點也有缺點的他人。

同理心對接納的定義

羅傑斯在他的經典著作《成為一個人》中，定義了什麼是符合同理心的接納。

說到接納，我指的是人們對自己作為一個具有自尊心的人，所投入的熱情與專注：不論他的行為、狀態、感受如何，都有價值。這意味著他尊敬和喜歡自己是個獨立的個體，願意以自己的方式擁有自己的感受。這也意味著他對自己此時態度的接納和尊重，不管是消極的還是積極的，也不管現在態度跟以往有多麼大的區別。對個體而言，這種對自己每一個波動變化的接納就是一種溫暖安全的關係，這種關係對他而言是安全的、接納性的、有幫助的。

雖然我同意羅傑斯的觀點，接納意味著對他人溫暖的關注、尊重和喜歡，但我覺得最重要的是做到接納所需要的過程。同理心把接納定義為一個持續性的過程，其中包含三個階段。第一階段，我們學著接納自己的所有矛盾和複雜；自我接納之後會走到第二階段，那時我們接納他人所有的矛盾和複雜；在第三階段裡，我們接納「兩個矛盾複雜的人相遇後，所產生的每一段人際關係中都不可避免會出現的矛盾和複雜」。

自我接納是第一步，因為自我認識和自我覺察奠定了理解他人的根基。自我反省自己（眼睛要睜大）既能看到好的部分，也能看到不好的，所以我們總會說：「怎麼會這樣！」很奇怪的是，認知到這一點是舒服的，因為承認自己的真實情況絕對要比總是與事實對抗來得好過一點。在跟自己抗爭了多年之後，突然有了一線曙光：原來我們也好不到哪裡去。同理心對這種僵局的解決方案是什麼呢？認輸、放下、臣服於自己的實際情況。

同理心能讓臣服成為可能，提醒我們不夠好也沒關係。能夠幸福是一個美好的目標，但是幸福總是短暫、難以複製。幸福只發生在某些短暫瞬間，而在那些愉悅片刻之後，我們會有很多的痛苦、困惑、悲傷和絕望，讓人感到焦頭爛額。況且，誰說我們都有幸福的權利呢？我們當中誰又能說自己真正擁有這項特權呢？幸福不就是我們知道它肯定會稍縱即逝，所以只能好好珍惜眼前的東西嗎？

我沒有那麼好，你也是——但是，這都沒關係。這是同理心能包容一切的哲學。格倫是一位三十三歲的鋼琴家。他告訴我他巡演時無法接受任何錯誤。透過同理心的指引，我們討論了他的父親。他父親是一個電工技師，總是貶低他人（主要是他兒子）來抬高自己。當格倫接納父親說他「沒那麼好」（不完美、挑剔、缺乏安全感）時，他就承認自己也「沒那麼好」（不完美、苛責、沒有安全感）。格倫將自己缺乏安全感視為正常，這是因為他在一個超級苛責、缺乏安全感的父親身邊長大，在同理心的引導之下，他能夠接納自己是一個「完美」的人，意味著他「沒那麼好」也沒關係。

安東尼・德・梅洛（Anthony de Mello）是猶太教的神父，同時也是一位敘事大師，他針對「我很好」的問題提出了相當精闢的見解。下面這段話摘自於瓦耶斯・卡洛斯（Valles Carlos）所寫的《理解薩達那》（*Mastering Sadhana*），是一本探討安東尼・德・梅洛學說的著作。

> 「我很好，你也很好」的理論是一個很無趣的教條。這意味著，它會要求你必須感覺到「很好」，而且除非你感覺很好，否則就是你有問題。這絕對是讓人無法接受。不管我是誰，我感覺到了我的感受，這就夠了。我不需要「很好」才能足以讓你追隨我。我可能沒有那麼好，但這對我一點都沒有問題。你一定不能陷入這個「很好」的陷阱。事實上，我之後打算寫一本書，書名就叫《我是個笨蛋，你也是個蠢貨》（*I'm an Ass, you're an Ass*），這會是那個「很好」教條的解藥。已經有人給這本書建議了一個副書名：一本讓你被踢出的書！

只能透過同理心的廣角鏡頭，我們才能學會接納。我們必須打破「要成為很好的」的陷阱，學會接納「我沒那麼好」。很神奇的是，當我們接受自己並沒有那麼好的事實時，我們會開始感覺到更好、內心也感覺到好多了。我們讓自己在真實情況中得以自由，便會發生一些難以置信的事情——我們會開始改變。慢慢地，幾乎是不可覺察地，自己開始聽從於自我。十九世紀的哲學家、心理學家詹姆斯把這個過程稱作「臣服」，意思就是：「有些時候你必須讓步，有些內在的僵固須要破除與化解。」

當內在的冰塊開始融化後，並不需要刻意或者要求，我們自然而然會開始改變。羅傑斯將這個過程稱為「奇怪的矛盾」（curious paradox），認為唯有接納才是改變的開始。

> 當我們接受自己本來的樣子時，就會有所改變。我覺得從客戶身上和自己的經驗中都學到了這一點——我們無法改變、也無法離開現在的樣子，直到我們徹底地接受現在的自己。然後變化幾乎是無聲無息地發生。

「只有自己才能讓自己舒服。」馬克．吐溫（Mark Twain）曾經說過，而且好像沒有比這句更正確的說法了。對自己的接納必須來自於自己。但是，只有透過同理心的力量——透過他人對我們的想法和感受的關注，並確認我們是值得他們關心的——我們才能敞開心扉，與原本的自己融合在一起。

同理心如何帶來接納

同理心可以擴大我們的觀點以引導我們做到接納。透過同理心的寬闊視野，我們能看到自己的全貌。把我們自己放在跟他人關係的背景下，就能看到自己歸屬何處、適合哪些人事物。在社會中找到我們的位置，我們就會知道，只有接納對彼此的需要，才能接納自己。

自我接納是接納他人過程中關鍵的第一步。「成為你自己」也就是「瞭解你自己是誰和你符合或屬於哪裡」的過程。這個過程永遠沒有盡頭，因為自我跟他人的關係不斷在改變、成長和轉化，同樣地他人也是如此。雖然他人轉變的速度快慢不一，但他們也在完成跟你一樣的基本任務——發現他們自己是誰，他們自己屬於哪裡。

不久前，我居住處附近的鎮上，有一名十歲小女孩在一場暴風雪中的車禍中喪命。當時，她父親開的車子打滑轉向撞到了雪堆上。起初，父親和她都沒有受傷，他們爬出汽車，站在路邊等待救援。這時，一輛小型貨車開到同一個路段上，車輛失控偏離方向撞上他們，小女孩被撞死，父親受到重傷。

這個悲劇讓當地居民都陷入了悲痛和震驚之中。事發後第二天，我接到朋友貝蒂打來的電話。她是當地教堂的一位牧師，她接受委託主持小女孩的葬禮。由於這場車禍所引起的強大失落感，使得貝蒂震驚不已，完全不知道該怎樣處理自己的情緒，而且她不知道自己能說什麼來幫助他人面對痛苦。「我覺得這裡的人們特別需要一場完美的布道，」她告訴我，「只是我不覺得自己有這個能力。」

貝蒂和我談了好一會，聊到她原本對完美的追求，以及她從嚴厲且情感淡漠的父親身上學到的經驗，就是要好好控制住自己，對他人隱藏比較深層的感受。之後她開始講到她的教區居民，他們是真心地乞求她的幫助，在她的懷中哭泣，很渴望能尋找一種方式來讓這個孩子的死亡變得有點意義。

「我不是上帝，」她邊說邊失控地哭了起來，「我只是一個人。」

「我在想這是否就是你要的答案？」我說。

「是說我不是上帝？」

「是的，」我說，「如果妳能把剛才跟我說的話說給教區居民聽——妳也被這個不幸事件所震驚，妳需要他們的幫助，就像他們需要妳幫助一樣。或許妳可以告訴他們，妳沒有所有疑問的答案，但是你相信團結的力量能讓大家互相支持、互相關愛。」

「但是如果這樣敞開自己的內心，是不是就偏離了我的職責？」貝蒂問，「我應該是最堅強的那個人，他們尋找痛苦的解決方案時所依賴的那個人，不是嗎？」

「但是痛苦的最基本解決方案不就是我們互相需要嗎？」我說，「以前妳說過好多遍這句話——我們的強大就在於我們互相需要。」

「是的，」她的聲音聽起來好像看到了希望，而且變得越來越興奮，「這是我所相信的道理。」

貝蒂的布道沒用草稿，卻說的非常動人。她從自己痛苦的深處說起，坦誠自己害怕表現得很脆弱，並且強調了自己的信念：唯有團結在一起，教堂會眾才能找到治癒的方法。貝蒂明白她的強大來自她的脆弱，也發現了同理心能夠治癒和轉變。當她在教區民眾面前痛哭的時候，那些受傷的心開始融合為一。

「沒有人能像內心受傷的人那般完整。」猶太牧師摩西・列柏（Rabbi Moshe Leib）說。唯有接受自己是不完整的這個事實之後才能變得完整。在這個星球上的每個人都有破碎的地方——傷害、疼痛、悲傷、沒被滿足的渴求、痛苦的失落等等。這些不是我們應該害怕的缺點，或是我們應該盡力掩蓋的瑕疵，它們只是一些我們在全然地、積極地、敞開心房生活時所留下的傷疤。

因為我們生活著，所以我們會受傷害。因為我們活在這個世界裡，在思考、在感受、在行動，也在做出反應，所以我們就會碰撞且受傷。這怎麼可能不會發生呢？「所以現實的人生皆因相遇。」猶太牧師布格伯說，當我們相遇，我們難免就會發生碰撞。或許我們發現最深層的接納是：全心去擁抱親密關係中注定都會出現的喜悅和痛苦。

實踐接納

放下

正如心理學家詹姆斯一百多年前說的，如果「放下你的執念」，你就會獲得「內在的解脫」。他用一個故事解釋這項觀點。

一個人獨自在夜間行走，突然滑倒在懸崖邊。他四處亂抓，在絕望中仍希望能保住自己的性命，終於他抓住了一根小樹枝。他抓著這個樹枝堅持了幾個小時，但是最後他實在抓不住。隨著最後一聲絕望的哭喊，他鬆開手，掉落到離樹枝只有十五公分的地面上。

「如果他早點放棄掙扎，」詹姆斯在故事中諷刺的結尾處說，「他就不用那麼痛苦了。」

問問你自己：你在生活中堅守著哪些自己很害怕失去的東西？（當然，答案會是像生活本身一樣豐富多樣：財富、健康、婚姻、友誼、子女、幸福、安全感、愛、內心的平靜、房子、船隻、工作、青春……）這個掙扎讓你付出了什麼？你能鬆開你的手嗎？在地面上等著你的又是什麼？這個掉落有多深？如果放手了，你可能活下去嗎？

學會如何接受批評

如果你真正地、坦誠地、完全地做你自己，我向你保證，你一定會遇到不喜歡你、不認可你、想要改變你的人。正如安東尼奧・波契爾（Antonio Porchia）在《聲音》（*Voices*）雜誌裡說的，「如果這是你自己的路，他們會說你走錯了」。當有些批評是中肯時，我們可以從中學到很多東西。但是有些批評也可能是不中肯、沒必要和操控性的。從米糠中篩選米粒，就是一件很重要、很具挑戰的任務。

如果你發現自己經常批評他人，就使用你的同理心去發掘自己缺乏安全感的根源。在我的經驗中，經常批評他人的人是因為缺乏安全感；因為感覺到不安穩、沒有受到保護時，他們就容易斥責他人。問問你自己：在哪些情況下我難以接納自己？和哪些特定的人相處會讓我感覺害怕或不自在？我能做哪些改變來讓自己感覺更穩妥、更安全？

如果你總是批評自己和他人，一般而言，這代表你有尚未解決的痛苦，你的過去持續地干擾著你內心的平靜。找出你的不安全感來自哪裡，這能幫助你坦誠地、毫不隱瞞地處理這些問題。

經歷痛苦才能成長

有人會問：當你對他人敞開自己的內心，接受自己需要幫助的事實時，是在讓自己處於弱勢。為什麼要讓他們進入你的內心和靈魂？你可能會因此而受傷心碎。

在明白了同理心的力量後，你就會知道誰可以信任，誰應該質疑。使用你的評估技巧，仔細去傾聽，仔細觀察，確保人們的行為跟他們的言語表達出來的是一致的，並且小心你可能會被哪些方式所操控。當你確信一個人值得信任，是真心在乎你，那你就全心地進入這段關係。

在真正的人際關係中，我們不可能投入了還不受到傷害，但是就像許多智者曾經提醒過我們的，痛苦是我們最偉大的老師之一。經歷了痛苦，我們才會成長。最深的傷痛經常會產生最強大的力量。問問你自己：我最深的傷口在哪裡？哪裡是讓我始終感到傷痛的地方？我如何利用這個痛苦來成長和改變，變成一個更強大、更接納、更寬容和更有愛的人？

把注意力放在一段關係帶來的治癒效果，而不是只聚焦於它造成的傷害。在每一次遭遇痛苦或失望時都問一下自己：我能從這次經驗中學到什麼？我是不是可以用不同的方式來處理這個局面？這個痛苦是如何教導我靈魂所具有的應變能力和韌性？

找到讓你感覺合適的地方

找到能接納我們的人時，我們才能接納自己。這是在治療「讓孤獨和被誤解的痛苦靈魂找到合適和歸屬的地方」時經常發生的事情。他們不再逃離自己，開始接納自己本來的樣子，接納自己的優點和缺點。

想想我們的家。對你來說，「家」這個詞意味著什麼？你待在那裡的時候有什麼感覺？

「家」是讓你覺得自己屬於這裡、甚至你的不完美都能被接納的地方嗎？儘管你有缺點，但還是會被欣賞、會被愛？在那裡，你被愛，儘管你有缺點。在哪裡你能做自己？哪裡是你真正的家？哪裡能讓你感覺到安全？

也想想那些你感覺不像是家的地方。它們不是很合適，因為你在盡力成為不是你的樣子，或者其他人不接納你本來的樣子？你是不是在盡力滿足他人對於你應該是誰的期望？想要融入別人的努力是如何影響你的？還值得繼續這種努力嗎？你會從中獲得什麼？你又會失去什麼？

花時間來獨處

獨處的能力是我們接納自己和他人的必要（有時還很痛苦的）條件。直到我們學會了如何舒服地跟自己獨處，才能舒服地跟他人共處。在《愛的藝術》中，精神分析學家艾立克・佛洛姆（Erich Fromm）解釋了這項基本的哲理。「如果我依附於他人是因為我不能用自己的雙腳站立，」佛洛姆寫道，「這個人可能是個救命恩人，但這個關係卻不是愛的關係。反過來，獨處是具有愛的能力的條件。」

以下有幾種獨處的方式：自己出去散步；讀一本書；在雜誌或日記裡寫信給自己；一個人開車出門；睡個午覺。你也可以跟自己對話。我經常會和自己的內在進行簡短的對話，尤其是我感到疲累、很有壓力，或者因為某個情況或某個人而感覺受到挑戰的時候。我會走進廁所裡，看著鏡子，感覺我的父親站在我身後，用他自信的聲音在內心裡對自己說話：「你能做到的，亞瑟。」我彷彿能清楚地聽見他說話，好像他真的在廁所裡對我說：「我相信你。你總能應對每一個挑戰。」

當你獨處的時候，你能聽見誰的聲音？那是一個積極、樂觀、支持的聲音，還是一個譴責、數落、羞辱的聲音？當我們花時間獨處時，能學會如何傾聽我們自己。傾聽到自己之後，我們就開始認識自己；認識了自己之後，我們就知道如何包容自己；包容了自己之後，我們就學會了接納自己本來的樣子，學著為我們能成為誰而設定務實的目標。我們會放棄某些夢想，並找到新的夢想，然後落實它。在我們能面對過去的「黑盒子」時，我們也能發現過去是如何干擾現在的。

於是，我們會發現，耶穌會牧師威爾基·歐（Wilkie Au）所解釋的「自愛」：

> 自愛是身而為人的必要條件，讓自我超越成為可能。那種寬容使我們能接納自己，同時能從內心激勵自己，打破我們與他人隔閡的高牆。

慢慢來

做到接納並不容易，需要分階段進行。接納自己只是第一步；接納他人是第二步，這兩者同樣地複雜、不容易。你不僅僅要接納他人和他們所有的缺點與缺陷，你還不得不接納他們對世界的看法和（甚至更重要的是）他們對你的看法。

你能忍受他人的批評嗎？如果他們的宗教或政治信仰跟你有所不同，你能接納他們的立場嗎？如果你為孩子設定的未來夢想並不是他們的夢想，你能接受孩子走出自己的路嗎？你能接納你朋友的不寬容和偏見嗎？

你能接納什麼，而什麼是你發現無法接受的？你能改變什麼？而什麼又是你拒絕改變的？為什麼呢？

> 如果我們能明白自己「不想與人分離」的需要有多深，就能瞭解到自己有多麼害怕與眾不同，甚至只是與群眾稍有不同都令人感到害怕。
>
> ——佛洛姆

第11章

寬容

穿透表面，深層理解人性

從實際意義來看，生活全都是相互關聯的。所有人都身處一個無法逃脫的相互關聯網絡中，都披著同一件命運的外衣。

——馬丁・路德（Martin Luther King, Jr.）

學會如何相互包容，是我們日常生活中要面臨的最大挑戰。我們需要彼此，這個是再清楚不過的事，有幾十項心理學研究提出相當明確的證據，證實我們的身心健康都來自於充滿愛與互相支持的關係。心理學家、神經科學家、免疫學家和哲學家們似乎都同意，我們需要建立親近、有愛的關係。而我相信，想要彼此連接的基本本能，靠的就是同理心的力量。

同理心能讓我們彼此溝通、相互理解，而且最重要的是讓我們學會如何一起生活。我們能夠彼此寬容，是因為能夠同理彼此——同理心是生物間彼此包容的基礎。如果我們彼此相似，感受著同樣的情緒，有著相近的想法，那就不需要同理心了，我們完全自然而然地知道其他人的想法和感受，因為他們的想法和情緒跟我們的完全一樣。但是，我們與他人不會有同樣的想法和感受，事實上，絕大多數人的反應是如此的迥異，我們能彼此相處都是一個奇蹟。

為保護孩子，成了心理變態

我們之所以能夠彼此相處的原因，是基於同理心的緣故。康乃狄克大學的心理學家羅斯・巴克（Ross Buck）和本森・金斯伯格（Benson Ginsburg）把同理心定義為「一種基因中既有的原始本能」。同理心是我們共同的語言。即使捨棄一般語言，還是能透過彼此的眼神、臉部肌肉的移動，以及肢體上的觸碰進行相互溝通，使我們能看透彼此的內心和靈魂。因為有了同理心，我們之間的差異不再，能看到彼此間的共同點：渴望連接的內心和渴求理解的靈魂。同理心能帶來寬容，而寬容可以被定義為願意忍受差異；當同理心一直在擴大我們的意識時，它會創造出對星球上生命多樣性的正面欣賞和持續尊重。

我在第一份擔任心理學家的工作中，接觸過一名犯下謀殺罪的犯人，這個經驗至今仍令我難以忘懷。那時，我白天在南康乃狄克大學教書，我和室友每週會抽出兩個晚上到當地監獄裡替囚犯進行輔導。在我們去監獄輔導的第一個晚上，監獄長簡要地介紹了他覺得最需要幫助的囚犯。

「根據精神科醫師的評估，這名囚犯是個心理變態。」監獄長遞給我這名犯人的資料。

「他冷血地殺了自己的小舅子。塊頭很大，身高約一百九十三公分，體重一百一十公斤，每天都在健身房裡鍛鍊身體。」如果監獄長這番話是想嚇唬我們的話，那麼他確實做到了。

當時我轉向室友，他比我高上十七公分，體重重上二十三公斤。「嗨，喬，」我把資料遞給他，「這個人靠你了。」

「想得美，」他舉起雙手往後縮，「記得嗎，亞瑟，這可是你的主意。這個案子我只會在旁邊觀看。」

監獄長帶我走進一間四面都是水泥牆的大房間，並且祝我好運，然後就留我一個人獨自面對那名囚犯。這名囚犯坐在桌子旁邊，雙手握著一本已經翻爛的《聖經》。他的長相帥氣且體魄健壯，看到我時他從椅子站起來，隨後又坐下來。

「他們告訴你我是心理變態了嗎？」他的聲音很深沉，卻出乎意料地溫和。

「是的。」我想他要知道的是真實答案。

「嗯，那麼，」他直盯著我的眼睛，「我猜你也會離開，如果你不是有心想輔導囚犯的話。」

「我沒有要離開，」我說，「我是來這裡聽你說話的。」

就這樣，經過幾段長長的沉默和幾個尖銳的問題後，他決定告訴我他的故事。他告訴我，他結婚娶了唯一一個他會愛上的女人，他們有一個兩歲的兒子。他在當地一家鞋廠裡工作，每週工作六天，每天工作十個小時。每天到家時天色都很晚了。某個冬天的晚上，大概晚上九點鐘左右，他回到家發現他的小舅子喝醉了酒，而且發酒瘋地正在大發雷霆，並且追打他老婆，而他兒子就蜷縮在房間的角落裡。他老婆的臉被割破正流著血。

「我試著跟他講道理，」那個囚犯告訴我，「但是他拿起酒瓶並把它敲破，打算拿它來攻擊我。他個子並不大，但是我得小心那個砸碎的酒瓶。我推開他，他又衝過來。然後我一拳打在他下巴上，他摔倒了，頭正好撞到桌子上，就這樣死在我家客廳裡，在我老婆和兒子的眼前。」

「陪審團不到一個小時就判定我是過失殺人，」他靠在桌子上，「你聽說過那個克勞汀・隆蓋特（Claudine Longet）嗎？」

我點點頭。隆蓋特是一個女演員，是流行歌手安迪・威廉斯（Andy Williams）的老婆，她殺了她的情人（一名奧林匹克滑雪運動員），是從他的背後開的槍。

「我只讓你重新思考這件事情——一名有錢的白人女性，跟著一個男人到他的住處去，發生了情人間的小爭吵，於是拿起手槍，朝他背後開槍殺了他，卻一天都不用待在監獄裡。而我為了保護我的老婆和孩子，我得在監獄裡待六年，他們還給我貼上心理變態的標籤。」

「看看這個監獄裡，」他說，「這裡都沒有白人，除了一個毒販是墨西哥人，其他都是黑人。」他把頭埋進手裡，安靜了好一會；然後拿起那本翻爛的《聖經》，抱在他魁梧的胸前。「我每天都讀《聖經》，」他說，「我也想跟自己和解，但是我的良心永遠都不得安寧。我殺了人，我一直都會為此受罪。」

那天晚上離開監獄的時候，我像換了一個人似的。我以前一直都為自己的寬容而自豪。身為第二代義大利移民，還有一個很難讀的姓氏，我在生活中已經承受各種難以承受的經驗，因此特別知道敞開心胸和尊重彼此差異的重要性。但是那天晚上，坐在一個被判殺人，甚至還被我的同業認定為心理變態的人對面，我明白了偏見足以隔絕一個人的想法和感覺。

在他告訴我，「我猜你也會離開，如果你不是有心想輔導囚犯的話」，我感受到他的孤獨和恐懼，也從他的聲音中聽到了他的痛苦。我瞭解到無法寬容是如何囚禁了靈魂、摧毀了希望、打消信念。我也看到一個人對自己和上帝的信仰，是如何帶給自己一絲平靜，儘管像他說的，他的良心永遠都不得安寧。

那天回到公寓後，我從書櫃上找出父母在我的堅信禮上送我的《聖經》。我知道我要找的那段話在《新約》（*New Testament*）裡，但我還是花了一點時間才找到。我相信囚犯在這幾年裡已經讀過無數遍的那段話，也讓我感覺到平靜與希望。

你們不要論斷人，免得被論斷。因為你們怎樣論斷人，也會怎樣被論斷。你們用什麼量器看人，也會被什麼量器看。為什麼看見你弟兄眼中有刺，卻不想自己眼中有梁木呢？你自己眼中有梁木，怎能對你弟兄說「容我去掉你眼中的刺」呢？你這假冒偽善的人！先去掉自己眼中的梁木，然後才能看得清楚，去掉你弟兄眼中的刺。（馬太福音7:1-5）

在他被釋放之前，我與他會談了很多次，最後他在監獄裡一共待了將近十二年。我聽說他後來跟老婆和兒子團聚，在社區和教堂中非常受人尊敬。

同理心對寬容的定義

同理心把寬容定義為持續擴展的、深入理解人性的能力。寬容是有深度的。如果透過膚淺的表層——人們的膚色、居住的社區、擁有的學位、追求的事業、參加的教堂——深入到內心和靈魂，就會發現我們的共同之處。我們都是人。不管是塞爾維亞人、阿爾巴尼亞人、巴勒斯坦人、猶太人、黑人、白人、黃種人、棕色人種，還是紅色人種，我們都穿著類似的衣服。

同理心就是透過他人的眼睛來看世界，從而擴大我們的視野和行為。同理心所產生的寬容，就像心胸狹隘必定帶來仇恨和暴力一樣。當我們的視野擴大之後，我們就能用全新的眼光看待他人。對於不幸成為偏見和排擠的受者者，如果我們能理解他們的痛苦，便會感到觸動進而對抗偏見與排擠。同理心就是偏見這種毒藥的解藥。

二戰期間，我父親是美國戰略情報局（Office of Strategic Services，中央情報局的前身）的一名中士。他有十三次在敵軍後方跳傘降落的經驗。儘管他鮮少提起自己的戰爭經歷，但有一個故事他卻重複講了好幾遍。那是一九四四年，父親的部隊在義大利轟炸掉德軍用來運輸補給的橋梁。每天晚上，父親都會跟隨行的廚師坐下來聊天，這名廚師是從德國叛逃出來的人，哭訴他的思鄉之情與留在德國的年輕妻子和剛出生的孩子。這個德國來的廚師和義大利來的美國中士很快成為朋友。

在一個漆黑的夜晚，父親所屬部隊的十四名美軍，帶著炸藥準備炸毀那座位處戰略要地的橋梁時，誰知等他們到達橋下，德軍已經在等著他們了。十四名美軍都被俘。第二天，他們被帶到附近的鎮上光腳示眾，同時德軍還對義大利的村民喊話：「美國就要戰敗啦！看看這些士兵的腳——他們連鞋子都沒有！」接著德軍將這些囚犯帶到村外，最後將他們全都活埋在一顆樹的旁邊。

第二天，幾個義大利調查團人員來到營地審問那名廚師，他才承認自己是個間諜。廚師看著父親，尋求他的解救。他拿出妻兒的照片，乞求父親看在交情的份上饒了他。父親轉過身去離開；過沒一會兒，他就聽到了槍響。

那聲槍響和一個年輕人請求饒命的記憶，使父親終身難忘。每次講起這個故事，他都會靠近大衛和我，確認我們是仔細地聽著，然後用平穩堅定的聲音告訴我們永遠都不要忘記，雖然這世界上有罪惡（在他的意識裡，納粹就是罪惡的化身），但並不是所有德國人都是熱愛希特勒的納粹分子，就像不是所有的義大利人都是熱愛墨索里尼的擁護者一樣。

父親告訴我們，所有人的身上都有善與惡的能力。「在瞭解到自己也有作惡的能力之後，」父親會說，「你必須要一直努力地將你的重心放到善的那一邊。」

同理心如何產生寬容

同理心能讓我們寬容，因為只有寬容，才能與那些跟我們如此不同的人搭建起相連的橋梁。只有同理心，我們才能接近那些本來想要推開的人，因為從他們的粗魯，單純，或者愚蠢來看，我們以為他們跟我們不是同類的人。同理心會提醒我們，他人身上的惡可能在我們自己的心裡也有。那些憎恨他人、實施報復、拒絕寬恕，甚至是想要一個人的命的惡，在你身上會有，在我身上也會有，在每一個人身上都會有。用這種謙卑的態度去認識和接納自己的陰影面，就能使我們心存寬容地對待他人。

同理心能讓我們看到彼此之間的連接，讓陌生人不再那麼陌生、外國人不再那麼不同。在採用他人的觀點時，我們做的不僅是穿上他人的鞋，我們還使用他們的眼睛，借用他們的皮膚，並用心去感受他們的心跳，從我們的世界裡抽離，進入他們的世界，彷彿我們就是他們。透過這種體驗，我們會在本質上徹底改變，因為我們突然間異常清晰地看到，其實我們就是對方。我們在他們身上見到的好和壞，在自己身上也都能找得到。傷害、羞恥、對屈辱的恐懼、對復仇的渴望，所有這些都是我們心靈的一部分，而且與追求誠實、謙卑的精神、寬恕的內心一樣多。

寬容始於傾聽。同理心地傾聽意味著你要把自己放在一邊，而走進他人的體驗當中。你就只是耳朵而已。寬容包括了傾聽的能力，這與是否傾聽並不相同。許多人都是有意願的聽眾，但是他們會打斷對方說話，給出建議，說出批評。換句話說，他們用沒有訓練過的傾聽能力，打斷同理心的運作。傾聽是一種需要時間、自律和實踐的藝術。

寬容過程的第三步是尋找更寬廣的客觀情況，這就意味著我們在他人的行為中尋找更全面的理解。如果能看到整個情境，而不只是聚焦於一小部分，那我們就能發展出更豐富的情緒反應。寬容，意味著你能明白別人的生活是事出有因、情有可原的。

在阿拉巴馬大學的心理學家道夫・齊爾曼（Dolf Zillmann）所進行的一項實驗中，一個助理（事實上，也是實驗組的一個成員）對騎著練習腳踏車的自願受試者很粗魯。後來，當受試者們在為助理打績效評分時，便藉此機會進行報復。

在另一個版本的實驗中，一個年輕女士進來告訴粗魯的助理有他的電話。助理同樣對這個女士很不禮貌，但她卻不以為意；然後她向受試者解釋，助理的壓力非常大，因為他就快要參加研究生學位的口試。在這個版本的實驗中，受試者因為同理助理的情況，決定在績效評分時放他一馬。這些受試者因為瞭解了全部的情況，便能夠寬容助理的不合理行為。

寬容的第四個基本步驟是保持客觀。想要寬容，我們必須學會如何區分我們的看法和他人真實情況之間的差別。對他人的看法常常受到我們的渴望和恐懼所左右。若我們把他人當作東西一樣來對待，便會破壞我們同理心的能力。在一篇題為「自發的同理心與控制的同理心」（Automatic and Controlled Empathy）的文章中，心理學家霍奇斯和韋格納解釋了同理心是如何消除偏見。

如果我們把他人當作東西一樣來對待，那我們採用他人觀點來看待問題的能力就會受到阻礙。當我們思考一個人的典型特徵或他屬於哪一類人時，就不太可能意識到那個人的情境和目標對其行為的影響。這意味著，當我們自動判定一個人的人格特徵或其他的典型特徵時，不管是出於自發，還是對這種特徵或所屬類別進行快速解讀所導致，我們的同理心能力都會受到影響。我們對他人的性格自動做出的解讀，如果沒有考慮到他們所處的情境而進行調整的話，經常是不對的，而且會因此削弱同理心應有的特性：準確地理解他人的想法和感覺。

精神分析學家艾立克·佛洛姆用相對簡單的語言講述了保持客觀的重要性。

我想學會「愛的藝術」，我就應該在任何情況下都力求客觀，且能注意到在哪些情況下我沒有保持客觀，並對此保持清醒的態度。我應該盡力瞭解我對這個人和其外在行為的認知（通常會被我的期待而歪曲），是不是與此人真實的自我（不因我自身喜好、需求或害怕而受到影響）有任何的區別。具備客觀和理智是愛的藝術的關鍵條件，人們應該對所有與自己接觸的人都能保持客觀和理智。如果我們只對所愛之人保持客觀，而以為對其他人就不用客觀，那我們很快就能發現，我們既不能處理好自己與所愛之人的關係，也不能處理好與其他人的關係。

我曾經聽過一個很美麗的故事，把愛、寬容和希望都融合在一起。這是一位老拉比和他的學生們的故事。

「我們怎麼才能知道黑夜已經結束了呢？」一位老拉比問他的學生們。

「是不是當我們遠眺一棵樹時，還能看出它是蘋果樹而不是桃樹的時候？」一個學生問。

「不對。」拉比回答。

「是不是等星辰退去，天空開始明亮之時？」另一個學生問。

「不對。」拉比說。

「可能是光亮比黑暗多的時候？」第三個學生問。

「不對。」拉比回應。

「那麼黑夜什麼時候結束呢？」學生們齊聲問道。

「當你看著世人的臉，看到他們各不相同，但都是你的兄弟姐妹，就是黑夜結束的時候，」拉比說，「如果你看不到這一點，那麼黑暗就還在統治著世界。」

實踐寬容

要有耐心

當人們問我，心理學教會了我什麼，我總是回答：「耐心。」我相信耐心是寬容的同義詞。當我們同理心地傾聽，讓故事慢慢深入且不去催促，也不跳過複雜的部分時，就會在耐心中發現寬容。這是個基本的原則。有耐心的人都是寬容的人，而沒有耐心的人便會難以寬容他人。

我最近去了一趟超市，打算利用下一個預約諮詢前的二十分鐘去買七、八件東西。我用五分鐘拿齊了採購清單上的所有東西，但是當我走到收銀台的時候，竟然有六個人排在我前面。想著接下來我還需要做的其他事情，以及如果我遲到了會讓對方失望，我開始不耐煩，我的寬容在此時就像個石頭，一下子掉了下去。結帳的人為什麼這麼慢啊？為什麼我沒有選另一個隊伍來排？

這時我看到一個老朋友，她是一位患有風濕性關節炎的退休老師，正排在我前面。我叫了她的名字，她退回來排在我旁邊。我問她最近怎麼樣。

「我吃的新藥有一些副作用，」她說，「但是我不會讓它影響我照顧我的花園的！」

我們聊了聊她的花和我這個夏天在緬因州的計畫，結果很快地，在還沒意識到的時候，我們就結完帳，我也及時回去工作了。透過進入到另一個人的世界裡，我又找到耐心，而這也有助於提高我的寬容度。

多給自己額外的時間

如果你與朋友約好一起午餐，你需要十五分鐘的車程，那不妨提早五到十分鐘的時間抵達

（帶著一本書或雜誌，如果你早到了有事可做）。如果你上下班路程很遠，又經常塞車，記得帶一些CD放在車上（可以試試聽一本有聲書）。如果你在超市正好排在最慢的一條結帳隊伍裡，可以拿起一本雜誌來翻閱，或者跟你前面的人聊天。

將手錶調慢一點

可以在星期六和星期日，或者出去度假的時候試一試。

把「趕快」從你的字典裡刪除

美國人總是在說「快點」。前幾天，我看到結帳櫃檯前的一個小男孩和媽媽。小男孩正在思考要買藍色的還是綠色的飲料，儘管他們後面沒有人在排隊，媽媽仍推著他的肩膀，要他快點決定。小男孩被催到慌了手腳，幾乎都快哭了，最後只點了一瓶百事可樂。

設身處地的思考

假設你排在一個長長的隊伍裡，感覺到不耐煩。那看看四周，問問自己：如果你是隔壁排隊隊伍裡盡力安撫孩子哭鬧的媽媽，或是拄著枴杖的老太太，會是什麼感覺啊？如果你是必須面對長長排隊人潮、且他們還一臉不耐煩的收銀員，又會是什麼感覺呢？

吐氣練習

我們吸氣的時候心跳會加速，吐氣的時候心跳會變慢。當感覺有壓力的時候，你可以練習吐氣，（其實是）讓你的心臟稍微休息一下。

微笑練習

研究人員發現，當臉部的肌肉放在微笑的位置上時，就會自動啟動生理變化，使內心感到舒服點；其他人看到你的微笑時，他們也會感覺好一些。微笑能給不耐煩和缺乏容忍的人帶來奇蹟。

指出問題

令人無法容忍的惡行會因為你的沉默，輕易且快速地傳播開來，就像帶有恨意的語言與行為一樣，它們的傳播都非常快速。如果你看到有偏見或無法容忍的行為，請說出來吧。正如安東尼・德・梅洛描述的這個故事裡，你能發現溫和指出無法容忍之舉的方法。

一個女人跟來訪的朋友抱怨鄰居是個很糟糕的家庭主婦。「你應該看看她的孩子們和他們家有多髒。住在她隔壁簡直是一種恥辱。看看她曬在外面的衣服。看看她的床單和毛巾上的髒汙！」

她的朋友走到窗邊看了看說：「我覺得那些衣服洗得挺乾淨的，親愛的。那些髒汙是因為妳的窗戶髒了。」

每當我聽到批評的言語——同事不公平地批評另一個同事、對剛搬來的鄰居散播不實的謠言，青少年在朋友的背後說悄悄話——我便想到人們在試圖提升自己時是如何迷失了方向。無法寬容的舉動總是會產生反作用力，因為這些舉動強化了我們的恐懼：擔心自己不夠好，只能透過打壓他人來提升自己。指出無法寬容的舉動，就能幫助那些刻薄的人重新思索自己產生偏見的原因，同時能減輕遭受詆毀的人的壓力。

避免批評或欺負他人

我們都聽說過那個古老的諺語：棍棒和石頭能打斷你的骨頭，而言語永遠不能傷害到你。但是我的經驗絕對不是這樣。言語、標籤、外號、閒言碎語和謠言所造成的影響深長而且久遠。我從病人、朋友和家族成員那裡聽過很多關於童年的奚落造成深遠傷害的故事。

要小心你的用詞，告訴孩子為什麼溫和友善地跟別人說話很重要。當你被責備或奚落時應該怎麼做？記住這個真理（這本書裡已經重複多次）可能會有幫助。我女兒艾瑞卡上五年級的時候，有一天放學回家跟我分享了一個故事。

「強尼今天拉我的辮子，還說我又瘦又小。」她說。

「你怎麼回他的？」我問。

「我轉向他說：『強尼，你為什麼那麼沒有安全感？』」

「然後他怎麼做？」

「他就不再煩我了。」

小心敵意與憤怒

不夠寬容和憤怒是緊密相連的。「當我們不夠寬容時，我們會覺得是別人行為不當。」杜克大學的精神病學家雷德福．威廉姆斯（Redford Williams）在針對憤怒的心理和生理反應進行研究後這麼說，「發生這種情況的時候，我們多半也會變得憤怒。」

憤怒和有敵意的人更容易使人感到不幸福。根據威廉姆斯和其他研究者的研究結果，容易感到憤怒的人難以維持親密關係，相對的，他們的性生活也不太滿意，有比較多的工作壓力（工作中鮮少獲得滿足），而且比較容易讓人感覺不合群和被孤立。

憤怒對身體、心智、精神有極大的破壞性。憤怒會減緩血液回流到心臟，使血壓升高、膽固醇提升、破壞免疫系統，且增加各種疾病的發生率。在心理學家威廉姆斯、約翰．貝爾富特（John Barefoot）和格蘭特．達爾斯特倫（Grant Dahlstrom）進行的一項長期研究中，醫學院的學生們做了一個測驗，測量他們的憤怒和敵意。十年後追蹤研究發現，曾經得分最高的醫師在五十歲之前去世的可能性是得分低的七倍。

威廉姆斯和他的同事還追蹤一千三百位得過一次嚴重冠狀動脈栓塞的病人。五年之後，那些未婚也沒有親密友人的死亡率，是已婚或有親密關係的三倍。在他的著作《憤怒會殺人》（*Anger Kills*）中，威廉姆斯提出了以下兩點結論。

1. 有敵意的人——懷疑一切、憤怒和攻擊性程度高的人，跟敵意不高的人相比，得致命性疾病的風險更高。
2. 那些把別人推開，或者感受不到自己在社會關係中得到支持的人，也就無法在社會支持系統中得到支持，進而促進健康和緩解壓力。

別過於寬容

寬容，跟同理心激發的所有事情一樣，有其限度。有時候我們打著寬容的旗號，卻是在包容那些對我們和他人都不利、甚至是有害的舉動和行為。女人容忍虐待她們的丈夫；允許朋友說種族歧視的言論；父母很有耐心地忍受子女們帶有攻擊性和有敵意的行為；配偶容忍對方的出軌……在無數的這類案例裡，我們以愛、忠誠和禮貌的名義，忍受著各種侮辱和魯莽的行為。

同理心會仔細留意過度的寬容，知道操控他人的人總是善於利用界線感較差的人。你可以經常反問自己：我是真的在寬容他人（是保持著開放的心態），還是在盡力維護表面的和平？我是不是太依賴我的伴侶，所以我直接忽視了他的輕蔑行為，藉此希望挽救這段岌岌可危的關係？

寬容要求有原則，而且尊重界線。不要以寬容的名義包容殘暴的行為。沒有界線的寬容會削弱同理心的力量。

> 這是個很糟糕卻無法改變的定律：一個人如果沒有忽視自己的人性，就不會否認他人的人性。一個人在被他攻擊的人的臉上也能看到他自己。
>
> ——詹姆斯·鮑德溫（James Baldwin）

第12章

感恩
一種體驗世界、與世界互動的方式

只有這才是真正的剝奪：就是不能把禮物送給你最愛的人。

——梅．薩藤（May Sarton）

最近，一個朋友告訴我關於感恩的故事。

一位盲人在城市的公園裡乞討。有個人走過來詢問他是否有人慷慨解囊。盲人晃了晃幾乎是空著的罐子。

這個人就跟他說：「讓我在你的板子上寫點東西吧。」盲人同意了。當天晚上那個人又來了：「嗯，今天情況怎麼樣？」

盲人給他看裝滿了錢的罐子。「你究竟在板子上寫了什麼啊？」

「哦，」那個人說，「我只是寫了，『今天春意盎然，而我卻看不見』。」

一個燦爛的春日裡，雙目失明會是什麼感受？這個問題可以激發同理心，就像下面這幾個問題一樣。

年邁體弱，又沒有人來關心是什麼感受？

失去了父母、配偶或孩子是什麼感受？

在一個崇尚纖瘦的社會裡，過胖是什麼感受？

處在異性戀為主流的世界裡，同性戀是什麼感受？

同理心讓我們放慢腳步，讓我們能問出這樣的問題，並沉思問題的答案。我們在生活中匆忙趕路的時候，同理心會踩下剎車，引導我們花點時間來考慮一下如何與他人相連接，好讓我們的回應加強這些連接。感恩就是同理心在找尋的回應。

感恩地給予，感恩地接受

當我們有了感恩的體驗（而不是感覺），就能看到我們原本所擁有的。我們會看那些不曾開口要求但卻得到的餽贈禮物，這些禮物是什麼呢？是玫瑰花的芳香、嬰兒小手的觸摸、成熟桃子的美味、秋天野鵝以V形隊伍在天空飛翔、雷聲滾滾、閃電霹靂、海浪撲打在岩石灘上……這些都是我們所擁有的禮物。

我們能為這些日常賦予什麼價值呢？父親總是告訴我他是個超級百萬富翁。我常會微笑（這句話我以前聽過好多遍了），並請他解釋一下。「因為，」父親會說，「如果有人願意給我一千萬美元或者十倍或一百倍的金錢換取你或大衛，我都不會考慮的。你們是無價的，不能用價錢來衡量，因為擁有你們，我是活著的人裡最富有的。」

同理心是感恩的泉水。如果沒有同理心，我不相信我們能真正感受到感恩。沒有同理心，就不會對所擁有的禮物表達感謝之情，或對那些不曾要求卻得到的禮物心存感激。同理心擴大了我們的視野，使我們看到內在的自己。藉由內在的觀照，我們能看到且瞭解自己所擁有的無價之寶。我們屬於一個宇宙、一個星球、一個國家、一個社群、一個街區、一個家庭……難道我們能給這些「好處」定出價格嗎？

同理心能把理解他人分送給每個人，就像水滿而自溢時滋養著近處和遠方田野般。我們給予，因為別無選擇，這是人性的一部分。感恩地給予，感恩地接受——同理心是感恩的泉水，且它永遠不會乾涸。

九歲那年的聖誕節，我很想要一個萊昂內爾（Lionel）小火車。當時的我太想要這個小火車了，完全不想其他任何東西。我日日夜夜都夢想著這台小火車，想像著它在模型軌道上加速時是什麼樣子。據我所知，我們街區裡還沒人有萊昂內爾小火車呢，全世界都沒人擁有萊昂內爾小火車。我會是第一個擁有這種小火車的人，我相信這會讓自己與眾不同。

聖誕節早晨，天還沒亮我就醒了，踮著腳走過還在熟睡的弟弟旁邊。樓梯嘎吱作響，所以我貼著牆壁走，希望能獨享這神奇的時刻。當時廚房的燈亮著，我躡手躡腳地走進去，發現父親坐在桌子旁喝咖啡、抽著煙。當他看著我的時候，我心裡明白了，聖誕樹下面不會有萊昂內爾小火車。

我一句話也沒說就跑到客廳，站在聖誕樹前面，忍住眼眶裡的淚水，相信可能會有奇蹟發生，希望萊昂內爾小火車能突然出現在我面前。我想，或許是我沒看到，所以還撿起那些盒子來搖晃。我想，或許在衣櫃裡，又或許在外面的門廊上。

「亞瑟，」父親在我身邊跪下身來，聲音很溫和地說，「我們買不起那個小火車。我很抱歉，我知道它對你來說有多重要。」

他緊緊抓住我的手腕，這個姿勢只有在他討論極端重要的事情時才會出現。「你可能還不理解我要跟你說的話，但是有一天你會明白的，」他說，「在這個聖誕節的早晨，房間裡就只有你和我，我想給你一個禮物，比用錢買來的任何東西都重要得多。我想讓你知道，我會永遠愛你。不管你的生命中發生任何事情，我總會跟你在一起，相信你、支持你、為你喝采。沒有哪個父親愛他的兒子比我愛你更多，而且這個愛將永生不止，永遠只屬於你，不論現在還是未來。」

我當時肯定是給了他一個懷疑、又或許是困惑的表情——愛怎麼能代替萊昂內爾小火車呢——因為他把我的手腕抓得更緊、也更加靠近我。我聞到了熟悉的、苦甜相間的切斯特菲爾德香煙和多糖多奶的麥斯威爾咖啡味道。「相信我，亞瑟，」父親說，「我向你保證，這會比我能給你的任何禮物都更有意義。」

同理心對感恩的定義

在同理心的字典裡，感恩並不只是一種感覺，而是一種體驗世界、與世界互動的方式。「很感激」當然很好，但是同理心會要求我們對這種感覺有所行動。「把感恩留給自己」就錯過了這種體驗的全部意義，因為在同理心的書本裡，感恩是一種回應，它能把一個人與另一個人連接在一起。

我一直都記得在我早期職業生涯時治療過的拉爾夫，他是被診斷為妄想型精神分裂症的病人。他坐在椅子邊，雙手緊握著椅子的扶手，齜牙咧嘴地說：「如果我想的話，我可以殺了你。」

「我知道你可以，謝謝你控制住了自己。」他看著我，一下子覺得很困惑，眉頭皺了起來。「我的母親也會很感謝你。」我補充道。

他緊皺的眉頭舒展開來，並且給了我一個大大的微笑。「不客氣。」他把雙手放在大腿上，身體靠在椅背裡。二十年後，我有時還會在工作的醫院裡碰上拉爾夫。不久前，我在停車場的醫院貨車裡看見他。他敲著車窗想引起我的注意，我擔心他要把車窗敲碎了。「嗨，拉爾夫。」我喊出來，朝他揮揮手。「嗨，喬拉米卡利醫師。」他也對我喊，帶著一個大大的微笑。每次他朝我笑，我覺得他都能想起他曾經給我母親的那份禮物。

我每天跟那些雖然遭受困難，卻仍勇敢地邁出腳步解決自己問題的人在一起時，都能體驗到感恩。我是個永遠的樂觀主義者，我相信他們只要願意繼續心理治療並付出努力，生活一定會有所改善。當我看到他們被人理解時所做出的反應，就會感覺到放鬆、自在，且當他們不再奮力掩飾自己的孤獨和恐懼時，我就對同理心的力量充滿感恩。

當患者意識到我很感恩能有機會跟他們一起時，同理心和親密關係的「神奇的每一天」便創造出來了，因為這些互動中發生的事情肯定改變了我的生活，就像改變了他們的生活一樣。我說的「神奇的每一天」是什麼意思呢？一個二十三歲的女患者因「人際關係問題」向我求助，在第二次治療時她哭了起來。「對不起，」她道歉，「我不知道我是怎麼了，我就是覺得非常困惑。看起來就好像我每向前走一步，就會向後退兩步。我覺得我在這上面已經失敗了。」

「在哪方面失敗了，蘇珊？」我問。

「生活、關係、愛。你知道，全部的事情，」她說，「我就是非常害怕我永遠都不會有進展了，永遠都不會有一份好工作，永遠都不會挑到好男人，永遠都不會對自己感覺好一些。」她哭了一會，然後看著我，「你能告訴我，在你眼中我是個什麼樣的人嗎？」

這往往是治療中的關鍵時刻。雖然患者們都想聽到好聽話來得到安慰，但他們也想得到務實客觀的評估。「我只能告訴你到目前為止我對你的瞭解，」我說，「我不會只為了讓你感覺好一些而說不切實際的話，因為我知道到最後只會讓你失望。」

她點點頭，鼓勵我繼續說下去。

「我看到一個聰明的女人，顯然很有理解他人的能力和天賦，」我說，「我覺得在關係中你把自己定位為照顧者的角色，尤其是對很難親近的男人。我想你可能會認為這是自己唯一的出路。但是我不這麼認為。」

「你不這麼認為？」

「我覺得你有很多路可以走。」我說。

那次治療結束時，她用雙手握著我的手表示感謝。我問她為什麼，我真心想知道她在當時是對什麼如此感激。

「你說我是個聰明的女人，」她說，「我覺得這就能讓我的狀態好上一段時間了。」

在治療中，我經常使用「借來的同理」這個詞。當患者告訴我他們對自己或他人感覺不到同理心的時候，我就盡我所能地借給他們「我的理解、在乎和專注」，希望他們能明白我是真心渴望能幫助他們。在借出和借來同理心的過程中，我們能意識到彼此並不孤單；認知到他人對發生在我們身上的事情比較關心時，我們便會自動地體驗到感恩。

同理心如何產生感恩

同理心編織了一張「連接之網」來支持和維繫我們，而感恩就是我們意識到相互依賴之後的回應：想生存下去便會互相需要。感恩必然會強化同理心。在真正的付出精神中，同理心會帶來回報，讓我們看到自己生命中的富足，並表達感謝。

在我所學習且敬佩的心理學家中，我認為最偉大的是海因茨．科胡特，他是自我心理學的創始人，是第一個推崇且將焦點放在同理心的精神分析學家。一九八一年十月，在他最後一次的公開演講中，主題便是同理心；在那次演講的幾天後，他便過世了。他在演講的最後，分享了罹患重度憂鬱且有自殺傾向的女患者故事。

這是個有趣的個案，因為科胡特也即將走入人生的終點。科胡特接受的是精神分析師訓練，要求他在治療中必須客觀、沒有情緒，但科胡特可以感覺到這名女患者即將在自己的眼前死去。他受過的所有訓練、技巧和仔細觀察都幫不了她。以下是他陳述的故事。

大概十五年前，我替一名極度脆弱的女患者進行了很長一段時間的精神分析治療。她形容自己的狀態，就像躺在棺材裡，而棺材的蓋子即將要蓋上……。她是非常嚴重的憂鬱症患者，有時候我甚至覺得快失去她了——最後她可能會找到一種擺脫痛苦的方式，就是結束自己的生命。大概經過一年到一年半的治療，那是她情況最糟糕的時候，我突然間有一種感覺，並且對她說：「如果妳在說話的時候，我握著妳的手，妳覺得怎麼樣？或許這可能會幫到妳。」我都不太確定自己的招數能否奏效，而且我也不推薦這種方法，但是我當時非常絕望，我非常擔心她，所以……我給了她我的兩根手指。她抓住那兩個手指，我心裡立刻詮釋了她的反應——就是剛出生、還沒長牙的嬰兒，突然咬住一個沒有乳汁的奶頭。這正是我的感覺。我沒說半句話，也不知道這麼做對不對……但是一切都不重要了。我並不想說這個舉動扭轉了局面，但是在一個非常危險的時刻，做出這個決定，解決了一個非常艱難的僵局，而贏得了時間讓我們繼續接下來多年的分析治療，成效也相當成功。

科胡特打破了他所受的訓練裡的規則，希望找到一種方法，能把即將消逝的靈魂帶回到她的生命中，於是他向患者伸出兩根手指，就兩根手指，但是這已經足夠了。或許女患者也明白醫師所冒的風險；或許她與醫師的接觸中，感覺到醫師對她非常深切且真誠的關心；也或許她只需要一根救命的繩索，而他就在最正確的時間給了她。

那個病人是如何表達出她的感恩呢？可能她用了最有意義的方式：她堅持住並且重回自己的生活。

實踐感恩

放慢步調

我們需要放慢步調以便思考哪些是我們應該心存感恩的。在一生中，生活中總是匆忙向前，我們總是想得到更多：更多的時間、更多的金錢、更多的尊重、更多的愛。我相信心理治療中非常重要的部分之一，就是讓患者放慢步調，**將重點擺在生命中已達成的部分**。當患者告訴我，他們感覺陷入某種困境裡，好像他的人生裡沒有任何進展，我就會讓他們回憶一下去年的這個時間他們的狀況：這一年裡有什麼事情發生變化了嗎？交了新朋友嗎？他們的關係有進展嗎？有獲得任何智慧嗎？

如果我們不能把生命看作是一個過程——一連串的事件、工作有所突破——我們就很難感覺到感恩。如果我們按照完美的標準來衡量自己的生活，是不會心存感恩的；只有我們放慢步調，感謝緩慢但穩定的收穫時，感恩才會存在。

問問自己：我需要什麼？

群眾運動思想家艾力克．賀佛爾（Eric Hoffer）曾經說過：「你不可能得到你想要的每件東西。」我們可以記下哪些是自己想要的？哪些是需要的？你最想要的是什麼？你想要是因為需要嗎？若不需要的話，為什麼會想擁有它？你所想要的和所需要的，是如何隨著時間變化？哪些是你想要卻一直沒被滿足的？為什麼沒辦法滿足？是什麼產生落差使你一直填不滿？有沒有可能，你其實一點也不需要？

多說「謝謝你」

常常說「謝謝你」會幫你發展出一種感恩的態度，感激你的擁有，而不是用「期待擁有更多」的態度來看世界。看看一天當中你能說多少次「謝謝你」。

讓他人知道你的感激之情

與其對你的配偶、朋友、父母或子女說「我愛你」，不如說「我很感激你」。對方通常會問：「為什麼？」而這給了你一個絕佳的機會來思考並說出你為什麼要感激他們的陪伴、幫助、見解或支持。

說出「我感激你」有時候比說「我愛你」更有意義。可以透過感激來表達你的愛。

用感恩來安排你的生活

《神話的力量》（*The Power of Myth*）一書的作者約瑟夫．坎伯爾（Joseph Campbell）分享了他在餐廳裡偶然聽到的一段對話。

隔壁桌坐著爸爸、媽媽和一個大概十二歲的瘦小男孩。爸爸對男孩說：「把你的蕃茄汁喝掉。」

男孩說：「我不想喝。」

爸爸用更大的聲音說：「把你的蕃茄汁喝掉。」

這時媽媽說：「不要逼他做他不想做的事情。」

爸爸看了看她說：「如果只做他想做的事情，他就沒法活下去啊。如果他只做他想做的事情，他會死的。看看我。我這輩子從來沒做過一件我想做的事情。」

這個故事給了我們警惕。如果你覺得生活乏味無聊、只是一連串無關感謝的雜事，那你又怎麼能把日子過得好，並感覺到有值得感激的事情呢？你最喜歡做哪一類工作？哪些工作內容讓你覺得最厭煩或猶豫不決呢？你擁有哪些與生俱來的能力呢？

讓你的生活充滿你覺得值得感激的事情，如此，感恩之心就會加速的累積。

學會延後滿足

我們應該把時間投注在喜歡的事情上，同樣重要的，我們也必須學會控制衝動，並做到延後滿足。十九世紀六〇年代在史丹佛大學進行了一項有趣的研究，研究人員對四歲大的孩子們進行「棉花糖挑戰」。他們將孩子單獨留在房間裡，留下一塊棉花糖後便離開房間繼續工作。研究人員在離開之前解釋，如果孩子能夠等他回來再吃這塊棉花糖，就會多給一塊棉花糖當獎勵。大約三分之二的孩子為了得到兩塊棉花糖都能等上十五至二十分鐘；剩下三分之一的孩子則抵擋不住衝動，立刻吃掉了棉花糖。

十二至十四年之後，研究人員追蹤那群接受研究的孩子們，發現一些令人驚訝的現象。能夠抵禦誘惑的孩子都成為堅定、有條理、自信、可靠、能應對壓力和挫折的年輕人；相對的，急著吃下棉花糖的孩子成為善妒、好爭辯、固執和因為沒有「得到滿足」而心懷怨恨的人。更讓人驚訝的是，能做到延後滿足的學生，在學習結果明顯比較好，學術測試的成績明顯比較高。

學會如何延後滿足（有時叫衝動控制）無疑能幫助我們迎接挑戰，應對生活中不可避免的挫折。當患者們告訴我說他們迷戀上某個人，或想要開始一段外遇的時候，我總是說：「六個月後再告訴我你的感覺，我們現在有機會先討論你的渴望是什麼，找出這些渴望真正意味著什麼，再來看看一個外遇對象就能滿足這些渴望了嗎？」那些願意等一等、不會因為衝動而採取行動的患者通常會發現，當他們專注於解決自己的問題，並學會感謝自己已經擁有的東西時，那種渴望便消逝了。

對於已經擁有的一切表達感恩，這讓我們不會對自己的缺憾感到怨恨。正如人們所說，感恩是對自己的獎賞。

> 沒有人能夠構思或想像，那些存在於世界上沒有被人看到和無法被看到的奇蹟。
>
> ——法蘭西斯・P・邱奇（Francis P. Church）

第13章

信念

堅信人們心中有良善

走在你的人生道路上，會遇到巨大的鴻溝。
跳過去，你便知道它沒有想像中那麼寬。

——約瑟夫·坎伯，摘自美洲原住民成年禮

幾年前的某天，我坐在叔叔菲爾家的門前台階上，他抽著煙，還喝了好幾杯濃濃的黑咖啡。我記不得是什麼原因，我們開始聊起我的高中畢業舞會。

「哦，是的，我記得，」叔叔說，「你爸爸特別要求你那天晚上不要喝酒，因為前一年麥盧西家的兒子喝醉後騎摩托車出車禍死了，再前一年一個美式足球運動員開車撞到樹。」

菲爾叔叔喝了口咖啡，然後拍拍我的大腿。「那天晚上的舞會上，你是個好孩子，」他說，「但是其他人就沒那麼好了。強尼·聖托瑞拿起酒瓶直接喝，還有克里斯·阿達姆喝下非常多的水果雞尾酒，醉倒在他的車裡，最後是他的朋友把他拖出來。我覺得那天晚上除了你，其他人都喝酒了。」

我很驚訝地看著他：「你怎麼知道強尼和克里斯的事情？」

「我們就在那兒啊。」他笑了，喝了口咖啡，眼睛從咖啡杯口上方望向我，眼神裡充滿調皮的意味。「你爸爸和我穿著我們最好的西裝，一晚上都從窗外看著，確保你說到做到。」

我簡直無法相信：「你們從窗外看我的畢業舞會？菲爾叔叔，你說的是真的嗎？」

他點點頭，顯然非常得意，一副任命為我的守護天使一樣。我叔叔是那種只要有他在，你便會感覺到很有安全的人。他經常說：「哪怕你凌晨兩點的時候想要找我，亞瑟，我也會五分鐘內趕到，」每當這時，他還會盯著我的眼睛，確保我聽明白他的意思。「你明白我說的話嗎，亞瑟。」

「如果你們看到我喝酒了會怎麼做？」我問他。

「你覺得我們為什麼穿著西裝啊？」他露出一個大大的微笑。

一想到如果我喝了一口水果雞尾酒，父親和叔叔就會走進我的畢業舞會把我拖走，即使是三十年之後，這件事還是讓我非常感動。我臉上的表情讓叔叔大笑起來。「亞瑟，亞瑟，」他說，「我們都愛你，除了愛你，我們還能做什麼呢？」

從表面上來看，這個故事要說的好像是懷疑多過於信念。他們不相信我嗎？這是我當下的想法。我已經跟父親保證過，他為什麼還要懷疑我？但是，如果從同理心的角度再來看這個故事，我就能看到信念在其中扮演的重要角色。父親和菲爾叔叔對我有著基本的信任，他們視自己為我的保護者，他們相信只要在場監看我，我會是安全的。他們相信我，這一點無庸置疑，但是他們對我的一點點懷疑，也使得他們的信任更真實。他們知道信任有時候需要善意的督促。他們對我的信任是真的，但不是盲目的。就像菲爾叔叔說：「我們又不是昨天才出生。」

同理心對信念的定義

同理心所激發出的信念，是堅信人性本善。信念會讓你相信只要你努力，就會有好結果。然而，同理心產生的信念同樣源自於懷疑。讓我來解釋一下這個明顯的矛盾。

我對下面這些現象深信不疑：

- 人際關係是有治癒效果的。
- 同理心是一種與生俱來的能力，能在有關愛的相互關係中得到滋養。
- 同理心能減少壓力、減輕焦慮、提高自我覺察、強化樂觀態度、解決衝突和產生親密。

我對這些現象（我稱作事實）的信念來自我的體驗——從多年來與許多人的互動中「獲得」這些信念。但是，我不能要求你盲目地相信這些現象都是真的。我只能透過我的信念來鼓勵你，使你在自己的生活中培養出同理心，進而觀察它會如何影響你與他人的關係。如果你看到同理心是有用的，那你也會「獲得」你的信念。

來自於同理心的信念是務實的，而懷疑則是穩固它的基礎。從懷疑出發——包括好奇、想像、問出問題、辯論——你就會踏上通往信念的道路。懷疑就是提出一個問題——如果你都沒有提出問題，怎麼可能得到答案呢？

懷疑是探索思想的標誌。心存懷疑的人會說：解釋給我聽。幫我理解這個問題。不要只是告訴我答案，還要展示給我看。「展示給我看，而不是告訴我答案」，這是教導所有事物中最重要的原則。在心理治療中，我很鼓勵懷疑。我希望能在患者身上灌輸質疑的態度，這種態度會說：「展示給我看看。我不是不信，但我也不會把你說的所有事情都照單全收。」懷疑來自自信，而自信是堅定信念的必要成分。如果你連自己都不相信，又怎麼能發展出對諸如同理心、希望、感恩和寬恕這種觸摸不到的現實產生堅定信念呢？

懷疑本身就具有創造力。它對事情提出質疑，並開始以不同的角度加以思考。懷疑是一種信號，表示你在尋找自己的道路，你不願意接受他人告訴你「事情就是這樣」的觀點。只有在你懷疑的時候，才能找到真正的信念——不是相信一些原則或教條（「要麼做這件事，要麼做其他事」、「吃下這種藥你會感覺好一些」、「聽我的，就按我說的做」），而是相信你睜大眼睛、豎起耳朵才得來的信念。你願意踏上質疑這條道路，是為了有一天能抵達信念的樂園，你知道只有透過這個旅程，你才能相信自己發現的都是真實的信念。

當我們失去了「相信」的所有理由時，我們最需要信念。在《懺悔》（*A Confessions*）一書中，十九世紀的俄羅斯作家列夫・托爾斯泰（Leo Tolstoy）描寫他和憂鬱的鬥爭，憂鬱幾乎熄滅了他生命中的意義和目的。

> 我感覺到我生命一直所依靠的，在我體內崩塌了，沒有什麼可以使我堅持下去……我也不知道我想要什麼。我害怕生命，內心有股想捨棄它的衝動；儘管如此，我對生命仍抱有希望。

托爾斯泰的信念危機帶給他兩年的痛苦與折磨。之後在初春的一天，當他獨自在樹林裡散步時，他突然感覺到活下去的意願再度甦醒了。他把這稱為信念。

> 信念是生命的涵義，是人們因為它而不會自我毀滅、繼續活下去的涵義。這是我們藉以存活的力量。如果人類不相信自己必須為了某件事而活下去，那他就失去活下去的意願。

托爾斯泰的信念從何而來？他的信念是建立在哪些基礎上呢？他說自己的信念並不是一個新發現。「奇怪的是，」他寫道，「找回來的這些能量完全都不是新的。它就是我少年時代對信念的力量——相信生活的唯一目的就是變得更好。」從他的過去中甦醒過來所得知的簡單真理，讓托爾斯泰找到了他生命的目的——變得更好。

我們在遇到危機的時候，要有信念，它同樣能幫助我們面對日常生活。當犯錯時，我們堅信以後自己會儘量避免再犯類似錯誤；當子女爭吵時，我們堅信第二天他們還會彼此相愛；當我們跟朋友爭論時，我們堅信彼此的關係可以承受這種爭執；當深愛的人死去時，我們堅信他們的愛會陪伴我們一生。向前看，我們堅信，我們給予孩子的同理心會永遠傳遞下去。

同理心如何產生信念

同理心引導我們穿過懷疑（不是陷在其中）找到信念。托爾斯泰尋找信念的過程很值得學習。首先，他承認自己可能忽略或誤解了某些事實或體驗；然後開始提出問題，尋找答案；他渴望產生某種連結，也就是和比自己更龐大、更有力量的事物建立關係。他持續尋找，專心傾聽、等待、觀察著。然後有一天的傍晚，當他在樹林裡散步時，信念就不請自來了。

同理心包括了被理解的渴望和建立連結的需求，同理心是改變的強力催化劑。同理心改變世界，至少它能改變我們對周遭環境的經驗，透過這項改變，直接影響我們相互理解和互動的方式。幾年前，我為名叫瑞貝卡的女孩進行心理治療，當時她約十九歲，正逐漸從白血病恢復中。她是經由運動復健師轉診到我這裡來的，那名復健師引用「次級獲益理論」（Secondary gain theory）解釋瑞貝卡倚賴助行器走路的原因。這個理論主要是指病人們會持續生病或誇大症狀來引起他人的關注與關心。他承認自己對瑞貝卡繼續依賴助行器感到不滿，他告訴我，如果她肯下定決心靠自己的力量的話，她是完全不需要助行器就可以走路的。

在我與瑞貝卡第一次會談中，她說自己厭倦那些「行為主義者們」的逼迫與催促，他們不明白她身體狀況的缺陷，而且在她說自己還不能走路時，他們不相信她。「我罹患白血病已經有很長一段時間，這使我非常痛苦，」她含著眼淚解釋，「我的身體還沒有強壯到可以不靠助行器走路。」

她仔細地注視著我，很明顯是想知道我的想法。過了一會，她問我是不是會像其他人一樣勸說她放棄助行器。我跟她保證我不會強迫她做任何事情，而且什麼時候以及要不要靠自己來走路，這些都由她自己決定。

接下來的幾週，我們討論了她罹患白血病的過程、她對死亡的恐懼、當她的高中朋友不再邀請她參加各種活動時，她所承受的心理創傷；以及她繼續依賴父母提供情感和經濟的援助。我仔細聽她說的一切。當她向我求助時，我鼓勵她重新審視自己世界中抱持的某些既定認知，試著更理解、更寬恕自己一些。

隨著治療的時間越來越多，她開始瞭解自己恐懼的來源和治療進展緩慢的原因。每次想要靠自己而不用助行器走路時，她就會大量湧現出自己生病期間的各種記憶：初始的診斷、痛苦的治療、跟醫師和護士的不愉快互動，以及跟這些記憶相關的各種焦慮和恐懼。使用助行器能讓瑞貝卡感覺到強壯和獨立，因為她不用擔心摔倒後得向他人求助。放棄助行器會讓她害怕，因為這表示她又回到了生命中最脆弱的階段，這會帶給她生病時期經歷到的所有不安全感。

每次諮商，瑞貝卡都會再問我一遍，我什麼時候會強迫她走路。我總是給她同樣的回答：「這由你來決定，瑞貝卡。你會知道什麼時候是正確的時間。我堅信當你覺得準備好了，你就會走路，而且當你開始走路的時候，我會在旁邊幫你。」

大概經過六、七個星期，有一天，瑞貝卡得了重感冒，而且喉嚨發炎，但她還是前來諮商。「我知道我應該在家裡休息，」她說，「但是我今天必須要來。今天早晨我意識到，恐懼已經成了一個壞習慣。恐懼一直讓我身陷其中、讓我動彈不得。只要我能克服這些焦慮，我認為我就能走路。你明白我的意思嗎？我被恐懼困得無法動彈，這是不是很蠢啊？」

「我不覺得你很蠢，」我微笑著，「你是被嚇到了，而且我覺得這很正常。」

她笑了，低頭看看整齊放在大腿上的雙手，「那你覺得我什麼時候能準備好自己走路呢？」

我能從她的微笑和問題中知道她已經下定決心。「我覺得你現在就準備好了。」我說。

「現在?就在這裡?」她的語調中興奮多於焦慮。

「你可以沿著牆壁走，」我說，「我在你的另一邊，就在你身邊。我向你保證，我不會讓你摔倒的。」

她做了一個深呼吸，站了起來，扶著牆作為支撐。快步走了幾步，幾乎要摔倒時，她會靠在牆上，臉上露出慌張的神情。我試著說些話安撫她的情緒，並且鼓勵她慢慢繼續走，一次只邁出一步。

她點點頭，我能看出來她很努力專注在眼前的任務上。她邁了一步，然後又一步，再一步。幾分鐘之後，她就在我辦公室裡走來走去了，自豪和興奮全寫在她臉上。

她喘著氣坐回椅子上說：「我們成功啦!」

「是你成功了，瑞貝卡，」我提醒她，「你找到了身體和情緒上所需要的力量，更重要的是，你的智慧讓你知道什麼時候是正確的時間。」

那天的情景讓我想起了我一直很喜歡的一句話，因為它能真實地表達出治療關係的真正意義：「不要走在我前面，我可能跟不上你的步伐；不要走在我後面，我可能沒辦法為你帶路；請與我併肩而行吧，只要做我的朋友就好。」同理心就如同一個平衡裝置，它總是能讓兩個人都意識到他們互相依賴，同時又互相支持。每回在心理治療的過程中，我都對患者天生的能力表示尊敬，對他們自我轉變的渴望表示敬佩。我對人際關係抱持著無比堅信的信心，因為我知道，如果人們受到尊重，並相信他們的能力，自我就能隨著時間成長和改變。

信念確實具有某種效用，但不要害怕質疑它。被訓練要保持懷疑態度的科學家們，經常最不相信信念、希望、寬恕和同理心這些無法衡量的概念。他們必須看到證據才會採信。這也是史丹佛大學的精神科醫生大衛・史匹格（David Spiegel）想要探究的內容，為此他決定要研究社會心理的角度，研究信念對罹患乳癌末的婦女有何影響。人們經常將他和寫出暢銷書《愛・醫療・奇蹟》（*Love, Medicine and Miracles*）宣揚心理與社會因素能延長壽命的伯尼・S・西格爾（Bernie S. Siegel）醫師弄混。史匹格想推翻這些理念，所以開始了他的實驗。

他針對八十六名乳癌末期的婦女，將她們隨機分為兩組，這兩組都會接受常規的癌症治療（放療和化療），但是其中一組每週需一起相處九十分鐘，且持續一年的時間。在小組會談的過程中，這些患者們討論她們對疾病的感受，以及疾病對生活的影響，她們幫助彼此面對死亡的威脅，一起悲傷，彼此扶持，並且分享生活中許多值得感激的時刻。這個小組會談中的成員建立起深厚的關係，因此緩解她們得病後受到的社會隔離感。

研究進行五年之後，史匹格拿到了由電腦統計的資料，從資料上的「存活曲線」分析可以看出每隔一段時間裡仍存活的患者人數。這項研究結果完全粉碎了史匹格原本的立場。

我拿到第一份（後來一共有上百份）研究結果，我不得不坐下來仔細研究。兩條存活曲線一開始時是重疊的，但在二十個月後，便明顯出現分歧。在患者被納入這項研究的四年後，可以發現對照組的所有患者都過世了，但是接受小組會談的患者們，整整有三分之一還活著……換句話說，平均來講，從她們進入這個研究的時間算起，接受實驗的患者，其存活時間是對照組患者的兩倍。這個差異太明顯了，甚至不需要再做統計分析，你所需要做的就只是看看這兩條曲線而已。我當初的預期是兩組沒有任何差別的。

在史匹格的實驗最後階段裡，他找到自己需要的證據，並信心十足地說：「充滿愛的親密關係能夠延長生命和改善生活。」史匹格不是一開始就相信這個事實。事實上，他需要親眼看到實驗數據才會相信。但是在經過懷疑、親眼見證到真相後，他對這件事的信念就不可動搖了。

實踐信念

找到一個啟程點

信念有時候需要一塊墊腳石。在我十三歲、唸完八年級的時候，我必需決定繼續就讀天主教學校還是就讀公立學校。在公立學校可以打美式足球隊，我非常想得到這個機會。牧師在得知我不知如何選擇後，把我叫到他的辦公室，問我是否真的覺得應該為美式足球而放棄上帝。我被這個質疑困擾許久。有一天下午放學後，我到教堂雙手合十，用我所有的能量和信念祈禱上帝能出現並為我指點方向。就在某個瞬間，我發誓我看到耶穌的雕像移動了。這就是我需要的全部。我離開教堂時相信，耶穌也想讓我去打美式足球。

那一天對我來說絕對是個啟程點，是我往回看並思考之處，然後就看到信念的靈光一閃。我現在意識到，我做出決定的信念來自想打美式足球的強烈渴望，這股強烈的需求激發出我的信念，使我堅持貫徹自己想法的決心。從你的生活中找到一些起程點，尋求建議並確認那是不是你想要的。然後回想一下：那些反應是從何而來的？是我想要的回答嗎？這個回答如何改變我的生活？

秉持懷疑心

不要因為懷疑而失去信念。允許你自己心存疑慮。帶著你的懷疑，小心謹慎，挑戰你的信念。一遍又一遍問自己為什麼？同時問自己是接近你的目標了，還是離它越來越遠了。

注意：不要懷疑一切

懷疑一切和有所懷疑是不同的經驗。懷疑一切是一種不相信、不信任的狀態；有所懷疑會提出問題，但並不是封閉地不接受其他可能性。懷疑一切會關閉所有的可能性；有所懷疑會給希望留有空間。懷疑一切會導致悲觀；有所懷疑會創造樂觀。懷疑一切會讓人退縮；有所懷疑會讓人向外拓展。

有所懷疑是大膽地面對全世界，向信念挑戰：繼續往前吧，表現給我看。而懷疑一切是轉過身去，逐步離開。

不要害怕與上帝對話

同理心引發的信念是不會害怕提出問題和表現出懷疑的，同理心只會要求我們仔細地傾聽，尋找答案，因為在兩個互相關愛的人之間來回的互動中，我們才能學習和成長。

樹立信念可以視為挑戰權威。表達出你的懷疑、等待、傾聽；然後，某個時候，你就會聽到回應。

在《每一天的頓悟》（*Everyday Epiphanies*）一書中，梅拉．史波塔（Mela Svoboda）描述自己跟上帝對話的經驗，她指責上帝心太軟了。

「你的愛太沒有差別了。你太信任人。你寬恕得太多。你絕對是太有耐心了！」說完這些話，我請上帝告訴我，我哪裡說錯了。但是我只聽見上帝說：「你知道，寶貝，你開除了我！」

這只是驗證了我的觀點。

像一般人地相信上帝，生命便有新的可能性。

——威廉・詹姆斯（William James）

第14章 希望
事情會逐漸好起來

死亡並不是最悲慘的事。
最悲慘的是失去存在的意義——
在一個陌生貧瘠的地方死去、觸碰不到分隔兩地的所愛之人，得不到心靈上的慰藉、缺乏活下去的渴望、喪失希望。

——諾曼・卡森斯（Norman Cousins）

在內心深處，我們都是樂觀主義者。我們都想相信，因為帶著相信，幾乎就能忍受任何事情。但是，有時候生活不僅會讓我們喘不過氣來，還會帶走我們的信念，而在這種隨波逐流的寂靜中，同理心能把我們帶回希望身邊。

我母親晚年得了癌症。在她臨終前，我每天晚上都去醫院探望她。在越來越黑暗的感覺中，我找到了希望。母親過世前的晚上，她問了我一個問題。

「亞瑟？」她悄聲說。

「什麼？」我也悄聲回答。

「你還記得我們去墓地的事嗎？」

我知道她說的是哪一天。「是的。」我說。

她看了我一眼，把視線從我身上移開後若有所思。那是一個春天，大衛死後沒幾天。我們跟牧師一起去了墓地，母親跟牧師說，她想要一個能容納三個棺木的墓穴，一個給大衛，一個給自己，一個給父親。我看著她想，那我呢？但我什麼都沒說。

那天稍晚，她問我明白了嗎。「不明白。」我說，因為我確實不明白。

「你會有你的人生，」她說，「你會有家庭和孩子，你會有你自己的墓穴，跟他們在一起。」

「我想跟你們在一起。」我告訴她。

「你會有自己的家庭，你的墓會跟他們在一起。」她說。

「你怎麼知道呢？」我問。

「這是我知道的事情。」她說。

當然她說對了。我娶了一個非常好的女人，我的父母愛她就像愛自己的女兒一樣，而且我們有孩子，正如母親預言的那樣。

現在，這麼多年過去了，我看著母親躺在醫院白床單上的蒼白臉龐，我感覺到自己的內心深處發出了一聲感嘆。

「現在你明白了，不是嗎？」她問。

「是的，我明白了。」我說。

「很好，」她輕輕地說，「現在告訴我，艾瑞卡怎麼樣？」然後我們談了一歲大的艾瑞卡，她病得很厲害，正面臨下一次手術。

「她會好起來的。」她毫不猶豫地說。

「是的，」我說，「她會好起來的，我們保證她會好起來。」

「那你呢？」她問我。

「我也會很好。」她看著我的表情就像在說「你還是不瞭解」。

我就說：「我保證，我會好好照顧自己的。」

「你會照顧好其他的每個人，亞瑟，所有的患者都需要你的幫助，你父親和我走了之後，家族中的人有問題時都會打電話給你，」她的前額因為擔心皺了起來，「可是誰來照顧你呢？」

「我們會相互照顧的。」我說。她沒說話，只是輕輕地點頭，我知道她明白了。

就這樣，在這次談話中，母親問了一些她在下一段旅程前想知道的事，一些能支持她並讓她相信的事，一些能帶給她希望的事。在一個遠比記憶與真相更深層的內心深處，我知道將來我的孩子會如同過去的我，會有一樣光明的未來。

母親露出了笑容，我知道她也相信這一點。

同理心對希望的定義

同理心所激發出的希望肯定是務實的。希望並不是相信所有的事情都會好轉，而是堅信即使在出了問題的時候，我們還是會以某種方式找到自己的出路。「以某種方式」是同理心中的俗語，它總是涉及「關係」。透過我們跟這個世界的關係、跟自己的關係及彼此之間的關係，同理心會保證我們找到出路。

同理心中的希望是很有韌性，也很頑強的。不管希望被打倒了多少次，它都還會再站起來。希望既代表我們的態度（「我能做」），也代表我們的行動（「我會去做」）。希望是一種「鼓起勇氣」——意味著要先找到相信的事，並且堅定地實踐它。同理心的希望不是用一種不切實際的幻想在看待未來，而是要讓事情一天天地好起來。希望的態度中充滿了目的和方向，希望的行動讓我們不斷前進。

希望是經過極大的努力、勤奮、耐心和專注而創造出來。我們透過努力堅持向前走，這樣的使命感使我們贏得希望。但是想培養出「抱有希望」的態度——學會如何相信自己——我們需要他人也能相信我們。當我的高中輔導員告訴我，我的成績呈現出我缺乏雄心壯志和學習天賦，告訴我應該放棄上大學，於是我對自己的信念動搖了。我想或許他是對的。或許我應該加入陸軍或海軍。或許，那裡才是我的歸屬。

我轉而向我父親求救，他並沒有說：「亞瑟，那個人是個傻瓜，他都不知道自己在說什麼。」相反的，他讓輔導員說話，仔細地傾聽著輔導員說出的理由，盡力理解輔導員的觀點，然後他才告訴我為什麼他覺得輔導員評估我的天賦方式是不對的。在父親與輔導員見面之後，我才對我的未來充滿了希望，不是因為父親直接把希望端給我，是因為他解決了現實生活的困難而帶來了希望。

同理心會帶來理解，而理解總是會產生希望。一旦我們能進入同理心的境界中，努力地理解它的紛繁複雜，就會意識到生命不是只有一條出路。「每一個出口都會有一個入口。」劇作家湯姆·斯托帕德（Tom Stoppard）這麼寫道。這正是重點所在。當一扇門關上了，就去找找還開著的窗；如果你想要放棄，就想想你要怎麼對自己說。或者就像奧斯卡·王爾德（Oscar Wilde）曾經說：「每次摔倒的時候，都撿點東西起來。」

跟輔導員見過面的幾個月之後，父親開車帶我去緬因州的布里奇頓學院（Bridgton Academy）面試，這是一家專門為高中運動員提供就讀大學的預科學校。在初次的面試裡，父親、我、學校的校長戈德・史密斯先生一起坐下來。他對我們兩個人的到來表示感謝，幾分鐘後他讓父親先離開房間，留下我與他單獨聊聊。

我們談到了我的家鄉，還有為什麼我決定申請布里奇頓。

「我很好奇，當我們學校的招生人員到你們學校的時候，你為什麼沒去面試呢？」戈德・史密斯先生在談話中問我。

「我的輔導員認為我不應該申請布里奇頓。」我說。

「為什麼呢？」

「他覺得我應該參軍。他認為我不是上大學的料。」我承認我不是非常用功。

「你覺得你在這裡能學好嗎？」

「我父親覺得我需要這樣一所學校來教會我如何學習。」我說。

「你同意他的觀點嗎？」

「我想是的，但我不是那麼確定。」

接著史密斯先生問了我喜歡讀些什麼書。我告訴他我不怎麼讀書。

「你很少讀書嗎？」

「是的。」我說。事實上，在說出這個答案時，我還在想以後自己應該在當地的玻璃廠工作，父親、他的兄弟們和他們的父親都在那裡工作過。

「那有關體育的報導與文章呢？」戈德・史密斯先生問。

「當然，我幾乎每天都看體育報導。」

我們花了很長的時間聊體育的事。我告訴他我最喜歡的球員是克利夫蘭布朗隊（the Cleveland Browns）的吉姆・布朗（Jimmy Brown）。戈德・史密斯先生問道：「你知道去年他進攻的碼數是多少嗎？」我告訴他答案。他又問我知不知道NFL（職業美式足球聯盟）冠軍賽的成績。我告訴了他。後來我才意識到他是在測試我，分析我對自己擅長領域的資訊記憶能力。

我們談話結束時，我告訴史密斯先生我是多麼期待能進入布里奇頓學院就讀。

「我想證明給我父母和自己看，我在學校裡也能像在球場上表現得那麼好。」我說。

史密斯先生握了握我的手，告訴我說他很高興讓我進布里奇頓。「我相信你會有很好的前途，」他說，「你記憶力很好，對你感興趣的話題很有熱情，你能記住很多細節，很有禮貌，也很有想法，還是個很好的傾聽者。而且最重要的是，我能聽出來，在這裡好好學習對你來講有多重要，以及你會多麼感激獲得第二次上學的機會。」

那天我離開布里奇頓的時候，我對自己的未來充滿希望，因為史密斯先生花費了大量時間和力氣來找出我在乎的東西，還務實地評估了我的潛能。他注意到我的記憶力、專注力和學習意願，即使我的學業成績不亮眼，但他讓我發現自己所擁有的能力和潛力。透過使用同理心，戈德・史密斯先生給了我希望。

同理心如何產生希望

許多研究都已經證實了，心懷希望對我們的頭腦、身體和精神都具有深遠的影響。按照這些研究的結果，希望可為我們帶來：

- 在逆境中產生所需的能量。
- 提高創造性，讓我們有更多的選擇和路徑。
- 幫助我們面對創傷和悲痛。
- 保護我們免受憂鬱。
- 改善在學校的成績。
- 增強我們的免疫反應。

心理學家赫爾格森（Helgeson）和海迪・弗里茲（Heidi Fritz）的一項研究顯示，抱有希望的態度能對身體健康產生巨大的影響。研究人員給兩百九十八名因血管重建手術住院的患者填寫問卷，這些患者們被問到他們對生活，以及從家人、朋友和醫師所感受到的支持，他們運動的頻率、是否抽菸和飲食習慣的問題。六個月之後，這些患者又被詢問了一次。其中較悲觀的人再次得動脈栓塞的可能性，幾乎是對未來抱持信心和希望的病人的三倍。具有積極心態、高度自我評價和自我控制能力高的患者，較不容易有心臟病發作，需要做第二次血管擴張術的可能性也更低。

另一項有趣的研究則是測試樂觀對工作表現的影響，心理學家馬丁·塞利格曼（Martin Seligman）針對保險推銷員進行問卷調查，來測驗他們的樂觀程度，並將他們的問卷結果和實際銷售記錄比對，他發現樂觀的銷售員比悲觀的銷售員多賣出百分之三十七的保險。樂觀程度排名前百分之十的銷售員，比悲觀程度排名前百分之十的銷售員要多賣出百分之八十八的保險。

樂觀的銷售員跟他們的潛在客戶打交道的方式會更加同理心。當潛在客戶說「不」的時候，悲觀的人會認為自己是個失敗者，做出「我不夠好」或「我甚至都邁不出第一步」這樣的結論；相反，樂觀的銷售員會以他人的視角看問題，做出「我打電話給她的時候她太忙了」或「這個家庭已經買了保險」這樣的結論。樂觀的銷售員不會認為拒絕是針對他們個人，因此他們對未來的客戶還會抱有希望。

同理心也能創造出希望的態度，幫助我們發展出更廣闊的觀點；在更廣闊的觀點中，不幸和失望都被視為暫時的，是與當下情境有關，而且最後是可以被戰勝的。如果我們認為原因是永久性的——「我很蠢」、「他不夠敏感」、「她很粗心大意」——就為絕望和抑鬱鋪平了道路；如果我們認為這個情境是獨特的，只限定在這個時刻——「我剛說了一句很蠢的話」或「他通常都很善解人意，只是現在還沒反應過來」——我們就只是把失望限定在這次特定的互動中，而不會擴大到過去和未來。

當堪薩斯大學心理學家查爾斯・R・史奈德（C. R. Snyder）研究大學生們的在校成績時，他發現「希望」對成功有非常大的影響。史奈德把希望定義為「相信你既有意願也有途徑來實現自己的目標」。史奈德發現，在「希望」得分高的學生工作較努力，而且他們也會發展出越來越多以希望為基礎的技能。他們會拒絕向焦慮或抑鬱屈服，會尋找方法來激勵、肯定自己，陷在困難中時會讓自己打消疑慮，有創造性地去尋找實現目標的替代路線（或者需要的話會轉換目標），不管事情有多沮喪都能保持靈活等。

同理心能讓我們平靜下來，加強我們與他人的關係，幫助建立一種能屈能伸的態度。同理心能降低恐懼的程度，平撫「我做不到」的焦慮。我們一起努力，提醒自己並沒有誰是完美的，把事情的節奏慢下來，就能在關係中找到希望。

同理心所激發的希望能在人與人之間建立起連接，這會產生行動所需的能量，使我們持續向前。有個故事是關於溫斯頓・邱吉爾（Winston Churchill），他在學校的時候，重修了英語課三次，而班上那些「更加聰明」的男生（用他的話說）已經去學希臘語和拉丁語。一九四一年，在二戰初期，邱吉爾當選英國首相後重訪他的學校演講，他說了幾句至理名言。

「永遠都不要屈服！」邱吉爾大聲說，一邊還用枴杖敲著地板。

「永遠，永遠，永遠，永遠都不要！永遠不要以任何方式讓步，不管是大人物還是小人物，不管是大事還是小事，明白相信正向與榮譽，絕對不要向敵軍的武力和強權屈服。」

永遠不要屈服——這六個字道出了同理心和希望所具的戰鬥精神。

實踐希望

與自己爭辯

大多數人在跟他人爭辯時都相當厲害，但在面對自己的時候，卻鮮少提出觀點反駁自己。「你太蠢了，」你對自己說，「你總是讓自己陷入這種混亂的局面。你為什麼不能長大一些呢？」然後，就在挫敗感和無望感中打轉。

現在開始，跟這類的說法爭辯。誰說你很蠢的？你為什麼要相信這種評價呢？說你蠢的證據在哪裡？花些時間學習如何根據自己今天的表現來評估自己的能力，而不是靠找出過去的失敗來評估。如果你犯了個錯誤或沒能達到自己的目標，並不意味著你有欠缺或有缺陷，這只是意味著你是一個人。錯誤本來就是人生中的一部分。

尋找解決方案

希望的根基是相信每個問題都能在某個地方找得到答案。它可能並不是我們想要的或是期待著的答案，但是每一種答案都指向一個明確的方向。我們可以選擇朝這個方向走，也可以回頭往另一個方向前進。關鍵就在於，一個問題從來都不會只有一個解決方案。讓你的選擇保持開放，或像我母親經常說的：「闔上書本，睜開眼睛」。

多聽音樂

一天結束之後，如果我的能量早已消耗殆盡，而我還有幾個小時的工作得做時，我就會聽歌劇演唱家安德烈．波伽利（Andrea Bocelli）的音樂。他的聲音總能讓我精神振奮。哪種音樂能激發你呢？哪些抒情的樂曲能平撫你困頓的精神？比如，我知道很多人聽到〈奇異恩典〉（Amazing Grace）或〈惡水大橋〉（Bridge over Troubled Water）中的歌詞就能立刻打起精神。

南希．博克（Nancy Burke）在《為健康靜坐》（*Meditations for Health*）中談到了給她面對癌症治療的能量和勇氣的音樂。

歷經了兩年，每週在我開車去癌症中心治療的路途中，我都一遍又一遍地播放帕蒂·拉貝爾（Patti LaBelle）演唱的〈飛越彩虹〉（Somewhere over the Rainbow）和〈勝利屬於你〉（There's a Winner in You）。當我覺得害怕，以為自己無法再去做這次治療時，我就靠播放這兩首歌把車開到醫院。然後，在我很疲憊，擔心自己無法把車開回家時，我也會播放這兩首歌。我的精神總能恢復過來，就不知不覺地開回來了。我能在她富有情感的聲音中找到這種勇氣和希望。在我生命最黑暗的階段，那個聲音讓我對還能活著充滿感激。

像博克所描述的，我相信對每個人來說，都有屬於自己的一首歌曲，某種音樂旋律和魔力的組合，能如此完美地呵護我們的心，讓我們能脫離此時此地。你的歌曲是哪一首？你為什麼覺得這首歌有療癒效果？它是如何振奮你的精神？適合你的歌是如何隨著時間和環境而變化的？它能把你帶到哪裡？你什麼時候會聽這首歌呢？

去看《風雲人物》這部電影

多年以前，我有一名患者是四十三歲的高中女老師，她在丈夫過世後企圖自殺。就在聖誕節夕，她來找我諮商。

「我知道你不喜歡告訴他人要去做什麼，」她說，「但是我在想你能不能給我一點建議，讓我看到我生命的價值，現在就讓我找到我生命的意義。我都不知道自己還能不能繼續堅持下去，因為我感覺不到自己對他人的生活有任何影響。」

「你是一位老師，對很多人付出了那麼多東西，珍，」我說，「我知道你不常聽到別人提及你的工作是如何影響了他們。大多數人都不會回去告訴我們偉大的老師，他們是如何深刻地影響了我們的人生。我自己也從來沒這麼做過。但是現在坐在這裡，我還能清楚地想起某些老師說的話，感覺就像發生在昨天一樣。你請我告訴你一些建議，但是，我想請你去做一件事。我想讓你去看看電影《風雲人物》（*It's a Wonderful Life*），聽聽克勞倫斯，就是想得到翅膀的那個天使，跟喬治．貝雷（George Bailey）都說了什麼。然後，我想讓你儘量客觀地想一下，你的生活對那麼多人來說意味著什麼。」

聖誕節那天我打開家門，在門廊上發現了一個包裝好的禮物。是《風雲人物》的錄影帶，還有一張紙條寫著：「你就是我的克勞倫斯。聖誕節快樂。珍。」

每個聖誕節晚上我都會跟家人一起看這部電影，每次我都會想到，我有幸能夠幫助那些失去希望的患者，透過勇氣、努力和同理心的治癒力量，讓他們重新找回了奮鬥的精神。在生活中，當他人感到絕望、看不到出路時給予他們幫助，我們就是在「獲得翅膀」。我們透過內省和同理心的智慧來引導自己獲得翅膀。

避免使用「總是」這個詞

「這種事情總是發生在我身上。」、「我總是這樣反應過度。」、「我總是犯下愚蠢的錯誤。」、「我總是匆匆忙忙，丟三落四。」、「他總是遲到。」、「她總是把所有的事情都怪在我身上。」

在這些說法中，希望在哪裡啊？當使用「總是」這個詞的時候，改變的可能性在哪裡？「總是」是一種沒有過去、現在或將來的表達方式，一個讓時間停擺的詞，代表一個終點。即使你是用在正向表達上：「我總是跑得很快。」、「我在學校的表現總是很好。」、「我總是努力工作。」之後也必定是在為失望鋪路。如果你在一次重要的比賽中拉傷了肌肉怎麼辦？如果你考試前只睡三個小時，最後一反往常只得到B怎麼辦？如果你今天生病了，身體疲憊、不想努力工作怎麼辦？

「總是」這個詞拒絕了多種的可能性和其他解釋。因為同理心尊重生活的變化莫測，因此它知道「總是」這個詞裡包含著威脅，所以改用「有時候」、「偶爾」或「某些時候」來代替。「有時候會擊出好球，有時候卻打出界。」、「有時候我會說些不該說的話。」、「某些時候我就怪罪別人，而不是自己承擔責任。」

這些詞所強調的情形是暫時的，是一直在改變的。透過語言上這一點小小的變化，你就不會感覺那麼無望，而是會更有希望。

利用你的記憶

記憶是創造希望的來源，但它也可以是沮喪的原因。所以，一個創造希望的方法，就是非常仔細地挑選你的記憶。當發生一件美好的、愉快的事情時——一個陌生人對你微笑，朋友給了你一個讚美，親戚給你一個擁抱，孩子向你尋求安慰——就給這個記憶加個框。

把這種時刻從原本的時間位置移出來，在它的周圍加上金色邊框，然後將它放置在你的記憶畫廊裡。日復一日，那麼富有希望的美好事情在我們生活中發生，如果不稍停片刻，好好想想這些事情，有意識地給它們加上邊框，我們就會失去這些美好的時刻。

願意做出改變

希望，就像由同理心驅動的所有體驗一樣，並不是一個被動地等待著好事情發生的狀態，而是對美好的主動追求。你怎樣才能讓希望化為行動呢？你能做些什麼來創造希望，並給他人帶來希望呢？

改變的意願，是種植希望的沃土之一。如果不夠靈活、僵化、不願屈服、不肯讓步，那我們就製造出了一片厚重泥濘的沼地，希望只能從中艱難前行。但是如果我們可以變通、靈活、讓步，甚至是投降，希望就會找到自己的翅膀。

心自有容身之地，在它自己的世界，能夠把地獄變成天堂，把天堂變成地獄。

——約翰・米爾頓（John Milton）

第15章

寬恕

原諒自己，就原諒了整個世界

因為我們的想法從不曾完美無缺，我們的嘗試從不曾準確無誤，所以所做的事都是有限且可能出錯的，這稱之為人性的侷限，我們因寬恕而獲得救贖。

——大衛・奧斯伯格（David Augsburger）

我們提到寬恕時，會以為這是我們賜予他人的東西。但是其核心是寬恕我們自己的過程和行為。

大衛為什麼會自殺

三十年前，當我弟弟自殺後，我迷失了方向。在超過兩年的時間裡，我活在黑暗和絕望之中。我所有的襯衫、長褲、襪子和鞋，我的所有東西都是米色或棕色。每一天我仍然去學校上課，但是我找不到快樂。每一天晚上我都去跑步，逼著自己跑得更遠、更快，甚至我還能聽見大衛的聲音環繞著我，催促著我向前跑，給我力量跑得更遠，但這些只有讓我感到更疲累、孤單而已。

大衛過世三個月之後，我放棄了在大學裡當老師的機會，搬回家跟父母一起生活。我的思緒和情感都圍繞著父母。我需要跟他們待在一起，就像他們也需要我一樣。在我從小長大的屋裡醒來，在跟大衛一起吃過無數頓飯的廚房裡吃飯，沿著過去一起走過的馬路散步，我一直努力地克服悲傷和憤怒。大衛怎麼能這樣離開我們呢？什麼樣的痛苦和恐懼讓他結束了自己的生命呢？當他鎖上房門把針頭刺進手臂的那個晚上，他在想些什麼？我每天在半夜清醒，躺在床上想像大衛的絕望，我卻不得其門而入，也找不到了解他內心和靈魂的方法。

這些問題一直縈繞著我，而沒有任何答案能讓我感到慰藉。我當初應該花更多時間陪他、多關心他、多跟他聊天嗎？我是不是太專注自己的生活，卻沒有注意到他可能需要我做些什麼？這是我父母的錯嗎？父親對大衛期望太高了嗎？母親太纏著他，使他喘不過氣嗎？

我發現，自己在為當初應該做的事情和應該說的話而苦惱著。明知道問這些無法回答的問題沒有意義，只會讓我精神更加疲憊，但我還是忍不住反覆思索：我到底能做些什麼來拯救他？我做錯了什麼？我哪裡失敗了？

我從來不曾想過寬恕。寬恕什麼？寬恕誰？寬恕似乎並不是問題的所在。因為我能寬恕誰，寬恕又能改變什麼呢？寬恕不會讓大衛復活。我將寬恕屏除在外。我看不到寬恕對我的生活，或者對再也見不到的弟弟之間有什麼關聯。

一週又一週，一月復一月，我如行屍走肉一般。我完成了博士學位的課程，只剩下寫論文。我每寫一頁，母親（世界上唯一一個能看懂我字跡的人）就用打字機打上一頁。週末，我會在父親的傢俱店裡幫忙，會跟朋友聊天，會對路上的陌生人微笑，會跟父母在前門台階上閒坐，會跟鄰居閒聊，會跟我的阿姨、叔叔和表兄弟們慶祝節日。我活著，呼吸著，就這樣一步一步向前走。

慢慢地，我感覺到自己的內心開始放鬆。對我來說，這是身體上的一種解脫，就像是抽筋的肌肉自己鬆開了。大衛已經走了，我能做的任何事情也無法把他救回來。回頭看，我知道我已經做了一切我能做的。我並不完美，我也犯過錯，我說過一些我希望自己不曾說過的話，做了一些我後悔過的事情，但是我愛他，愛到無以復加。但是真相是：我愛他，而我的愛沒辦法挽救他。

如果當時的我知道同理心的力量，我應該能夠救回弟弟嗎？我相信答案是肯定的。當我打電話給人在阿姆斯特丹的大衛時，他說：「如果我要坐牢的話，我會殺了我自己的。」我會直接問他為什麼要威脅自殺：「你本來就打算傷害自己嗎？」或是問：「你是說真的嗎？」透過這些問題，我就可以試著判斷他有多脆弱，他傷害自己的可能性有多大。當大衛說「我愛你」時，我可以說：「我也愛你。」我會仔細地傾聽他說的話，而不是專注在告訴他我自己的反應。我可以同理他，而不會去假定、猜測、讓情緒掌控我的反應。

我該如何接受：已經做了我原本可以做的、說了我能說的來挽救大衛的生命？我接受了。這是我能給出的唯一答案——我接受它。我知道當時我已經盡我所能、做了自己當時具備的知識和經驗所能做的一切事情；我知道父母也做了他們能做的所有事情；而且大衛，他也做了他能做的所有事情。

我已經找到寬恕了嗎？從完全擺脫悲傷、痛苦，以及尚未找到解答的那些問題上來看，我還沒有找到寬恕。但是我不會再用「我當初應該做些什麼、說些什麼」的想法來折磨自己了。我把焦點放在當下，為活著的人盡我所能。我記得大衛——我永遠都不會忘記他。關於他的死，我知道我唯一的答案就是，我要幫助那些像他一樣感到迷失、孤獨、茫然的人。我一直提醒自己：你還活著。你有你該做的事情。日復一日地做著這個工作，我才漸漸地尋找到對自己和對大衛的寬恕。

每一天都有新的機會。去年夏天，我休了兩個星期的長假到緬因州；我迫不及待地休息補眠、與家人在海灘散散步、跟鄰居聊聊天，讓自己在沒有日程規劃的節奏中徹底放鬆。我是星期五晚上抵達的，星期二早晨我正要出門跑步時，卡倫正在講電話，她示意我等一等。她用手搗住電話聽筒告訴我：「是約翰的老婆。」約翰是我們在緬因州房子的水電工人。「他現在非常沮喪。他最好的朋友在兩個月前死於一場車禍，他瘦了將近五十磅。他太太擔心他可能會再度酗酒。」

不到一個小時後，約翰和我坐下來開始聊天。那天我們談了三個小時。他告訴我，他已經接受了一個精神科醫師的治療，醫師開給他容易上癮的精神安定劑贊安諾（Xanax）和抗憂鬱藥樂復得（Zoloft）。精神科醫師將約翰轉介給一位心理治療師，治療師說他是面臨中年危機。

「我聽說這位治療師擅長處理『中年危機事件』。」他說著，露出那天的第一個微笑。

「他大概幾歲？」我問。

「大概五十歲上下。」

我們倆相互看了看，突然一起大笑了起來。我們都想著同件事——到底是誰在遭受中年危機啊？但是透過這個笑聲，我感覺到一股憤怒——怎麼有人把約翰在人生中遭受到的嚴重問題，歸結在一起還貼上「中年危機」的標籤呢？他二十歲之前父母都過世了；四十幾歲的時候，他哥哥也死了；最好的朋友又在一場車禍中喪生；長達二十年都在跟酗酒奮戰，直到最近才戒掉。他被悲傷和恐懼壓倒，想找人來幫幫自己，但是好像沒人願意傾聽那些讓他感到憂鬱的深層痛苦。一個精神科醫生說他有憂鬱症狀，指導他用精神安定劑和抗憂鬱藥來減輕痛苦；一個心理治療師說他正在經歷中年危機；他在匿名戒酒聚會的成員們要他小心別再喝酒；他的妻子害怕他會自殺。

所有人都在關心約翰，但是沒有人傾聽、同理約翰的經驗。所以當約翰說出這些事情而我也仔細聽了之後，我們都感覺好多了。約翰那天離開我家的時候說：「沒有人告訴我，因為朋友的死而感到不知所措是正常的，沒有人跟我聊過我父母和哥哥的死，或者我婚姻面臨到的壓力。為什麼呢？為什麼沒有人問過我和家人的關係？他們為什麼自動認定自己知道我的想法和感受呢？他們為什麼不幫助我瞭解這些？」

聽了這些問題，很多年後我找到了問題的答案。有時候我們不理解他人；我們會犯錯誤；我們會診斷錯誤、誤貼標籤、歸類錯誤，走錯方向。我記得，就在大衛拜訪過牧師之後，我跟大衛聊過，牧師向他保證祈禱能解決他的問題；我還記得大衛的醫師開了一些精神安定劑和鎮靜劑處方，希望這能解決他的痛苦；我也記得自己曾花幾個小時陪他在書店尋找自助類書籍，曾在保健食品店尋找可以減輕他症狀的非處方藥物。我記得大衛向我尋求建議時，我給了他同情而不是同理心，當時我還以為自己理解了他的感受（而事實上，我並沒有明白他的痛苦有多大）。更糟糕的是，我還建議他要為自己負責任，要成為那個我知道他能成為的人。因為我做出了方向錯誤的回應，最終把他留在自己的痛苦裡。

同理心讓我回到過去，理解我弟弟的痛苦。我知道，多年來他一直努力想解決問題，卻一直失敗，這讓他產生了極大的絕望。我知道酒精和海洛因把他帶離開了正常的世界。當大衛每天開始服用藥物之後，他的血液與身體已經不再純粹了。他滿心的羞恥和自責，他躲避家人、朋友的互動。毒癮把他和愛他的人分隔開來，只留下他自己活在一個沒有目的和意義的世界裡。就在那時，他失去了希望和信念；也是那時，他無法原諒自己的行為，無法原諒他帶給我們全家的恥辱，無法原諒他所造成的悲傷，無法原諒他在年輕的生命中造成的各種心痛。他的世界不斷限縮，直到最後他看不到任何出路，所以他結束了自己的生命。

他無法寬恕自己，無法接受自己已經變成的樣子——一個大學輟學生、一個海洛因成癮者、一個罪犯、一個犯法的逃亡者、一個流亡之徒。這些標籤毀了他，死亡成了他面對無法忍受的生命裡唯一的解脫。

同理心引領我理解了我弟弟，在這個理解中，我找到了對自己的寬恕。這不是一下子找到的，而是日復一日，是我跟那些努力尋找方法來接受自己的人們一起慢慢找到的。我跟他們討論改變的可能性，討論每天都要重新開始；討論如何學會接受我們的不完美，改變我們能夠改變的部分，並探尋如何包容。最重要的是，在人們訴說他們的絕望、尋找繼續前進的方向時，我仔細地傾聽著。我儘量帶著關心和尊重來回應他們，尊重他們獨特的經驗。我稱讚他們的成功，也分擔他們的悲痛。

因為同理心的力量，我知道我是在盡我所能，我也相信這一切會帶來變化。我保證，只要他們還在一步一步向前走，我就永遠不會放棄他們。我也從來都沒有放棄過。

同理心對寬恕的定義

同理心能拓寬我們看世界的視野，從那個拓寬的視野中，我們能找到對自己和對他人的寬恕。寬恕是一個過程，而不是行動。就在我們繼續努力從過去的悲劇和創傷中學習如何超越它們時，寬恕會緩緩地到來。隨著時間的累積和付出的努力，我們就能夠向前修復過去，而不是無止盡地重複過去。

海倫．普列金（Helen Prejean）在著作《越過死囚線》（*Dead Man Walking*）中講了一個毫無意義的死刑以及之後發生的故事。在故事的前段，一名父親看著被謀殺的兒子屍體說：「不管是誰幹的，我都寬恕他們。」但是，這個父親隨後才發現，這句話只是一趟漫長旅程中的第一步。因為每一天，他都被迫走上寬恕之路。普列金寫道：

> 他知道自己要奮力克服痛苦的感受和燃起的復仇之心，尤其是每年想起大衛的生日時，就又要重新失去他一次：二十歲的大衛、二十五歲的大衛、結婚的大衛、站在後門看著小孩圍著他的大衛、成年的大衛。寬恕從不容易。每一天都必須祈禱、掙扎，最終才能迎來寬恕。

寬恕是由經驗而來，也隨著同理心的腳步而來。同理心能讓我們更深刻地理解自己屬於哪裡，透過這個理解，我們才能意識到為什麼寬恕是必需的。寬恕並不是我們能夠命令或控制的東西，是隨著同理心的努力而出現的一種經驗。努力理解，才能打開我們的內心與視野，看見隱藏在裡頭的觀點，看見以前看不到的東西。在拓寬的視野中，寬恕不需邀請就會向我們走來，就像是走過彎曲小徑後瞬間呈現出從未見的一道風景。

同理心如何產生寬恕

同理心是如何教會我們寬恕自己和他人的呢？這是一個重要的問題。即使知道寬恕是什麼，但我們真正想知道的是如何做到。我們如何才能找到寬恕？當我們找到之後又能拿它來做什麼？寬恕又如何帶領我們從過去走到現在，指引我們拓寬自我認知，加強我們的關係呢？

在猶太教義中，寬恕包含四個階段的過程：第一，你意識到你做了什麼錯事；第二，你向你所傷害的人道歉；第三，在任何可能的時候對那個人做出補償；第四，試著不要再犯同樣的錯誤。當然，第四步是終盡一生的事情。

同理心也提供了類似的寬恕，但是同理心把重點放在建立長久的關係上。

寬恕的五個階段

階段一：察覺

由同理心引發的每一種經驗，一定會從這裡開始：我們的認知受限於自己的經驗和我們對這些體驗的解讀。這個世界無比地複雜，在任何時刻裡我們都只能理解到它的一小部分。「對任何事情，我們都只能看到它的一半，」榮格學派的心理學家艾利斯・O・郝威爾（Alice O. Howell）提醒說，「而另一半是我們對看到的那一半所賦予的意義。」

階段二：找尋

認知到我們的侷限，我們就會想知道更多。在寬恕的過程中，同理心會讓我們持續尋找、梳理、篩選：我還能知道哪些東西？哪裡還沒有看清楚？我的成見是什麼？是什麼妨礙了我對事物的理解？

階段三：走出去

在找尋的階段，我們開始由內向外移動。同理心使得我們可以參與他人的生活、感受他們的感受、想著他們的想法。透過主動，努力借用他人的視角，能讓我們放棄自己對世界的看法。

階段四：改變

進入他人的世界中，借用他人的想法和感受，進一步再回到轉變後的自己。在每一次同理心式的互動之後，我們可以改變和超越原來的自己。透過擴大後的視野，能看到以前看不到的內容。寬恕的經驗就包含在這個新視野中。

階段五：投入

知道我們的心智狀態是與他人的經驗密不可分的，所以我們要把自己投入到更大的社群之中。在非洲，這個投入全局的過程叫作烏班圖（Ubuntu），是指與世界合一的感覺。南非的大主教戴斯蒙德．圖圖（Desmond Tutu）解釋：

> 烏班圖……說的是作為人的最高價值……我這個個體跟你是綁在一起的，因為一個人是透過別人，才能成為這個人的。在我們非洲，我們極度重視群體的和平與和諧。任何破壞這個和諧的事物都是有害的，不僅僅對社區有害，而且對我們所有人都有害。因此，寬恕對人類的持續存在絕對是必需的。

寬恕是相互連接的行為。我寬恕你，因為我就是你；寬恕了你，我就寬恕了我自己；寬恕了我自己，我就寬恕了這個世界。

實踐寬恕

一筆勾銷

寬恕意味著自由——把我們自己從驕傲、怨恨和苦難中解脫出來。我們從頭來過，或者說，我們把以前的事情一筆勾銷。下面這個故事能闡釋這一點。

一位年長的酒館老闆有兩個帳本。在第一個帳本裡，他記載著他這一年裡所犯過的所有罪惡；在第二本裡，他記錄同一年裡發生在他和他愛的人身上所有不好的事情。然後，在一年的最後一天，他先看一遍詳細列舉他缺點和錯誤的帳本；接著他拿起第二本，再看一遍那一年發生在他身上所有的不幸。

讀完之後，酒館老闆闔上帳本，雙手合十，眼望天空進行禱告。「親愛的上帝，」他祈禱，「我有許多罪惡要向祢懺悔。但是祢也降臨很多讓人痛苦的事情給我。所以現在我們要開始新的一年，我請求我們都一筆勾銷吧。我寬恕祢，祢也寬恕我。」

在你的生活中，也要記得總是有兩個帳本——一個寫滿你的錯誤和不完美，另一個記錄著你路上的所有考驗和磨難。當你覺得埋怨時，要記得這兩本帳本，並盡你全部能力來清除自己犯下的錯誤和遭遇到的磨難。你想要抹去的不只是記憶本身，也包括記憶帶來的內疚、怨恨和憤怒等痛苦的情緒。

寫信給自己

如果你花時間寫下自己的想法和感受，就會發生神奇的事情。南衛理公會大學的心理學家詹姆斯．潘尼貝克（James Pennebaker）在一系列的研究中發現，定期寫信給自己能提高免疫力、減少請假天數、促進肝臟代謝功能、減少看病的次數。這些明顯的生理變化，是為自己卸下心理的負擔、情緒的釋放。

潘尼貝克的研究方法直接。他讓人們每天花十五至二十分鐘寫信給自己，並集中寫下讓人痛苦的事件或者難以承受的壓力與憂鬱。然後，他會要求受試者試著寫出信中事件的意義。從困擾中找到意義，能讓我們重新看待這些痛苦：不再是壓垮我們的災難，而是能啟發我們思考的經驗。

燒掉你的苦難

在印度傳統中，怨恨可以用一種簡單且奇特的方式處理。首先，你寫出困擾著心靈的過錯和屈辱。然後，你把這張紙燒掉。看著紙被燒掉就是一種暗示——所有的事情，即使是怨恨，終將會消失。

打坐

當我們匆匆忙忙地趕時間時，心中的怨恨會不斷累積。在一天裡找一個地方、一個時間，安靜地跟自己的想法和情緒待在一起。如果你感到生氣或有敵意時，不要以為做幾個深呼吸就能讓你冷靜下來。冥想專家認為我們需要十五至二十分鐘才能從一個高速生理狀態（比如在高速公路接到緊急電話、工作中傷腦筋的簡報、跟朋友或家人間有敵意的互動）中平靜下來。

鮮少有人能有時間來消化這些情緒，但是想想亨利．大衛．梭羅（Henry David Thoreau）在他書中提到在華爾騰湖邊的冥想是能讓人舒緩的。同理心對梭羅的影響很明顯：

> 我喜歡為自己的生命留有更多閒暇時間。有時候，在一個夏天的早晨，我習慣洗完澡之後坐在門前，從日出到正午沉思著。坐在松樹、山核桃樹和胡桃樹中間，在沒有打擾的寂寞與寧靜之中，凝神沉思。那時，鳥雀在四周唱歌，或默不作聲地疾飛而過我的屋子，

直到太陽落在房子西邊的窗戶；或者遠處的高速公路上傳來一些旅者的車輛聲，提醒著我時間的流逝。我在這樣的季節中生長，好像穀物在夜間生長一樣，自然環境的功效遠過於任何人工的幫助。這樣做不是浪費我的生命，而是為我創造更多時間。我明白了東方人所謂沉思及拋開工作的意思。最重要的是，我沒有覺察到時間的流逝。白晝到來，彷彿是為了照亮我的工作；可是你瞧，現在已經是晚上，我並沒有完成什麼值得紀念的事。我也沒有像鳴禽一般歌唱，我只靜靜地微笑，笑我自己幸福無比。正像那麻雀，蹲在我門前的山核桃樹上，啁啾地叫，我竊竊笑著，深怕牠聽到了我從房子裡傳出的輕聲吟唱。

獨處對於不肯寬恕的人是很難忍受的，他們會發現每個安靜的時刻都在重溫他們過去的痛苦。寬恕能幫助內心潔淨與釋放，能讓我們「好像穀物在夜間生長一樣」，走進我們內心，並超越我們自己，讓我們成為有意義的自己。

有兩種方式來散播光亮：做一支蠟燭，或者是反射燭光的明鏡。

——伊迪絲・華頓（Edith Wharton）

後記

我每週三晚上都在一個路德派教堂裡做團體治療，團體裡有八個病人，男女都有。最近一個冬天的晚上，四十八歲的莎拉走進會議室，坐在一把坐墊很厚的老舊椅子上哭泣。我們都嚇了一跳，因為莎拉是典型的新英格蘭人，保守、謹慎、態度堅定，天生帶有一股頑強的精神，彷彿向世界宣告：「嘿，我正在努力中，誰不是呢？無論如何我都會奮鬥到底。」

莎拉的人生曾經歷過烈火的考驗。在她七歲時，酗酒的父親自殺了；三十四歲時妹妹也企圖自殺；酗酒的丈夫對她的身體和情緒虐待了長達二十年。她也開始喝酒「來減輕痛苦」，吃贊安諾來「安撫」自己，而且一天抽兩包香煙，只是為了暫時忘記痛苦。兩年前，她跟丈夫離婚之後開始進行心理治療，那時她告訴我她中斷了與外界的聯繫。「怎麼回事呢？」我問。「因為我恨男人。」她回答。

當天晚上看著她難過痛苦的樣子，使我不經猜想，發生什麼事打破了她堅固的心房。我問道：「你能告訴我們你為什麼這麼傷心嗎，莎拉？」

莎拉盡力地控制著情緒，說她跟醫師碰了面，醫師告訴她可能得了肺癌，而且替她安排這週做切片檢查。「他是那麼冷酷，沒有感覺的樣子。」她說。很明顯地，醫師的行為跟癌症的威脅都讓她感到難過。接下來的一個小時，莎拉試著描述她的憤怒和恐懼，房間裡其他的病人都盡可能地給予安慰。那天晚上莎拉離開時，她的情緒在團體成員的支持下好多了。

隔週的星期三，莎拉走進會議室，揮掉厚重夾克上的雪花，在長沙發上緊鄰著馬修坐了下來。馬修已經戒酒，身高近兩米，就像是現代版的保羅．班揚（**Paul Bunyan**，美國神話人物之一，又有巨人樵夫之稱），兩隻手臂可以環抱著小樹，外貌英俊且稜角分明但一臉飽經風霜。馬修為人尖酸刻薄，而且常常批評別人，團體成員幫他取了個外號「沒耐心先生」，因為他對於和自己不一樣的人沒有耐心。以前他對莎拉特別苛責，說她「超級敏感」、「愛管閒事」，而莎拉說他「自我中心」、「冷酷無情」、「咄咄逼人」。在團體裡一起待了幾個月後，他們勉強開始相互尊重，但是這個關係還很脆弱。每次他們倆互動時，團體裡其他人都坐得遠遠的看著他們火花飛濺的互動。

五十四歲的米莉安很溫和地、小心翼翼地詢問莎拉有沒有關於切片的結果。自從女兒二十八歲死於吸毒過量後，米莉安就一直在跟憂鬱的情緒奮鬥。

「再過一個星期就會知道結果，」莎拉帶著平靜的微笑說，「但是跟你說實話吧，我不像之前那麼擔心了。」

「這個星期發生了什麼事？上週你還那麼生氣和傷心。」蓋瑞說。蓋瑞是一名三十二歲的男性，正在辦理離婚手續並爭取五歲孩子的撫養權。

「發生了一些很神奇的事情，」莎拉說，同時身體前傾，就像是要把大家圍坐的一圈拉得更近些，「去醫院做切片時，我非常害怕，完全無法讓自己冷靜下來。一名男護士在幫我量血壓時，我突然間覺得頭暈。我告訴護士說我要不行了。他握著我的手，看著我的眼睛說，『莎拉，你哪兒也不會去的。我就在這裡陪著你，我會握著你，我不會讓你就這麼死掉的。』」

「那時我想到了你。」莎拉轉向馬修說。

「你想到了我？」馬修一臉不敢相信的樣子。

「我記得你說過很多次，你覺得自己不屬於這個團體，」莎拉說，「你說你覺得我們跟你不一樣，我們沒人能真正理解你的感受。」

「是的，」馬修說，身體在沙發上挪了挪，不好意思地笑了，「好像是我說的。」

「我知道你不相信有更高一層的力量，馬修，但是我向你保證，真的有。」莎拉用她深沉沙啞的聲音說：「當護士握著我的手，跟我說只要他陪著我，我就不會離開的時候，我知道我並不孤獨。我意識到這就是我們在這個團體裡為彼此所做的事情——我們互相牢牢抓住，讓彼此知道我們會一起渡過難關，我們永遠都不會留下孤單的任何一個人。」

莎拉說到都快哭出來，她做了幾下深呼吸來平撫自己的情緒：「我要告訴你們，如果這個癌症是發生在一年前，在我還沒有你們的支持時，我一定被關進瘋人院。如果沒有你們，我肯定做不到像現在這樣。這其中也包括你，馬修。我們之間是有問題，你毫不客氣地評論，以及你拒絕相信他人的態度，實在太讓我抓狂。但是，我們都在改變，我們都在學習如何相信他人，如何發覺自己的感受。我想讓你知道——我在這裡當著大家的面告訴你——不管發生什麼，我都會緊緊地跟你在一起的。我永遠都不會放棄你的。」

現在換馬修熱淚盈眶。有那麼一會的時間，沒有人說話，然後讓我們都驚訝到難以置信的是，眼前這位身型巨大、總是對自我控制感到自豪的男人，竟然把臉埋在雙手當中，肩膀抽動，開始哭泣。過了一會，我問馬修能不能告訴團體成員，是什麼讓他產生如此強烈的情緒。

「當有人真正關心我的時候，」他一邊說，一邊擦掉臉上的淚水，「我真的感覺到了，在我內心的深處，就像剛才莎拉讓我感覺到的，我身上好像發生了什麼。這讓我無法控制住自己。」

那天晚上，坐在昏暗教堂裡發霉老舊的座椅上，空氣裡瀰漫著咖啡香，戶外雪花輕柔地飄落，我們都感覺到同理心的存在。兩個一度堅信彼此沒有任何共同點的人，找到了一種深層且久遠的連接。他們之間的連接繼續擴大，涵蓋現場所有人，最後還會超越這個聚會的成員，延伸到外面的世界。因為那天晚上道別時，我們每一個人都感覺到同理心的力量，記住了一個護士敏銳的回應是如何平撫一個女人的恐懼；記住她又是如何帶著這個護士的關愛和體貼，再心懷感激地、幾乎是虔誠地傳遞給另一個痛苦掙扎的靈魂；也記住了見證這個互動的所有人，是如何感覺到自己內心中發生的轉變。

我想像莎拉當天晚上回到家之後，一邊煮著茶，看著廚房窗外雪花飄落，一邊想著馬修和其他團體成員。我想到馬修回家後，走上樓把他家的兩個小男孩塞到床上，告訴他們說他愛他們。他曾經告訴過我，沒喝醉的時候自己最大的快樂之一就是親吻兒子們並跟他們說晚安，並在隔天早晨醒來時回憶起這個時刻。我想著團體裡的所有人，回想他們的掙扎、他們的勝利，和他們持續努力在自己的生命中尋找意義和目的。我想到了我的父母、弟弟和所有的親戚、朋友、老師，他們都是我人生旅途中的一部分。那天晚上我回到家，聽了太太和女兒們一天發生了哪些事情，我感受到一股平和而深層的感激，這些都是生命帶給我們的禮物。

同理心就是這樣起作用的，不是突如其來、轟轟烈烈，而是慢慢地，就像太陽從遠處的山上升起，漸漸地產生覺察的曙光，把理解和領悟的溫暖播撒開來。同理心的光照亮了我們最深層的需要，讓我們永遠不會忘記：我們的生存都依賴於準確地理解並敏感地回應彼此的能力。同理心是我們的共同語言，它能說出內心最深沉的渴望，能清晰地表達出靈魂中最痛苦的問題。

透過審慎的行為和互動，同理心能產生肉眼看不見的連接，將我們擁抱在一起，從一個人跟另一個人，街道到村莊，社區到國家，民族到整個星球。因為同理心產生的連接，使得這個世界變得不再讓人害怕。歸屬感取代了孤獨，陌生人不那麼陌生，防衛不再必要，希望代替了無望，懷疑因為信念而消失，怨恨可以消退。而我們的心，曾經因為恐懼和痛苦而關閉，現在則為寬恕而打開。

這就是同理心的力量，和它給予我們的承諾。

致謝一

過去的二十五年裡，我似乎都在以不同的方式執行著這本書的內容，也曾經得到很多善良的人們直接或間接的幫助。

每個人的生命中都需要一個精神支柱，我的妻子卡倫就是我的支柱。我們在我生命最艱難的時刻中相識，妳讓我感覺到生命的完整，妳對生命的熱愛，是最重要、有意義的關係的熱愛，已經融入這本書的每一頁。「再寫一本給大眾的書」，妳的建議是我動力的來源。謝謝妳讀過書中的每一個字，對每一版書稿都提出坦誠且有見地的建議。坦誠需要勇氣，這正是妳的天賦。你的心中彷彿蘊藏著無盡的可能。

我們的孩子們就是我生命的快樂來源。沒有哪種經驗比為人父母更能教會我同理心的深遠意義。我們的女兒艾瑞卡，妳的勇氣和積極的態度一直都是我靈感來源。妳探索未知的能力、「嘗試新事物」以及「遇見不同的人」的態度表明了妳面對世界的開放心態，也為我們家帶來了新鮮的空氣。我們的女兒愛蓮娜，妳的溫暖和愛讓人每天跟妳相處都是快樂的。每一個「我愛你，爸爸」都讓我更輕鬆地寫下新的篇章，讓下一個故事更有意義。

我最偉大的老師是我的母親卡尼（Carnie）和父親老亞瑟。我永遠感激你們給我同理心和堅定不移的愛。

我親愛的朋友凱瑟琳．柯茜（Kathy Ketcham）是寫作大師。妳的見解、創新、堅毅，以及最重要的，讓口語躍然紙上的神奇能力，都讓我感激不盡。妳的同理心遍布全書。妳幫我把我的個人想法——最重要的是我的家庭所教給我的東西，都清晰地書寫出來。如果沒有妳的協助，我無法將本書寫完。謝謝妳的耐心、對我的堅定信任、對同理心的堅定信念。我會永遠心懷感激。

我的經紀人珍．迪斯特爾（Jane Dystel），非常感謝妳準確無誤的坦率、能量、付出和毅力。珍的合作夥伴米莉安．戈德里奇（Miriam Goderich），謝謝妳的見地讓整本書的提案和最終的書稿更加完善。

達頓．普魯姆（Dutton Plume）出版公司的主編布賴恩．塔特（Brian Tart），從我們的第一次會談，我就喜歡我們的合作，這種感覺又轉變為對你的能力、熱情、組織力和你盡可能把本書帶給更廣大讀者的付出的深深感激。我感謝達頓公司宣傳部主管麗莎．約翰遜（Lisa Johnson）的及時回應和智慧，也很感謝助理編輯卡拉．霍蘭德（Kara Howland）和文字編輯蘇珊・布朗（Susan Brown）的稱職努力。

我非常幸運有一個一直支持我工作的大家族。多年來我得到關愛和善待，我特別感激瑪麗和菲爾・喬拉米卡利（Mary and Phil Ciaramicoli）、安和多克・迪威陶瑞歐（Ann and Doc DiVittorio）、奧爾佳和弗蘭克・迪威陶瑞歐（Olga and Frank DiVittorio）、珍妮和麥克・菲茨帕特里克（Jeanne and Mark Fitzpatrick）、蓋瑞（Gerry）和泰西錫尼、唐納和飛利浦・伍德（Donna and Philip Wood）。

感謝我的同事安德烈・沃德斯坦（Andrea Waldstein）註冊獨立臨床社會工作者（LICSW）。沒有哪個心理治療師能投入比你更多的時間和精力來理解和實施同理心的力量。我們討論過上百次有關同理心的價值。我感謝你的友誼和幫助，使我的思緒更加清晰。

我的感激還要獻給我的朋友、同事和練習夥伴鮑勃・切尼（Bob Cherney）博士和他的妻子瑪麗・艾倫（Mary Ellen），你們在這本書的寫作過程中給了支持與建議；獻給我的同事和老朋友教育學博士瓦萊麗・索耶—史密斯（Valerie Sawyer-Smith）、教育學博士彼得・史密斯（Peter Smith）和我們最親愛的朋友黛安娜和理查德・維納（Diane and Richard Werner），是你們證明了距離不會影響我們彼此關愛的心。還要特別感激理查德・弗萊克（Richard Fleck）牧師多年來的精神教導，以及護理專家弗麗達・阿爾貝蒂尼—達菲（Frieda Albertini-Duffy）和她和藹可親的丈夫丹尼斯（Dennis）。

波士頓朗格廣播公司電台脫口秀《健康生活》節目的弗朗克・博耶（Frankie Boyer），謝謝你的支持、友誼和堅信在電台中討論同理心的價值。在我們每週的節目中，我既有收穫也有樂趣。我還要感謝製片經理約翰・馬拉博（John Marable），謝謝你教會我在電台工作的知識。

義大利男高音歌唱家安德烈・波伽利，你的歌曲〈浪漫曲〉中的激昂曲調能讓語言流淌。你的聲音每天都提醒著我音樂如何讓靈魂充滿生機。

特別感謝我在西郊康復中心、西郊醫療中心和哈佛醫學院的同事們給我提供了一個具有同理心的工作環境。

最最重要的，強調千遍都不為過的是，我要感謝向我尋求幫助的人們。是你們讓我有幸知道，即使是破碎的心也能得以修復。你們讓我更加理解了人性，你們給了我燦爛的信念。我永遠感激不盡。

——亞瑟・喬拉米卡利

致謝二

同理心最具深遠的經驗之一，就是讓我們認知到，如果沒有彼此，我們將一無所成。我對很多人心存感激。我非常感激亞瑟・喬拉米卡利，一個富有激情和原則的人。他願意對我敞開他的生活和內心，才讓這本書得以完成。我深受他的勇氣、智慧和人性的啟迪。那些笑與淚都讓我感激不盡。

是經紀人珍・迪斯特爾把我的名字提給亞瑟，我很感激她促成和滋養了這個合作關係。我也很感謝珍・迪斯特爾作品代理公司的副總裁米莉安・戈德里奇對書稿的建議。

我的經紀人凱瑟琳・安德森（Kathleen Anderson）有著不同尋常的慷慨精神。我非常感謝她堅定不移的支持、對文字的熱愛和撫慰人心的能力。

達頓・普魯姆出版公司的布萊恩・塔特在整個過程中一直都付出他的精力、熱情和支持。助理編輯卡拉・霍蘭德在準備出版的最後階段給予了很大幫助；文字編輯蘇珊・布朗提供了很多有用的建議和仔細的修改。

我最初是從我的父母法蘭克和瓊安・柯茜（Frank and Joan Ketcham）以及我的兄弟姐妹麥克・柯茜（Mike Ketchem）、約翰・柯茜（John Ketchem）、比利・柯茜・希思（Billy Ketchem Heath）、黛比・柯茜・古迪夫（Debbie Ketcham Goodeve）身上學到了同理心。我的母親和父親很喜歡這本書；我只是希望他們真的能看到這本書。

我的好朋友們——梅琳達・伯吉斯（Melinda Burgess）、沙朗・考夫曼—奧斯本（Sharon Kaufman-Osborn）、勞瑞・貝克（Laurie Becker）、瑪麗蓮・迪金森（Marilyn Dickinson）、特雷斯・西蒙（Tracee Simon）和撲克牌團隊成員——你們願意傾聽我的想法，跟我共享歡笑與淚水，也願意繼續與我為伴。我的感激溢於言表。特別感謝梅琳達讀過書稿時，提出她的洞察和經驗。

我的密友柏爾・貝斯曼（Perle Besserman）和曼弗雷德・斯泰格爾（Manfred Steger）給了我那麼多，卻不求回報——有一天我會想法回報你們的。

露絲安（Ruthanne）同意把自己的故事寫在這本書裡，我想說我永遠都不會忘記妳。妳的精神永放光芒。

我很感謝厄尼・庫爾茨（Ernie Kurtz）教我說故事和靈性之間的關聯；感謝威廉・F・艾斯伯里（William F. Asbury）的故事讓我二十年前寫出了我的第一本書；感謝梅爾・斯楚斯坦

德（Mel Schulstad）內心的力量總能啟發我；感謝惠特曼學院的古典文學副教授達納・伯吉斯（Dana Burgess）對同理心文字意義的理解。

我的孩子們——羅賓、艾莉森和班傑明・史賓賽（Robyn、Alison and Benjamin Spencer）——你們的耐心、笑聲和暖心的話語幫我度過了許多個夜晚，我想說工作永遠不該擺第一位的。你們是我生命中的太陽、月亮和星星，沒有你們世界將暗淡無光。

最後，我要感謝我的丈夫帕特里克・史賓賽（Patrick Spencer），你的善良和悲憫之心會一直擴大著我有幸生存其中的世界。對你給我的所有厚愛，我都感激不盡。

——凱瑟琳・柯茜

同理心的力量【25年暢銷經典】：放開自己，理解他人，用天生的能力，撫慰受傷的靈魂

The Power of Empathy : A Practical Guide to Creating Intimacy, Self-Understanding and Lasting Love

作　　者　亞瑟・喬拉米卡利（Arthur Ciaramicoli）、凱薩琳・柯茜（Katherine Ketcham）
譯　　者　王春光
責任編輯　夏于翔
協力編輯　阿鳩
內頁構成　李秀菊
封面美術　兒日

發 行 人　蘇拾平
總 編 輯　蘇拾平
副總編輯　王辰元
資深主編　夏于翔
主　　編　李明瑾
業　　務　王綬晨、邱紹溢、劉文雅
行　　銷　廖倚萱
出　　版　日出出版
　　　　　地址：231030新北市新店區北新路三段207-3號5樓
　　　　　電話：02-8913-1005 傳真：02-8913-1056
　　　　　網址：www.sunrisepress.com.tw
　　　　　E-mail信箱：sunrisepress@andbooks.com.tw

發　　行　大雁出版基地
　　　　　地址：231030新北市新店區北新路三段207-3號5樓
　　　　　電話：02-8913-1005 傳真：02-8913-1056
　　　　　讀者服務信箱: andbooks@andbooks.com.tw
　　　　　劃撥帳號：19983379 戶名：大雁文化事業股份有限公司

印　　刷　中原造像股份有限公司
二版一刷　2024年4月
定　　價　580元
I S B N　978-626-7460-08-5

THE POWER OF EMPATHY: A PRACTICAL GUIDE TO CREATING INTIMACY, SELF-UNDERSTANDING AND LASTING LOVE by ARTHUR P. CIARAMICOLI ED.D., PH.D., KATHERINE KETCHAM
Copyright: ©
This edition arranged with Dystel, Goderich & Bourret LLC
through BIG APPLE AGENCY, INC., LABUAN, MALAYSIA.
Traditional Chinese edition copyright:
2021 Sunrise Press, a division of AND Publishing Ltd.
All rights reserved.
本書中文譯稿由北京森喵文化授權使用

版權所有・翻印必究（Printed in Taiwan）
缺頁或破損或裝訂錯誤，請寄回本公司更換。

國家圖書館出版品預行編目（CIP）資料

同理心的力量【25年暢銷經典】：放開自己，理解他人，用天生的能力，撫慰受傷的靈魂／亞瑟・喬拉米卡利（Arthur Ciaramicoli）、凱薩琳・柯茜（Katherine Ketcham）著；王春光譯. -- 二版. -- 新北市：日出出版：大雁出版基地發行, 2024.04
384面；17×23公分
譯自：The power of empathy : a practical guide to creating intimacy, self-understanding, and lasting love in your life.
ISBN 978-626-7460-08-5（平裝）
1.同理心　2.社會心理學
541.76　　　　113003411